中等职业学校教育创新规划教材

# 农产品市场营销

吕清华　赵雪萍　主编



中国农业大学出版社
·北京·

## 内容简介

本教材共分三大模块内含6个项目,其中“模块一　营销准备”包括认知农产品与认知农产品市场两个项目,“模块二　农产品营销基本技能”包括农产品的市场调查与分析及实用的农产品营销技能两个项目,“模块三　新经济形势下的农产品营销技能”包括农产品电子商务与新经济形势下的农产品营销策略两个项目。每个项目先确定学习目标,对本项目的项目概述,后分解为数个学习性工作任务,每个工作任务由学习准备、任务设计与实施、学习拓展与任务巩固等组成。为检查教师教学的过程与质量、学生学习的状态与效果,每个项目后安排了评价与反馈,要求师生共同客观完成。

**图书在版编目(CIP)数据**

农产品市场营销/吕清华,赵雪萍主编.—北京:中国农业大学出版社,2015.7(2024.8重印)

ISBN 978-7-5655-1330-5

Ⅰ.①农…　Ⅱ.①吕…②赵…　Ⅲ.①农产品-市场营销学-教材　Ⅳ.①F762

中国版本图书馆CIP数据核字(2015)第160515号

| | | | |
|---|---|---|---|
| **书　名** | 农产品市场营销 | | |
| **作　者** | 吕清华　赵雪萍　主编 | | |
| **策划编辑** | 张　蕊　张　玉 | **责任编辑** | 张　蕊 |
| **封面设计** | 郑　川 | **责任校对** | 王晓凤 |
| **出版发行** | 中国农业大学出版社 | | |
| **社　址** | 北京市海淀区圆明园西路2号 | **邮政编码** | 100193 |
| **电　话** | 发行部 010-62818525,8625 | 读者服务部 | 010-62732336 |
| | 编辑部 010-62732617,2618 | 出　版　部 | 010-62733440 |
| **网　址** | http://www.cau.edu.cn/caup | **e-mail** | cbsszs @ cau.edu.cn |
| **经　销** | 新华书店 | | |
| **印　刷** | 运河(唐山)印务有限公司 | | |
| **版　次** | 2015年7月第1版　2024年8月第4次印刷 | | |
| **规　格** | 787×980　16开本　14.5印张　267千字 | | |
| **定　价** | 38.00元 | | |

**图书如有质量问题本社发行部负责调换**

# 编审人员


主　编　吕清华　武汉市农业学校高级讲师

　　　　赵雪萍　邢台现代职业学校高级讲师

副主编　陈永江　武汉市农业学校高级讲师

　　　　杨　帅　河南省农业经济学校高级讲师

　　　　陈艳军　武汉市农业学校高级讲师

参　编　李东方　武汉市农业学校高级讲师

　　　　谷世宏　河北省科技工程学校讲师

　　　　郭孟秋　河南省农业经济学校讲师

　　　　徐　莉　武汉市农业学校讲师

主　审　赵晨霞　王青立　陈肖安

# 中等职业学校教育及创新规划教材
# 编审委员会名单

# 编写说明

为贯彻落实中央的战略部署及全国职业教育工作会议精神，特根据《教育部关于"十二五"职业教育教材建设的若干意见》和《中等职业学校专业教学标准（试行）》等文件精神，紧紧围绕培养生产、服务、管理第一线需要的中等应用型职业人才，并遵循中等职业教育的基本特点和规律，编写了《农产品市场营销》教材。

本教材构思新颖，内容丰富，结构合理，定位于中等职业教育，紧扣岗位要求，以行动导向的教学模式为依据，以学习性工作任务实施为主线，以学生为主体，通过学习性工作任务中教、学、做、说（写）合一来组织教学，物化了本门课程历年来相关职业院校教育教学改革中所取得的成果，并统筹兼顾中等农业职业教育的学习特点。

该教材重点讲述了农产品营销准备、农产品营销基本技能、新经济形势下的农产品营销技能等内容，涵盖了当前经济形势下农产品营销实践的各个环节，通俗易懂，具有很强的针对性和实用性，本书特别突出以下几点：一是创新体例。本书打破传统营销教材的格式，以实用的营销技能教学为主线，减少枯燥的理论教学内容。二是创新方法。本书打破传统营销教材理论知识与实践技能教学分离的模式。在实践技能教学环节，每个任务前设置导入案例，结合导入案例，分析讲解技能操作方法与步骤。这样更有利于学员掌握与运用各种营销技能。三是创新内涵。本书开创性地增加了"新形势下农产品营销技能"内容，以适应最新的知识需求。教材中积极融进新知识、新观念、新方法，也融入国家最新的相关专业政策，呈现课程的职业性、实用性和开放性。

本教材内容深入浅出、通俗易懂，具有很强的针对性和实用性，是中等农业职业教育专用教材，也可作为现代青年农场主及农村经纪人的培育教材，还可作为乡村农业技术与经济管理人员培训的教材和参考用书。

本书由武汉市农业学校吕清华高级讲师与邢台现代职业学校赵雪萍高级讲师、武汉市农业学校陈永江高级讲师、陈艳军高级讲师与河南省农业经济学校杨帅高级讲师等共同编写，吕清华、赵雪萍担任主编。陈永江、杨帅、陈艳军担任副主编，李东方等参加编写，最后由吕清华负责统稿。北京农业职业学院赵晨霞教授、农业部科技教育司王青立和原农业部科技教育培训中心陈肖安等同志对教材内容进行了审定，在此一并表示感谢。

由于编者水平有限，加之时间仓促，教材中存在着不同程度和不同形式的错误和不妥之处，衷心希望广大读者及时发现并提出，更希望广大读者对教材编写质量提出宝贵意见，以便修订和完善，进一步提高教材质量。

编　者

2015.5

# 目　　录

# 模块一　营销准备

项目一　认知农产品

项目二　认知农产品市场

# 项目一　认知农产品

【学习目标】

完成本项目的学习任务后，你应该能

1. 认知最受市场欢迎的农产品并了解它们的定义及内涵
2. 掌握农产品加工是市场拓展与产品增值的有效手段
3. 结合自身生产实践，生产最受消费者欢迎的农产品
4. 合理利用当地的自然、经济条件，实现农产品的增值

【项目描述】

本项目主要介绍农产品的含义，以及最受消费者欢迎的农产品有哪些？结合实例，分析为什么这些产品能受到社会欢迎？为什么能创造更高的经济效益和社会效益？阐明了农产品加工是市场拓展与产品增值有效手段的理论依据，并结合具体案例进行了分析，以指导农产生产经营者如何进行农产品加工。

【思维导图】

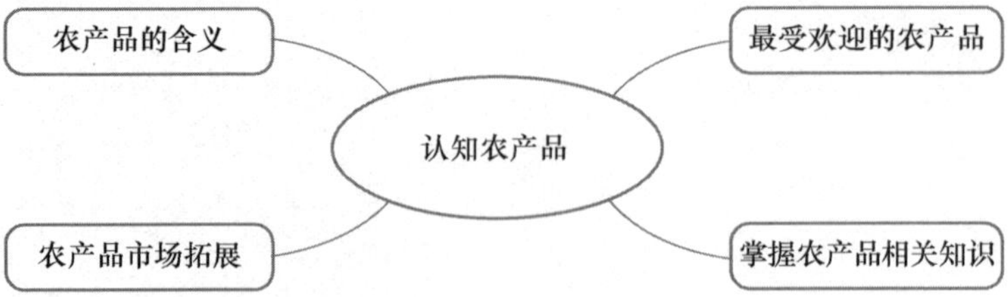

# 任务一 了解最受市场欢迎的农产品

## 一、学习准备

### (一)知识准备

1. 农产品定义及分类

农产品是指来源于农业的初级产品,即在农业活动中获得的植物、动物、微生物及其产品。农产品的分类方法很多,按照产业可分为农业类、林业类、畜牧类、水产类等。按产品大类可分植物类农产品、动物类农产品。

2. 无公害农产品、绿色食品及有机农产品的含义

(1)无公害农产品。是指产地环境符合无公害农产品的生态环境质量,生产过程必须符合规定的农产品质量标准和规范,有毒有害物质残留量控制在安全质量允许范围内,安全质量指标符合《无公害农产品(食品)标准》的农、牧、渔产品(食用类,不包括深加工的食品)经专门机构认定,许可使用无公害农产品标识的产品(图1-1)。

(2)绿色食品。绿色食品是指遵循可持续发展原则,按照特定生产方式生产,经专门机构认证,许可使用绿色食品标志的无污染的安全、优质、营养类食品。1990 年 5 月,中国农业部正式规定了绿色食品的名称、标准及标志。标准规定:

图 1-1 无公害农产品标志

①产品或产品原料的产地必须符合绿色食品的生态环境标准。

②农作物种植、畜禽饲养、水产养殖及食品加工必须符合绿色食品的生产操作规程。

③产品必须符合绿色食品的质量和卫生标准。

④产品的标签必须符合中国农业部制定的《绿色食品标志设计标准手册》中的有关规定。

在许多国家,绿色食品又有着许多相似的名称和叫法,诸如“生态食品”、“自然食品”、“蓝色天使食品”、“健康食品”等。由于在国际上,对于保护环境和与之相关

的事业已经习惯冠以“绿色”的字样。所以，为了突出这类食品产自良好的生态环境和严格的加工程序，在中国，统一被称作“绿色食品”。

绿色食品标志是由中国绿色食品发展中心在国家工商行政管理总局商标局正式注册的质量证明商标，用于证明绿色食品无污染、安全、优质的品质特征(图 1-2)。

绿色食品标志由三部分构成，即上方的太阳、下方的叶片和中心的蓓蕾。标志为正圆形，整个图形描绘了一幅明媚阳光照耀下的和谐生机，告诉人们绿色食品正是出自纯净、良好生态环境的安全无污染食品，能给人们带来蓬勃的生命力。绿色食品标志还提醒人们要保护环境，通过改善人与环境的关系，创造人与自然的和谐。

图 1-2　绿色食品标志

绿色食品标志作为一种特定的产品质量证明商标，其商标专用权受《中华人民共和国商标法》保护。消费者在选购此类食品时，应认清“标志”。A 级标志为绿底白字，AA 级标志为白底绿字，该标志由中国绿色食品协会认定颁发，消费者可登录“中国绿色食品网”辨认所购产品的真伪。

(3)有机农产品。有机农产品是纯天然、无污染、安全营养的食品，也可称为“生态食品”。它是根据有机农业原则和有机农产品生产方式及标准生产、加工出来的，并通过有机食品认证机构认证的农产品(图 1-3)。有机农产品与其他农产品的区别主要有 3 个方面：

①有机农产品在生产加工过程中禁止使用农药、化肥、激素等人工合成物质，并且不允许使用基因工程技术，其他农产品则允许有限使用这些物质，并且不禁止使用基因工程技术。

图 1-3　有机农产品标志

②有机农产品在土地生产转型方面有严格规定，考虑到某些物质在环境中会残留相当一段时间，土地从生产其他农产品到生产有机农产品需要 2～3 年的转换期，而生产绿色农产品和无公害农产品则没有土地转换期的要求。

③有机农产品在数量上须进行严格控制，要求定地块、定产量，其他农产品没有如此严格的要求。

**(二)资料准备**

(1)观看中央台的《每日农经》、《聚焦三农》以及新闻栏目,积累新知识和农产品信息。

(2)查找有关无公害农产品、绿色食品和有机农产品的文字图片资料。

(3)可以利用网络查找收集相关农产品的资料,如中国农民网中的农业资讯。(http://www.farmer.gov.cn/hyfz/nyzx//)

**知识框**

**什么是农产品质量认证?**

农产品质量认证也称合格认证,是由第三方的认证机构,对农产品质量进行公正的检验后,借助于合格证书或合格证,来证明某种农产品符合相应标准的活动。

• 无公害农产品认证:这类食品不对人的身体健康造成任何危害,是对食品的最起码要求,我们的食品均应符合这种食品的要求,所以无公害食品是指无污染、无毒害、安全的食品。2001年农业部提出"无公害食品行动计划",并制定了相关国家标准,如《无公害农产品产地环境》《无公害产品安全要求》和具体到每种产品如黄瓜、小麦、水稻等的生产标准。《无公害农产品管理办法》规定:省级农业行政主管部门负责组织实施本辖区内无公害农产品产地的认定工作。

• 绿色食品认证:20世纪90年代,我们国家提出绿色食品的概念,相继也制定了相应的标准如《绿色食品产地环境技术条件》《绿色食品生产农药使用准则》和《绿色食品生产化肥使用准则》等。绿色食品的认证机构是农业部中国绿色食品发展中心,各省的绿色食品办公室负责初审工作。

• 有机食品认证:有机食品在其生产过程中绝对禁止使用人工合成的农药、化肥、色素等化学物质,采用对环境无害的方式生产,销售过程受专业认证机构全程监控。有机食品是一类真正源于自然、富营养、高品质的环保型安全食品。认证机构是国家环境保护总局有机食品发展中心。有机食品是食品的最高档次,在我国刚刚起步,需要不断地完善。

## 二、任务设计与实施

【任务设计】

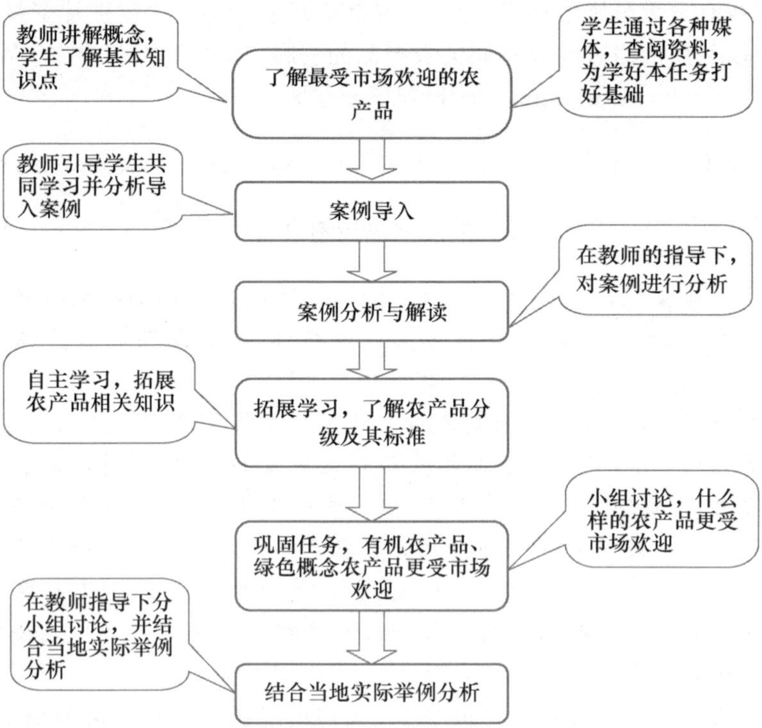


【任务实施】

### (一)导入案例

**【案例一】** “80后”海归京郊当农民

2015年新年前一天，北京朝阳崔各庄乡何各庄村的一片大棚里，一名青年正忙着给刚摘下的蔬果打包。他叫王冕，“80后”海归，这片30公顷农场的主人。2003年，王冕大学计算机专业毕业，2007年，王冕在法国取得两个经济方面的硕士学位。2010年，他辞掉法国的工作，放弃移民海外的机会，回到北京。2012年，他又辞掉了年薪40万元的房地产审计工作，种起了有机草莓。

王冕的农场开通了24小时直播，只要加入农场订购的消费者都可以通过视频随时随地监控农场的种植。王冕说，他这么做是想让更多人看到、吃到真正的放心蔬果。

为了调出最适合天敌生长和抑制虫害的环境，王冕与他的草莓大棚寸步不离。从温、湿度入手，再到天敌投放的比例和时机，王冕和工人们一次又一次地试验，终于在2013年底取得了草莓的丰收。他自豪地说："我们卖100元钱1千克，不少顾客吃过后都成了回头客。"

如何控制豆角上的蚜虫和黄瓜上的灰霉病？投放捕食性天敌还是寄生性天敌？大棚使用的塑料如何搭建才能隔绝外部的昆虫？这些问题王冕和他的团队都得研究。经过一年半的试验，到2014年10月，技术问题逐步解决，王冕的农场每天可以收获果蔬500多千克。

严格生产标准、优质的农产品给王冕带来很多的家庭会员，农场每周分两次给每个会员家庭配送5～6千克蔬菜水果。周末或节假日，王冕还会邀请会员到农场采摘、休闲和度假。

相比于大客户，王冕更倾向于接纳这些普通会员。他说："我想让更多的人知道现代农场的模式，形成口碑，社会认可了，产业链才会逐渐形成"。

### (二)分析有机农产品受到消费者欢迎的原因

1. 市场环境分析

有机农产品具有广阔的市场前景。经过30多年的改革开放，我国的物质生活得到了极大丰富，人民的温饱问题已基本解决，正在向小康生活迈进，安全、健康的消费理念日益形成。预计未来相当长时间内，我国有机农产品的消费增长将高于世界的平均水平，保持较高的增长率。有机农产品特别强调生产过程中不使用化肥和化学农药，对土壤、水体、空气等环境的保护和维护生态平衡具有非常积极的意义。有机农产品具有较高的经济效益和社会效益，以王冕的生态草莓为例，虽然产量比普通草莓少，但因其价格高，总收益高于普通草莓，能实现经济、社会效益的"双赢"。

2. 经济地理环境分析

王冕的农场位于何各庄村，地处北京市朝阳区崔各庄乡北部，温榆河生态走廊北端，毗邻着绿色休闲产业带，旁边就是湿地公园，自然环境优美；奥特莱斯商业区、国际学校等高端生活配套设施逐步健全；而何各庄周围以艺术园区、果园采摘、农家乐等具有文化创意特征的业态已渐成产业链。

王冕农场的成功离不开良好的社会、经济、地理环境，但这样的环境不是唯一的，对全国各个地方都有借鉴作用，这是因为：

(1)现代农业由于其高技术与高产出，越来越受到广大投资者的青睐；现代农业产品由于其健康环保的理念，越来越受到消费者的欢迎，所以其经济环境越来越好。

(2)进入21世纪以来，随着我国城市化进程的不断加快，现代都市农业模式进入一个快速发展期。现代都市农业更注重对环境的保护，健康环保理念更深入人心，更加注重农业与城市的协调发展，所以其社会环境越来越好。

(3)现代社会在发展农业时更加注意农业生产与生态环境的协调发展与保护，典型的做法是选择一个具备良好地理环境的区域，建立生态农业区。很多城市如北京、上海、武汉等都规划了专门的生态农业区，为更多的"王冕"创造了良好的生产条件。

3. 有机产品的技术环境

导入案例一中，北京市政府高度重视农产品质量安全工作，市委明确提出打造北京"安全农业"品牌战略。近年来大力推广无公害农产品、绿色食品、有机食品"三品"认证，严格准入门槛，实施认证补贴，强化证后监管，不断提升管理服务水平。在政策引导下，有机产品的技术环境日益完善，如效果良好的生物农药和有机肥料完全可替代常规农药和化肥；健全的国家相关技术标准及第三方的认证机构为有机农产品的生产提供有力的技术保障。

随着我国政府的高度重视与农业科技的快速发展，现代农业的技术环境越来越好了。

4. 最受消费者欢迎的农产品

为了掌握什么样的农产品最受市场欢迎，我们对保定市的农产品市场进行了为期1个月的调查(2014年12月1—31日)，以下是典型调查资料：

从表1-1中可以看出：有机菜花、黄瓜价格比普通的价格高了近1倍，但消费者更青睐于健康理念的有机产品。其中有机菜花销售量是普通产品的3.3倍，有机黄瓜的销售量是普通产品的1.5倍。有机草莓的价格是普通草莓的5倍，过高的差距影响到有机草莓的销量，但由于其定价高，利润空间大，所以低销售量仍然可以为生产者带来比较高的利润。本次调查虽然时间跨度小(一个月)，种类少(三种)，但在农贸市场具有普遍意义，说明有机农产品、绿色农产品更受消费者喜爱。

根据以上案例与调查分析可以看出，人们的消费正向健康、安全、环保迈进。总体来说，受市场欢迎的农产品有两大类型：

(1)能给消费者带来"健康"的农产品。调查显示，土鸡蛋、黑猪肉、有机蔬菜等健康理念的农产品倍受市场欢迎。为什么呢？研究显示有机产品含有较多铁质、镁质、钙质等微量元素及维生素C，而重金属及致癌的硝酸盐含量则较低。因为这些农产品在生产及加工处理过程中严格控制化学物质的使用，也未使用任何基因改造生物及其衍生物，能保障人体的健康和安全，满足消费者对健康理念的追求，所以备受消费者喜爱。

**表 1-1 保定市富江路农贸市场典型调查资料**

| 品名 | 项目 | | | | | |
|---|---|---|---|---|---|---|
| | 有机蔬菜价格(元/千克) | 有机蔬菜销量(千克/天) | 日均销售额(元) | 普通蔬菜价格(元/千克) | 普通蔬菜销量(千克/天) | 日均销售额(元) |
| 菜花 | 12 | 100 | 1 200 | 8 | 30 | 240 |
| 黄瓜 | 10 | 60 | 600 | 6 | 40 | 240 |
| 草莓 | 90 | 30 | 2 700 | 18 | 100 | 1 800 |

(2)生产过程中能良好地利用与保护环境的农产品。农产品生产过程与环境保护紧密结合成为现代农业的一种趋势。例如，河北省保定市农业生态园，位于保定市西郊，占地 42 万米$^2$，其中特色农业示范观光区立足展现保定各种特色农业、各县特产，如望都的辣椒园、阜平的大枣园等。与此同时，特色示范观光区还将建设一条全国最长的瓜果长廊。另外还有特色小吃区，囊括了徐水驴肉、高阳锅包肘子、白洋淀咸鸭蛋等。该观光区还设计了农耕体验区，市民可以租块田地，种植作物，周末、假期，一直在闹市、办公区忙碌的人们在这美丽的环境下耕作，不仅愉悦身心，还能一饱口福。

这种形式的农产品生产，不仅没有传统农业中最常见的农药、化肥等对环境的破坏，其本身就是社会主义新农村的一幅优美画卷。类似的充满环保理念的农产品生产模式在咸阳市杨陵区、武汉市东西湖区、上海市崇明区等全国各地广泛地推广。

5. 根据当地的环境生产最受消费者欢迎的农产品

(1)根据地理环境生产最受消费者欢迎的农产品。作物或畜禽因其生活习性或生长环境因素，依赖于特定的气候和地理环境，所以其农产品的品质和相关特征主要取决于自然生态环境和历史人文因素。

武夷山全境地貌为山地丘陵区，东、西、北区域是千山万壑，地势险峻，群山环抱，峰谷连绵，溪流迂回。武夷岩茶主产区就分布于这些风景区为核心的周边乡镇。岩茶主产区内的气候特点是温暖、寒暑界限不分明。崇阳、九曲、黄柏等溪流环绕罗织于峰岩、丘陵间，形成独特的微域气候，山间常年云遮雾绕，空气湿润。茶园主要分布在海拔 500 米以下的丘陵低山与谷底岩壑之中，长年雨水冲积，使得沟谷土地富含有机质；茶园周边以山为屏，日照较短，多雾而形成大量散射光，既无冻害，又无风害，少虫害，是喜温湿的茶树生长的最佳环境，是武夷山茶品质优良的有力保证，更是武夷岩茶独有的“岩韵”形成的主要原因。

福建省崇安县茶农正是利用这一得天独厚的地理环境，生产出驰名中外的武夷岩茶。

**知识框**

武夷岩茶产于福建武夷山。武夷岩茶属半发酵茶，制作方法介于绿茶与红茶之间。其主要品种有“大红袍”、“白鸡冠”、“水仙”、“乌龙”、“肉桂”等。武夷岩茶品质独特，它未经窨花，茶汤却有浓郁的鲜花香，饮时甘馨可口，回味无穷。18世纪传入欧洲后，备受当地群众的喜爱，曾有“百病之药”美誉。

(2)依托当地的特有资源生产最受消费者欢迎的农产品。2015年1月18日，第二届中国硒产品博览会暨中国恩施·世界硒都硒产品博览交易会在湖北省恩施州城拉开帷幕。

恩施将以此次博览会为契机，力争在未来10年把恩施州建设成为全国富硒产业发展先导示范区。农业方面，富硒茶、高山蔬菜、小杂粮、硒虫草及食用菌、食品饮料、畜禽产品等十大富硒产业集群已具雏形。“恩施玉露”富硒茶、“思乐”富硒肉制品、“大山鼎”富硒蔬菜、“清江源”富硒烟叶，诸多知名品牌畅销全国。富硒特色农产品基地达到13多万公顷，富硒产业总产值已突破50亿元。

经过多年耕耘，恩施已成为中国知名的富硒绿色产业基地及特色农产品加工基地。正在发展与建设十大富硒绿色产业：一是恩施富硒茶产业；二是富硒高山蔬菜；三是富硒山野菜及食用菌；四是富硒干(鲜)果业；五是富硒饲料及饲料添加剂；六是活化硒矿粉和多元矿物有机肥；七是富硒中草药及中间体提取物；八是富硒农产品及富硒畜禽产品；九是富硒低毒烟叶；十是富硒食品饮料。

恩施州充分发挥本地特有的资源优势，重点发展富硒农产品，以市场为导向，把这一充满无限生机的朝阳产业，发展成恩施州极具潜力、极具核心竞争力的优势产业。

(3)围绕城市，开发市民喜欢的农产品。城郊型农业是现代农业的一个重要组成部分。随着我国经济的发展，城镇人口与规模不断扩大，城郊型农业迎来前所未有的发展机遇。

石榴红村，曾是个名不见经传的偏僻小村，位于湖北省武汉市东西湖区慈惠街，全村200多户，有93.3公顷耕地，主导产业是蔬菜种植。石榴红村一面建设新农村，一面摸索出发展经济的三条路子：一是鼓励农户展开农家餐馆、旅社、茶社、棋社及工艺品出售等多种经营;二是打造华中地区最大的国家级无公害蔬菜种植基地;三是以网络信息化促进农副产品流通销售。2005年,慈惠街石榴红村启动社会主义新农村建设,重点发展乡村休闲游,草莓采摘成为吸引游客的一大亮点,也成为农户增收的一个重要渠道。在石榴红乡村休闲旅游品牌的带动下,石榴红村许多农户纷纷改种草莓,每千克价格旺季高达50元,是蔬菜种植收入的几倍。2013年上半年,石榴红村草莓采摘呈现井喷之势,种植户收入十分可观。村民们说:房屋变成了"白银庄",菜地变成了"绿银行"。

(4)利用现代农业科技,生产受消费者欢迎的农产品。光伏蔬菜大棚就是在普通蔬菜大棚的顶部安装太阳能薄膜电池板,利用太阳光能,将太阳辐射分为植物需要的光能和太阳能发电的光能,既满足了植物生长的需要,又实现了光电转换。这种蔬菜大棚既能发电又能种菜,一棚两用。

第一个光伏蔬菜大棚已在山东省寿光市洛城街道东城工业园的一个实验基地建成。光伏蔬菜大棚发电系统目前已申报国家专利,试验成功后即可大范围推广。与普通蔬菜大棚不同的是,光伏蔬菜大棚的棚顶安装了几列橘红色的"方格"——太阳能薄膜电池板。相比普通蔬菜大棚,光伏蔬菜大棚具有保温、减少病虫害,抗冰雹、辐射、暴雨、强风等恶劣天气,无污染等优点。洛城街道东城工业园实验基地已经在山东省寿光市稻田镇张营前村租赁了8公顷土地,打算建造50个光伏蔬菜大棚(图1-4)。

图1-4　光伏蔬菜大棚

农业的发展,最终要依靠农业科技的进步与创新。通过最新农业科学技术,可培育优质新品种,提高农产品整体质量,增加农业生产者的经济效益。2014年10月10日,农业部通报,由袁隆平院士领衔的第四期超级稻每666.7米$^2$创造了1 026.7千克的新纪录。这项新成果不仅能提高农业收入,更为解决中国农业最根本的"粮食问题"打下良好的基础。

**(三)任务实施的组织**

(1)通过对案例的阅读、讲解、分析,让学生掌握最受市场欢迎的农产品有哪些?

(2)通过查找资料,充分了解绿色农产品、有机农产品及无公害农产品的区别与联系。

(3)安排分组调查,我们身边的哪些农产品最受消费者欢迎,每组写一个调查报告。

(4)每组选一个代表,把调查报告在全班进行演示与讲解,其他成员补充,全班讨论。

(5)安排好每组学生知识点拓展学习,每组学员准备两个绿色食品的包装袋,以小组讨论的形式,每个同学现场进行绿色食品的识别并解说。

(6)以案例分析的方式进行知识巩固,要求以组为单位,每个同学参与。

## 三、学习拓展

学会识别绿色食品

### (一)怎样识别绿色食品等级标准

1. AA 标准

AA 级绿色食品标准要求:生产地的环境质量符合《绿色食品产地环境质量标准》,生产过程中不使用化学合成的农药、肥料、食品添加剂、饲料添加剂、兽药及有害于环境和人体健康的生产资料,而是通过使用有机肥、种植绿肥、作物轮作、生物或物理方法等技术,培肥土壤、控制病虫草害、保护或提高产品品质,从而保证产品质量符合绿色食品产品标准要求。

2. A 级标准

A 级绿色食品标准要求:生产地的环境质量符合《绿色食品产地环境质量标准》,生产过程中严格按绿色食品生产资料使用准则和生产操作规程要求,限量使用限定的化学合成生产资料,并积极采用生物学技术和物理方法,保证产品质量符合绿色食品产品标准要求。

### (二)怎样识别绿色食品的包装

凡绿色食品产品的包装必须做到:

(1)绿色食品的四位一体:即标志图形、“绿色食品”文字、编号及防伪标签。

(2)AA 级绿色食品标志底色为白色,标志与标准字体为绿色;而 A 级绿色食品的标志底色为绿色,标志与标准字体为白色。

(3)“产品编号”正后或正下方写上“经中国绿色食品发展中心许可使用绿色食品标志”文字,其英文规范为“Certified Chinese Green Food Product”。

(4)绿色食品包装标签应符合国家《食品标签通用标准》GB 7718—94。标准中规定食品标签上必须标注以下几方面的内容:食品名称;配料表;净含量及固形物含量；制造者、销售者的名称和地址；日期标志（生产日期、保质期）和储藏指南；质量（品质等级）；产品标准号；特殊标注内容。

## 四、任务巩固

通过下面案例的分析，巩固这样的观念：有机农产品更受消费者欢迎并能给生产经营者带来更多收入。

**【案例二】** 花椰菜（又名菜花或花菜）傍“有机”身价翻番

市民姜先生说，他曾在一家川菜馆点过一次“干锅有机菜花”，吃完后就忘不了这道菜了，老板告诉他，这道菜除了厨师调料用得好外，关键是他们选用的是“有机菜花”。春节后，姜先生去农贸市场买菜，发现不少菜摊都有“有机菜花”在卖。不少摊主都说是“有机菜花”，口感特别好，一炒就烂，大家都爱买，以前那种圆墩墩的紧实的普通菜花，因为需求量下降，他们已不进货了。菜花顶上“有机”头衔后，价格也开始翻番，现在普通菜花每千克 4 元，而“有机菜花”能卖到每千克 12 元。

# 任务二 农产品加工是市场拓展与产品增值的有效手段

## 一、学习准备

### （一）知识准备

1. 农产品加工业概念

广义的农产品加工业，是指以人工生产的农业物料和野生动植物资源及其加工品为原料所进行的工业生产活动。狭义的农产品加工业，是指以农、林、牧、渔产品及其加工品为原料所进行的工业生产活动。例如：黄豆—豆腐；花生—花生油；散装瓜子—独立包装瓜子；水果—水果罐头、水果酱；小麦—面粉；肉类—罐头、香肠等。

2. 市场拓展

就是开拓和扩展市场，市场拓展需要通过市场调查分析确定市场需求，根据市场需求进行产品定位和市场定位。如何将产品和服务的市场扩大，是市场拓展的核心任务。

3. 产品增值主要是提高产品的附加值

产品附加值指通过智力劳动（包括技术、知识产权、管理经验等）、人工加工、设备加工、流通营销等活动创造的超过原辅材料价值的增加值，生产环节创造的价值与流通环节创造的价值皆为产品附加值的一部分。

产品附加值＝产品售价－进入该生产阶段的半成品价格－辅助材料价值

**（二）资料准备**

（1）利用电视。观看中央台的《每日农经》《聚焦三农》以及新闻栏目，积累新知识和农产品信息。

（2）利用现有的图书馆以及相关报刊，查找有关农产品加工增值与市场拓展的文字图片资料。

（3）学生可以利用网络查找收集相关资料：中国农民网的农业资讯。

（http://www.farmer.gov.cn/hyfz/nyzx//）

## 二、任务设计与实施

【任务设计】

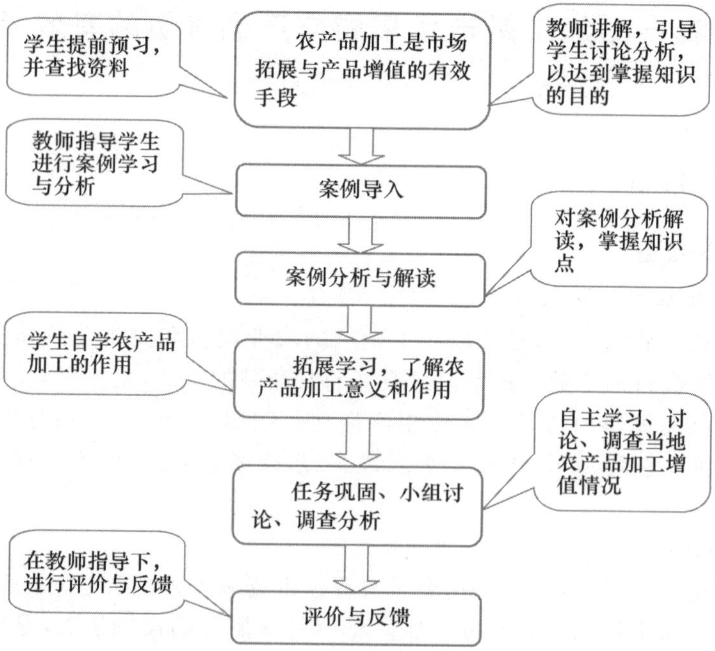

【任务实施】

## (一)导入案例

**【案例一】** 做好辣椒,唱响“中国辣都”名片

河北望都种植辣椒始于明代。相传,明朝洪武年间,明太祖朱元璋封第四子朱棣为燕王,并派他率兵北征。燕王扫北,逐鹿中原,过后留下一片焦土。为了补充人丁,恢复生产,统治者迁来一批百姓。他们带来了家眷、牲口和生产工具,也带来了辣椒种子。自此山西的辣椒在望都开花结果,逐渐形成望都辣椒的独特风味(图1-5)。

**图 1-5　望都辣椒**

望都位于河北省中西部,县域面积 374 千米$^2$,辖 6 乡 2 镇,总人口 26 万,耕地 2.27 万公顷,是典型的平原农业县。望都农业基础较好,是我国北方重要的辣椒集散地,被誉为全国“三大辣都”之一。近年来,县委、县政府积极打造“绿色生态县”区域品牌,全力打造“一红一白”两大产业,其中“红”就是指的辣椒产业,目的就是为了唱响“中国辣都”名片。为了使辣椒产业保持活力,望都县加大了新品种、新技术的引进、推广力度,通过不断丰富辣椒品种、提高辣椒品质,来促进辣椒加工业的发展,引导辣椒产业不断做大做强。

## (二)结合案例分析农产品加工的种类

1. 农产品初加工的含义

农产品初加工是指由农产品生产经营者对收获的各种农新产品(包括纺织纤维原料)进行去籽、净化、分类、晒干、剥皮、沤软或大批包装以提供初级市场的服务活动,以及其他农业产品的初加工活动。包括轧棉花、羊毛去杂质、其他类似的纤维初加工等活动;其他与农新产品收获有关的初加工服务活动,如对农新产品的净

化、修整、晒干、剥皮、冷却或批量包装等加工处理等。以上案例中，鲜辣椒经过筛选分装，按等级出售；或简单经过晾晒烘焙，由鲜辣椒制成辣椒干等属于初加工。

2. 农产品精深加工

深加工是指对半成品进行进一步的完善，对已经形成的商品进行再次制造，以达到价值增加的目的。通俗地说，就是一个产品已经做好了，然后再对其进行加工，改变了原来的性状，增加了附加值，产品价格自然就提高了。上述案例中，望都农民将辣椒干加工成辣椒油、辣椒酱、辣椒粉、辣椒圈等产品的行为就属于精深加工。

### (三)农产品如何实现市场拓展和产品增值

农产品品种繁多，市场变化万千，怎样把握市场节奏，实现农产品市场拓展与增值呢？主要从以下几个方面入手。

1. 通过初加工，改变农产品外观形态，适应市场

**【案例二】** 变花样，"剩"菜变净菜

今年34岁的肖成云，2004年初投资了20多万元，在北京顺义区经营一家农家乐采摘园，专门种植一些新、奇、特的蔬菜品种，比如水果黄瓜、飞碟西葫芦、小型西瓜等10多个品种，供游客们采摘。由于肖成云进入这个行业较早，所以当年的纯收入达到了60多万元。

随着农家乐采摘园越来越多，到了2007年，肖成云明显感觉到经营有些吃力。来采摘园的人逐渐少了，可是大棚里的瓜菜陆续成熟，大量的蔬菜开始烂掉。像黄瓜、西红柿，搁上三五天就全烂掉了。这些瓜菜都是用金钱与汗水换来的，不能白白扔掉。他了解到大中型企业的食堂面临着三大难题：一是用工，二是用水，三是产生的垃圾。如果能把菜拿过来就炒，不用清洗和加工，也不产生垃圾，这样的产品一定会受到顾客的欢迎。

市场的需求，让肖成云看到了净菜市场的商机。2007年年底，肖成云投资20多万元购买了一套洗菜、切菜设备。设备经过调试运行后，肖成云又雇用了3名操作工人，开始了自己的净菜生意。虽然听起来方便省事，但是食堂一方表示已经习惯了自己采购，自己加工。对肖成云加工的净菜，看不到清洗、加工过程，心里感到没底。为了打消客户的疑虑，肖成云决定带其参观一下整个生产过程。肖成云的加工车间内有臭氧消毒、真空速冷、脱水、真空包装等工作流程，鲜切菜产品7天内不会变质、变色。顾客通过参观肖成云的生产线，觉得肖成云一系列的程序，要比自己清洗的干净得多，从那以后食堂开始放心地使用。肖成云的品种也增加到10多种。但主要还是白菜、芹菜、土豆、胡萝卜等这类普通菜，经过肖成云加工后，价格比没有切过的蔬菜高出30%左右。虽然价格贵了，但是消费者现在做菜不用整

理、切、洗，节省了近2/3的时间。在鲜切菜的外观上，肖成云尽量切出不同的形态，方便厨师做菜。靠这样的方法，2008年6月肖成云开始给北京市五六家企事业单位供应鲜切菜，每天的销售量达到6 000多千克。

以表1-2中我们以其中的芹菜、土豆及胡萝卜为例作简单对比分析。

**表1-2 毛菜与净菜销量与收入对比**

| 项目 | 毛菜 | 净菜 | 毛菜 | 净菜 | 毛菜 | 净菜 |
|---|---|---|---|---|---|---|
| | 芹菜 | 切断后的芹菜 | 土豆 | 土豆片 | 胡萝卜 | 胡萝卜片 |
| 价格(元/千克) | 4.6 | 6.0 | 4.0 | 5.2 | 2.4 | 3.2 |
| 销量(千克/天) | 500 | 450 | 500 | 450 | 500 | 450 |
| 销售额(元/天) | 2 300 | 2 700 | 2 000 | 2 340 | 1 200 | 1 440 |

分析以上数据，可以得出以下结论：

(1)上述3种蔬菜每类毛菜每天销售量500千克，按3种蔬菜平均利用率90%计算，经过净菜过程后，销售量变为450千克。

(2)没有加工过的蔬菜总销售额为5 500元，蔬菜经过净菜加工过程后，由于价格上升，其总销售额为6 480元。

(3)相同品质与重量的蔬菜，经过净菜加工，产品增值980元，增值率为17.82%。

(4)经过净菜公司的调查，单个家庭在蔬菜的处理过程中，毛菜的损耗率高达25%～30%，远高于专业净菜公司的10%损耗率，这部分的差额会给消费者带来更多实惠。

(5)对于消费者来说，经过清洗、杀菌处理的蔬菜保存期更长，营养流失更少，更有利于消费者的健康。而且为消费者省去整理、洗菜和切菜的环节，减少了用工成本，还能省水、省电。

综合以上分析，净菜有很大的市场空间与发展前景。类似的方法还有很多，比如对苹果实行分等级包装，肉类产品按不同部位包装与定价等。生产者要根据自身的产品特点与当地的市场特点，选择最有价值的初加工模式。

2. 通过深加工，延长产品线，开发市场

在导入案例一中，望都人是怎样培育出多个省市知名辣椒品牌，使产品的附加值增加，并且畅销全国甚至走向世界的？

以精深加工为重点，以提高企业自主创新能力为根本手段，促进辣椒产业链条延长、规模做大，推进辣椒加工业上档升级，使辣椒加工业成为强县富民的主导产业。目前望都县共有辣椒加工企业120多家，开发出辣椒油、辣椒酱、辣椒粉、辣椒干、辣椒圈等8大系列80多种辣椒制品，培育出"羊角"、"贺老汉"、"老闷"等多个省、市知名品牌，产品附加值逐年提高，产品不仅畅销全国，还远销欧美及东南亚等地。

3. 通过加工过程中的健康环保理念，拓展市场

**【案例三】** 木耳、黄花经过加工后，扬长避短，拥有更广阔的市场

黑木耳被营养学家誉为'素中之荤'和'素中之王'，每100克黑木耳中含铁185毫克，它比绿叶蔬菜中含铁量最高的菠菜高出20倍，比动物性食品中含铁量最高的猪肝还高出约7倍，是各种荤素食品中含铁量最多的，钙是肉类的20倍，维生素$B_2$是蔬菜的10倍以上，黑木耳还含有多种有益氨基酸和微量元素。但是，鲜木耳含有一种叫作化学名称为"卟啉"的特殊物质，因为这种物质的存在，人吃了新鲜木耳后，经阳光照射会发生植物日光性皮炎，引起皮肤瘙痒，使皮肤暴露部分出现红肿、痒痛，产生皮疹、水泡，水肿。

木耳种植农民把鲜木耳进行曝晒处理，这个过程会分解大部分卟啉，而在食用前，干木耳又经水浸泡，其中含有的剩余毒素会溶于水，使水发的干木耳无毒。木耳种植农户通过加工处理，有效地消除了产品的有害成分，使其成为一道畅销全国的健康营养美食。

黄花菜具有较佳的健脑抗衰功能，有"健脑菜"之称，精神过度疲劳的现代人应经常食用。黄花菜具有显著降低血清胆固醇的作用，能预防中老年疾病和延缓机体衰老。它所含的冬碱等成分有止血消炎、利尿、安神、健胃等功效。黄花菜的营养成分对人体健康特别是胎儿发育更为有益，因此可作为孕妇和学生的保健食品。但是新鲜的黄花菜中含有一种秋水仙碱的物质，它本身虽无毒，但经过肠胃道的吸收，在体内氧化为"二秋水仙碱"，则具有较大的毒性。所以在食用鲜品时，每次不要多吃。由于鲜黄花菜的有毒成分在高温60℃时可减弱或消失，因此食用时，应先将鲜黄花菜用开水焯过，再用清水浸泡2小时以上，捞出用水洗净后再进行炒食，这样秋水仙碱就能破坏掉，食用鲜黄花菜就安全了。

为保障消费者的健康安全，黄花种植与经营者都会对新鲜黄花进行初加工，主要方法是先在锅上蒸，蒸熟之后再用太阳晒，直到晒干。经过这个加工过程后，黄花中的有害成分被成功消除。干黄花菜经过浸泡后即可安全食用，是一道传统的健康美食。

随着社会经济的飞速发展，人们对品质生活的要求也越来越高。人们倾心于湛蓝的天，清澈的水，对入口的食物，更加注重其环保健康理念。类似农产品还有

传统美食——皮蛋,旧的加工方法以“石灰”为主要原料,所以在产品中含有大量“铅”等对人体有害的成分。为了开拓市场,服从消费者的健康饮食需求,生产者必须使用新的加工技术做无铅松花蛋。这样,不仅满足消费者对传统产品的需求,更迎合了他们的健康环保心理,产品一定能拓展市场,为生产者与经营者带来更大的经济效益。

**(四)任务实施的组织**

(1)通过仔细讲解、提问、分析的方法,让学生了解农产品加工是增值重要手段。

(2)对学生进行分组,通过对导入案例逐一分析,请学生结合案例,谈谈不同农产品为什么采用不同的加工方法?

(3)以小组为单位,查阅资料,搜集当地有关产品加工案例,讨论分析怎样实现增值,并写出调查报告。

(4)模拟实践:假设你是一位农产品经销商,当某产品大量上市,供过于求时,你会选择初加工或深加工,来延长产品线增加利润吗?试写出市场分析报告。

(5)安排好学生的拓展学习,走访调查周边农民的产品加工情况,选择一个典型,分析并写出建议方案。

(6)组织好本项目的师生评价反馈。

## 三、知识拓展

了解农产品加工的意义与作用。

农产品加工是市场拓展与产品增值的有效手段。近年来,农产品加工业快速发展,有效拉动了农产品需求的增长,对加快现代农业建设、推进农业产业化经营、引导农业结构调整、提高农产品附加值、增加农民收入产生了积极作用。现在看来,农产品加工业在增强农村经济实力、促进农民增收等方面还有很大的潜力可挖。

**知识框**

**我国生猪副产品加工前景广阔(法务在线 2012.10.13)**

我国2008年的肉类总产量已达8 400万吨,年屠宰生猪已近8亿头,产生的猪血总量约300万吨、猪骨3 000万吨、脏器1 200万吨、猪脑40万吨。但由于规模化屠宰有限和加工技术落后,这些副产物大部分被抛弃,不仅浪费,还严重污染了环境。在畜禽宰后的副产物里,仅骨头就占体重的20%～

30%，这里面不仅含有人体可以利用的钙质，还有优质的蛋白质和人类脑组织不可缺少的磷脂质、磷蛋白以及延缓衰老的胶原蛋白、软骨素。另外还有各种氨基酸和维生素。畜禽骨可以做成骨泥、骨糊和骨浆，替代肉类制成骨松、骨味素、骨味汁、骨味肉、骨泥肉饼干及面条等。畜禽宰后副产物综合利用的产业化，将在我国畜禽养殖、屠宰加工、生物化工和环境保护等方面产生巨大的经济和社会效益。

## 四、任务巩固

(1)调查当地农产品市场，选择一种产品，制定加工增值方案。

(2)列举当地农产品加工的实例，比较增值的大小。

(3)比较生鲜农产品的销售情况，比较加工前后的农产品销路、销售方式、价格的变化。

## 五、评价与反馈

### (一)自我评价

(1)为了学习市场上最受欢迎的农产品与农产品加工，你都做了哪些准备？

(2)本项目学习过程中必须要参与社会调查，你认真参与了吗？是否写了相关调查报告？

(3)能结合本地实际，你能找出5种最受消费者欢迎的农产品吗？

### (二)小组评价

从学习态度、学习方法、讨论发言和学习能力的提升等方面评价。

| 序号 | 评价项目 | 评价情况 |
| --- | --- | --- |
| 1 | 学习态度是否积极主动 | |
| 2 | 对本地农产品市场是否有一个全面准确的认识，能否用语言表述出来 | |
| 3 | 是否认识到农产品加工对产品销售与增值的作用，能否举例说明 | |
| 4 | 参与社会实践表现如何 | |
| 5 | 对本项目学习效果怎样 | |
| 6 | 是否服从教师的教学安排 | |
| 7 | 是否对本课程有兴趣 | |
| 8 | 是否写了社会调查报告 | |

### (三)综合评价

1. 教师评价

对整个学习内容的小结归纳。

对教学过程的总体评价。

教师签名________

2. 学生评价

对教师授课效果的评价。

对学习效果的评价。

学生签名________

# 项目二　认知农产品市场

【学习目标】

完成本项目的学习任务后,你应该能

1. 了解农产品市场的相关知识
2. 掌握农产品市场的特点和发展
3. 学会遵守农产品市场的相关规范
4. 掌握与运用相关农产品的标准

【项目描述】

农产品的自然属性导致农产品市场具有极强的特殊性,本项目对现代农产品市场的概念、特点、形式进行了详细的表述。系统介绍了农产品市场的标准及规范,通过案例分析,引导学员科学认知农产品市场,严格遵守农产品市场规范。

【思维导图】

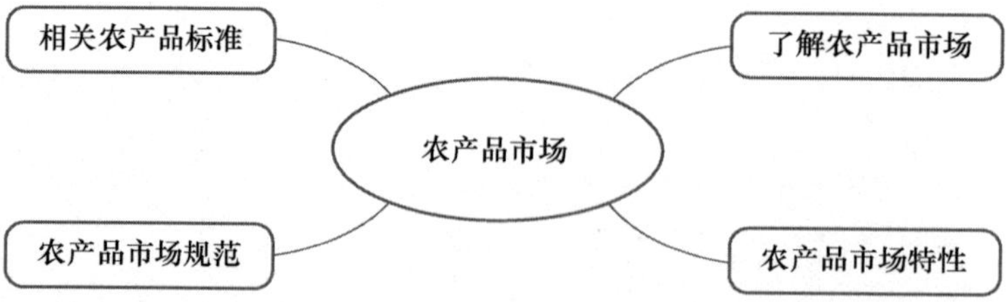

# 任务一 掌握农产品市场的基本知识

## 一、学习准备

### (一)知识准备

1. 市场的一般认识

一般认为,市场是人们对固定时间和地点的商品交易场所的统称,即买卖双方交易的场所。商品的供求与交换,构成了市场的基本经济内容。

(1)市场是商品交易和流通的场所。在这个场所中,卖方提供商品,与买方产生交易行为。市场通过价格这个"看不见的手"等因素对供求关系进行调节,使买卖双方都获得最大收益。农民生产的农产品,农业生产所需要的生产资料,都需要在市场上进行交易。市场是市场经济的纽带。

(2)市场是发展的,随着商品生产和交换的发展而发展。早期形成的市场是分散的、小规模的、封闭式的市场,主要以"集市"的形式存在。经济的发展,导致生产走向专业化、社会化,越来越多的商品涌向市场,从而使市场由单一变成多元,由分散走向统一,由国内走向世界。市场形式也开始多样化,资本市场、期货市场、网络市场等新形式与新内涵的市场不断出现。

(3)市场由三个基本要素组成。首先是市场参与者,即商品的买卖双方,农产品市场的参与者是农产品的消费者与生产经营者,包括家庭、家庭农场、农业合作社、农业企业、农民经纪人、农村基层政府等;其次是市场交换的客体,即买卖双方用于交换的商品,包括各种生产和生活资料、技术信息、资金、劳动力等;第三个基本要素是交易行为,即市场主体为交换而表现的外在意志,如人们选择哪种商品、购买多少、什么时候和以什么价格购买等。

2. 市场的多种认识

(1)从空间上看,市场就是商品交换的场所,不论是有形的交换地点,还是无形的电子交易或网络交易,均有一定的空间概念。

(2)从供求关系的角度,市场是买卖双方组成。由于供需双方的强度不同,表现出不同的市场,当买方力量较强时,即市场上的商品供给量大于需要量时,买方有较多的选择余地,市场则以买方为中心,此时称为买方市场。反之,当卖方力量较强时,即市场上的商品供不应求时,则卖方占据主导地位,此时的市场称为卖方市场。

(3)从营销的角度看,市场经常被称为某种或某类商品的所有现实或潜在的购买者集合。当人们说世界“大米市场”时,往往指的就是世界上消费大米的现实和潜在购买者,而不是大米的生产地或生产国。农产品的生产经营者需要从这个角度来看市场。

3. 市场的功能

不论市场的形态及发展程度如何,也不论市场中交换的商品类别是哪些,市场的基本功能是共有的,它是市场活动的内在属性。市场功能具体表现在以下几个方面:

(1)交换功能。市场是促进和实现商品交换的场所和中介。市场经济中,商品生产者出售商品,消费者购买商品,经营者买进卖出商品都是通过市场进行的。市场不仅提供场所,也通过等价交换促成商品所有权在参与者之间转移。这是市场最基本的功能。

(2)反馈功能。市场可以将交换活动中的信息传递、反馈给市场参与者。市场参与者在市场开展活动时,不断接收有关生产和消费方面的信息,这些信息实质上反映了社会资源在各个部门和行业的配置情况。这些信息的反馈也可以为国家经济决策提供参考,比如某个时间内全国猪肉市场出现价格持续上涨的情况,这一信息马上会反馈到国家经济决策部门,相关部委马上会出台扶持生猪生产的系列措施,达到稳定农产品市场的目的。

(3)调节功能。市场在内在机制的作用下,可以自动调节社会经济的运行。市场通过价格、供求、竞争等各种因素,对社会生产、分配、交换、消费全过程进行自动调节。从而最终实现社会经济基本比例关系的自动调节。

除以上基本功能外,市场还有进行资源配置、平衡供求、调节利益、信息传递等各项功能。

**(二)资料准备**

(1)搜集身边各种不同市场的材料,了解这些市场的交易方式和产品类型。

(2)走访一个市场,熟悉市场的交易流程,并形成文字资料。

## 二、任务设计与实施

【任务设计】

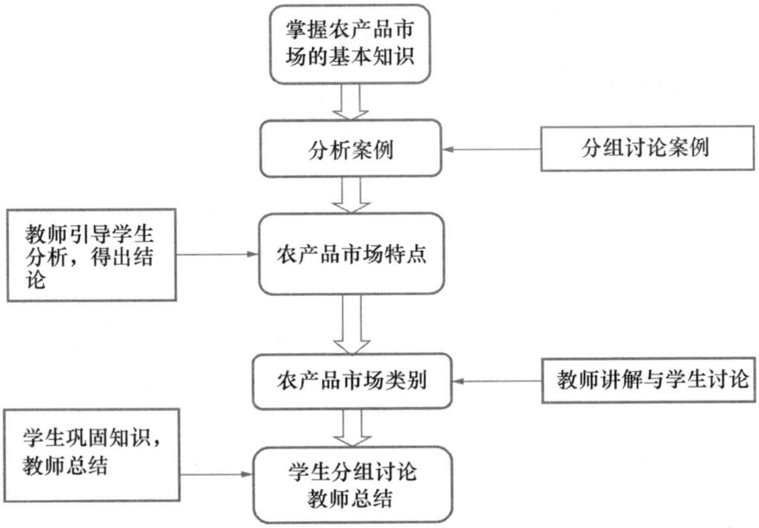


【任务实施】

### (一)导入案例

**【案例一】** “姜你军”现象分析(摘自经济日报 2010.09.30)

据报道，2010 年 7 月以来，根据中国多个省市的信息数据反映，继大蒜、绿豆价格持续上涨后，生姜价格也出现上涨。人称“姜你军”现象。

2010 年 7 月，据新华社全国农副产品和农资价格行情系统监测数据显示，从 6 月下旬以来，全国生姜价格呈上涨走势，价格涨速明显加快，7 月 14—26 日连涨 13 天，达到 5.93 元/500 克，与 6 月下旬相比，现在全国生姜价格累计上涨 8.8%。7 月 14 日至 8 月 15 日，全国生姜价格连涨 33 天，达到 6.57 元/500 克，累计涨幅达 18.2%。

从省区市来看，超过九成的省区市生姜价格出现上涨，其中海南涨幅居首，达 36.7%，天津、陕西、贵州、山西的涨幅较为明显，分别为 24.2%、20.2%、17.0%、16.4%。

2010 年以来，不仅生姜价格出现异常上涨，大蒜、绿豆、叶菜、玉米等价格也出现大幅上涨，这一轮农产品的接力上涨，在网络上催生出一系列的新词汇：“蒜你狠”、“豆你玩”、“姜你军”等。

### (二)根据案例分析农产品价格出现大幅波动的原因

在本轮农产品价格波动中,很多专家给出了分析,一些专家认为大量资金涌向农产品市场进行炒作,导致农产品价格的轮番上涨。如果进一步分析,我们会发现导致这一现象的根本原因在于农产品市场的特点。

1. 农产品供给易受气候等外界因素的影响

2009年以来的气候原因导致生姜等农产品产量出现明显下降,进入流通市场的生姜产品数量显著减少。供求关系的变化形成了价格上涨的最主要因素。

2. 随着我国农业产业化与专业化的发展,农产品生产产地日益集中

产地集中有利于提高规模生产效益,有利于农业新技术的推广与运用,有利于农产品生产、加工、销售一条龙的发展,有利于创造农产品品牌,有利于地理产品的保护。但产地集中也有其不利于市场的一面,就是某种农产品主要产地如果出现产量波动,就会影响到该产品的全国乃至全球市场。本轮反常的市场行情正是由于我国生姜的重要产地——山东半岛出现明显的减产导致的。

3. 我国的稻谷、小麦、大豆等大宗农产品都有相应的国家储备制度,有的还设立了相应的期货市场,对农产品的价格稳定起到了很大的作用

绿豆、大蒜及生姜等小品种农产品价格则完全由市场决定。当市场供求关系正常时,价格很稳定,一旦出现供求失衡,社会游资与各种投机商会蜂拥而来,价格极易为他们所操纵,形成很大的价格波动。

4. 很多农产品的供给和需求均缺乏弹性

如生姜、大蒜等农产品,由于生产周期长、保存成本高等原因,即使需求量大增,也难以短期内提高供应量;从需求的角度而言,即使价格较大幅度上涨,市场需求量也不会出现大幅减少。这一特点可放大农产品的涨价效应。比如某个时期大蒜价格出现持续上涨,如果市场需求弹性很大的话,必然会出现需求量大幅减少,与供给形成平衡,价格就会趋于稳定;如果市场需求弹性很小的话,必然会出现需求量基本不变,与供给少的矛盾更加突出,价格进一步上涨。

总之,农产品市场的价格波动与农产品市场的特殊性紧密相关,其中一个很重要的原因来源于农产品的特殊属性,正因如此,也导致了农产品市场经常出现暴涨暴跌的现象,这对农产品的生产者、消费者和大部分的经销商都是不利的,这也是国家对农产品市场一直保持密切关注、严格监管的原因。作为现代农产品的生产经营者,只有熟练掌握农产品市场的特点,并能在实践中灵活运用,才能成为市场经济大潮的弄潮儿。

### (三)农产品市场的特点

结合以上案例,农产品市场和一般商品市场相比,具有自身的特殊性。

1. 农产品市场交易的产品具有生产资料和生活资料的双重性质

近年来我国物价上涨的起因,有多次是食品价格上涨引起的结构性上涨,究其根源,就在于农产品同时具有生产资料和生活资料的双重性质。我国2009年开始一段长时间的物价上涨过程,其中一个重要的推手即为食品价格,在国家统计局计算CPI时,食品类价格占权重为34%,这充分反映了农产品价格在国民经济中的重要地位。

2. 农产品市场具有供给的季节性和周期性

农业生产具有季节性,农产品的供给随着农业生产的季节性发生变化,特别是一些鲜活农产品。尽管随着农业科技的发展,对农产品生产过程的把握日益准确,但总体上而言,农业生产依然受制于气候、生物的自然发育过程等,各种客观因素影响较大,因而农产品的供给往往体现明显的季节性与周期性。

3. 风险较大

农产品一般是具有生命的产品,在运输、存储和销售中容易腐烂变质,从而给经营者造成损失。这对农产品营销提出了更高的要求,要尽量缩短流通时间,改善运储条件,降低风险。近年来,很多游资进入农产品市场进行投机,使部分农产品市场价格如坐过山车,急上急下,这也加大了农产品市场的风险。

4. 多为小型分散的市场

当前我国的农产品交易市场分散在全国各地,通常以集贸市场的形式存在,规模普遍较小。规模较大的农产品集散市场往往集中在大中城市与交通枢纽。

5. 大宗农产品市场的基本稳定性

粮食等主要农产品市场的稳定,是社会和国家经济发展的要求。因此,党和国家非常重视农业生产,从2004年起,连续11年中央一号文件都是以发展农业、富裕农民、建设社会主义新农村为核心内容。《2014年国民经济和社会发展统计公报》显示,在中央与各级政府的管理和调控下,我国粮食产量已实现了“十一连增”。全年粮食产量60 710万吨,比上年增加516万吨,增产0.9%。粮食连年丰收,确保了中国人把饭碗牢牢端在自己手上,不仅对新常态下中国经济的平稳运行发挥着“定盘星”的作用,也为世界粮食安全贡献了中国力量。

### (四)任务实施的组织

(1)通过讲解、分析,让学生了解市场的一般概念,对市场产生基本认识。

(2)分组分析、讨论“姜你军”案例,初步认识农产品市场的特殊性。

(3)选择当地一个典型农产品,进行市场分析,每人写一篇分析报告。

(4)选择两名同学在全班演讲其分析报告,全班讨论,老师点评。

(5)引导学生对拓展学习的案例进行分析,掌握农产品市场的类型。

(6)以组为单位,进行一次本地的集贸市场调查,了解当地主要的农产品市场行情。

## 三、学习拓展

掌握农产品市场分类知识

1. 按交易场所的性质分

可以分为产地市场、销地市场和中转市场三类。

(1)产地市场。在农产品产地建成的市场。主要用于为产地农户提供集中销售农产品和了解市场信息的场所,同时便于农产品的初步整理、分级、加工、包装和运储。产地市场的主要特点是:接近生产者;一般以现货交易为主;主要从事某一种或某一类产品的交易;以批发为主,如在很多大城市郊区蔬菜产地设立的蔬菜批发市场等。

**【案例二】**

武隆县蔬菜产地加工交易市场,占地 3.3 公顷,经营面积 3 万米$^2$,其中冷藏冷冻设施建筑面积 3 500 米$^2$,年冷藏冷冻能力 3 000 吨,年储运能力达 15 万吨;拥有电子交易与结算、质量检测与追溯、安全监控、废弃物处理、林权交易以及农户直销等配套功能。该市场集蔬菜、食品加工、冷藏冷冻、出口贸易和现代物流于一体的以高山蔬菜为专业特色的产地加工交易市场。

(2)销地市场。设在大中城市和小城镇的农产品市场。还可进一步分为销地批发市场和销地零售市场。前者主要设在大、中城市,购买对象多为农产品零售商、饭店和机关、企事业单位食堂;后者则广泛分布于大、中、小城市和城镇。销地市场的主要职能是把经过集中、初步加工和储运等环节的农产品销售给消费者。

(3)中转市场。其主要职能是将来自各个产地市场的农产品进一步集中起来,经过加工、储藏与包装,通过批发商分散销往全国各地的批发市场。该类市场多设在交通便利的地方,如公路、铁路交会处。但也有自发形成的集散与中转市场,这类市场一般规模都比较大,建有较大的交易场所和停车场、仓储设施等配套服务设施。

2. 按照农产品销售方式分

可以将农产品市场划分为批发市场和零售市场。顾名思义，农产品批发市场就是成批量地销售农产品，每笔交易量都比较大。不仅农产品产地和中转集散地设有批发市场，作为销地的大中城市也设立有批发市场。农产品零售市场，相对于批发市场而言，就是进行农产品小量交易的场所。如农村的集市，城市的农贸市场和超市的生鲜市场等。

3. 按照农产品交易形式划分

农产品市场可分为现货交易市场、期货交易市场和网络交易市场。

4. 按照商品性质划分

农产品市场还可以分为粮食市场、蔬菜市场、肉禽市场、水产品市场、果品市场等。

**知识框**

**什么是猪周期**

猪肉价格上涨刺激农民生猪生产积极性，造成供给增加；供给增加造成肉价下跌，肉价下跌打击了农民生产积极性造成供给短缺，供给短缺又使得肉价上涨。周而复始，这就形成了所谓的“猪周期”。

这个周期一般在2～3年。如2003年、2004年，猪价高，导致生猪生产发展很快；结果到了2005年、2006年，猪价又大跌，养猪户不得不大量减少母猪；结果又导致2007年、2008年猪价大涨，随后，又开始一轮猪价下跌，上升的周期。这种周期性大幅波动，使养殖农民叫苦不迭，养猪农民是“赚一年、赔一年”，猪肉市场是“价高伤民、价贱伤农”。

## 四、任务巩固

(1)作为农产品生产经营者，要全面了解与掌握农产品市场的特征、分类、作用及功能。

(2)自己搜集的某一种农产品近几年的相关资料，分析该产品市场的发展趋势。

# 任务二 严格遵守农产品市场规范

## 一、学习准备

### (一)知识准备

1. 什么是农产品标准

农产品标准是对农产品的品种、规格、技术要求、检验方法、商品标志、储存保管和包装运输等方面所做的统一规定;是农产品生产的技术依据,也是评定农产品质量的准则。是经国家标准化主管部门批准的农产品标准和生产技术法规。农产品标准的实施,使产品质量的检验与监督工作有章可循,使农产品质量有了可靠保证,也为抵制不正当竞争行为提供了依据。

农产品标准同其他产品的标准一样,是生产和流通中一项共同的技术依据,它既表达了生产者和消费者对农产品的质量要求,也是产销双方对产品质量有争议时执行仲裁的依据。通过农产品标准的制定和推行,能保证产品质量达到先进水平,并在此基础上进一步提高。

2. 农产品的各级标准

(1)国家标准。是指对全国经济技术发展有重大意义,必须在全国范围内统一的标准。国家标准由国家质量技术监督局编制计划和组织草拟,并统一审批、编号和发布。

(2)行业标准。是指我国全国性行业范围内的统一标准。《标准化法》规定:“对没有国家标准而又需要在全国某个行业范围内统一技术要求的,可以制定行业标准。”农业行业标准是由农业部组织制定。行业标准是对国家标准的补充,行业标准在相应国家标准实施后,自行废止。

(3)地方标准。对没有国家标准和行业标准而又需要在省、自治区、直辖市范围内统一的技术和管理要求,可以制定地方标准。地方标准由省、自治区、直辖市政府标准化行政主管部门制定。地方标准不得与国家标准、行业标准相抵触。在相应的国家标准或行业标准实施后。地方标准自行废止。

(4)企业标准。是指在企业内部需协调、统一的技术要求和管理工作要求所制定的标准。企业生产的产品没有国家标准和行业标准的,应当制定企业标准,企业标准由企业制定。在有相应的国家标准、行业标准、地方标准时,鼓励企业制定更高的企业标准。

**(二)资料准备**

(1)利用报纸、网络等了解市场规范的相关知识。

(2)在网上搜索本地农产品的国家标准。

## 二、任务设计与实施

【任务设计】

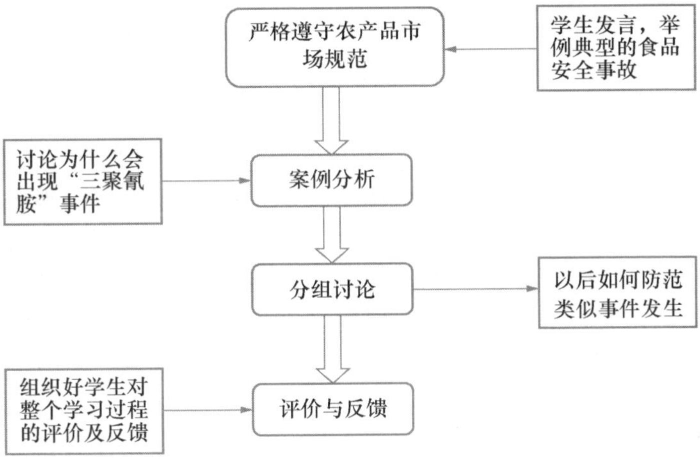


【任务实施】

**(一)导入案例**

**【案例一】** 奶制品企业违规添加“三聚氰胺”，使整个产业面临灭顶之灾(CCTV2 2011.3)

2008年6月28日，位于兰州市的解放军第一医院收治了首例患“肾结石”病症的婴幼儿，据家长们反映，孩子从出生起就一直食用河北石家庄三鹿集团所产的“三鹿”牌婴幼儿奶粉。7月中旬，甘肃省卫生厅接到医院婴儿泌尿结石病例报告后，随即展开了调查，并报告卫生部。随后短短2个多月，该医院收治的患婴人数就迅速扩大到14名。

9月11日，除甘肃省外，陕西、宁夏、湖南、湖北、山东、安徽、江西、江苏等地都有类似案例发生，当晚卫生部指出，近期甘肃等地报告多例婴幼儿泌尿系统结石病例，调查发现患儿多有食用“三鹿”牌婴幼儿配方奶粉的历史。经相关部门调查，高度怀疑石家庄三鹿集团股份有限公司生产的“三鹿”牌婴幼儿配方奶粉受到三聚氰胺污染。

紧接着，9月16日国家质检部门公布了对全国109家婴幼儿奶粉企业491个批次产品抽查的结果，22家企业的69批次产品被检出不同含量的三聚氰胺，其中三鹿奶粉含量最高，达到2 563毫克/千克。奶粉添加三聚氰胺事件的结果是导致大量儿童身体被严重侵害，导致三鹿公司的破产清算，三鹿原董事长田文华被免职并刑事拘留。国产奶粉的信誉遭受重大损失，直至2011年中国中央电视台《每周质量报告》调查发现，仍有7成中国民众不敢买国产奶。

## (二)导入案例中奶制品企业严重违反市场规范的惨痛教训

1. 为达到奶制品的“国家标准”，生产与加工企业违规以“三聚氰胺”冒充“蛋白质”

三聚氰胺本不该出现在奶制品中，它既不是食品添加剂，也不是生产助剂，它是一种地地道道的化工原料。牛奶和奶粉添加三聚氰胺的原因还要从我国牛奶的国家标准说起，蛋白质是牛奶里的主要营养成分，鲜牛奶的蛋白质国家标准是100毫升≥2.95克，鲜牛奶包装上一般都会注着蛋白质含量为100毫升≥2.9克，以表明符合鲜牛奶的国家标准。而生鲜牛奶的蛋白质含量一般在3%以上，本来能达到国家标准，但一些非法养殖户及牛奶厂家往为谋取暴利，往原奶中兑水，如果对这样的原奶进行检测，蛋白质含量将达不到标准。

为了使牛奶含有符合国家标准的蛋白质，需要检查蛋白质含量。三聚氰胺含氮量高达66.6%，白色无味，没有简单的检测方法，是理想的蛋白质冒充物，再加上三聚氰胺生产工艺简单、成本很低，因此，可以添加到牛奶中提高氮的含量，从而造成蛋白质含量很高的假象。同时，由于三聚氰胺微溶于水，添加到液态奶中有一定的局限，而添加到奶粉中就不受限制，所以不法商家在奶粉中添加了大量的三聚氰胺。

表面上看，牛奶及奶粉中添加三聚氰胺是为了使产品符合国家标准，那是否可以说是严格的国家标准诱导企业铤而走险呢？恰恰相反，在三聚氰胺事件中，反映的是国家标准的片面执行和不严格执行，导致被不良企业和经营者利用而非法牟利。

2. 部分奶制品生产与加工企业违规，导致整个行业被逼至绝境

“三聚氰胺事件”暴发后，国内乳品企业被逼至绝境。2008年9月份，三聚氰胺事件暴发后，中国国产的所有乳制品在短期内发生了严重的滞销，至11月份奶粉积压就达30万吨。市场需求减少直接造成了国产奶粉需求的萎缩，加上外资奶粉企业的顺势扩张，导致了国产奶粉需求大幅下降。甚至很多地区出现了杀牛、倒

奶现象，最终受到损害的是普通的养殖户和承受高价进口奶粉的消费者。

企业这种严重违反市场规范的行为，不仅对当时的牛奶市场造成灾难性后果，而且在消费者心中的负面作用将长期影响国产奶制品的市场地位。

**知识链接：**国产奶粉要靠自律才能重拾消费者信心（搜狐网 2014.04.15）

近几年来，国产婴幼儿配方奶粉问题成为中国乳业之痛。一面是全球针对中国人的奶粉限购，一面是洋奶粉在中国市场频频涨价、攫取暴利。作为一个有着13亿人口的泱泱大国，创造了举世瞩目的经济成就，却让国民冒着被罚款和被拘留的风险跑到外国去抢奶粉。每一个中国乳业从业者应该深感沉重。

一罐奶粉，在国外售价100多元，而到中国竟能卖出三四百元。1月份，国家统计局发布的2013年统计数据显示，我国城镇居民人均可支配年收入为26 955元。通常，6个月大婴儿每月大约喝掉4罐奶粉，按此标准，养一个孩子的奶粉钱将占到城镇居民人均收入的近一半！

“国人对国产奶粉的不信任，促成了洋奶粉在国内市场占据主导地位。暴利驱使，让洋奶粉的价格在中国一涨再涨。”全国政协委员王海波指出：“本应该是基本必需品的婴幼儿奶粉，却变成了奢侈品，成为了国人的沉重负担。洋奶粉以高价垄断中国市场，这是中国乳业的悲哀，中国乳企应当让好奶粉价格回归理性，让老百姓消费得起。”

只有行业自律，企业落实，并着力营造良好的舆论环境，中国婴幼儿奶粉才能重拾消费者信心。

3. 相关部门的监管缺失使市场违规行为成为行业的“潜规则”

在牛奶、饲料以及各种小食品中添加三聚氰胺是一种行业潜规则，长达几年的时间，并且成为公开的“行业秘密”。为什么几年时间内相关部门视而不见呢？可以说是相关监管部门的监管职能缺失是导致这种严重违反市场规范行为的重要原因。

我国目前的食品监管，从田间到餐桌，中间要经过生产、加工、运输和市场等几个环节。在不同的环节，监管监督机构是不同的：在田间是属于农业部门负责；在市场是属于质检部门负责；到了餐桌进入人体则由卫生部门负责。多家监管的好处是可以有多方力量共同来维护食物链的安全运转；但多头监管的弊端也是显而易见的，各部门为了自己的利益各自为政，加上沟通上不及时，往往使得某些环节监管缺失，从而酿成重大食品安全事故。

亡羊补牢，为时未晚，三聚氰胺事件发生后，根据《食品卫生法》的规定，国家标准委加紧组织制订了食品中三聚氰胺检测方法的国家标准，改进了食品检测手段，确保产品的质量安全。

4. 企业只有严格遵守市场规范，才能在激烈的市场竞争中立于不败之地

回顾我国的食品安全事故，从毒奶粉、污染鱼、毒干菜到毒水饺，这一系列问题产品屡禁不止。这一方面说明质检机关的监管力度及惩罚力度未能到位，质检制度不严等；另一方面要从生产企业本身上找原因。类似的食品安全事件，是生产企业缺乏责任心与法规意识的表现，是一种严重违反市场法规的行为。农产品生产经营者要牢固树立“质量是企业的生存之本”观念，在产品质量方面严格把关，只有生产出高质量的产品才能赢得消费者的信任与支持，才能在激烈的市场竞争中立于不败之地。

**知识框**

**奶粉安全入 2014 年两会政府工作报告(亲宝网 2014.04.22)**

去年，从政协会议开幕前到闭幕后，全国政协委员、农业部副部长牛盾几乎每天都被问到国产奶安全的问题。

3 月 5 日下午，政协会议开幕 50 小时后，他又被这个问题砸中了。

今天上午，国务院总理李克强在政府工作报告中指出：对婴幼儿奶粉质量按照药品管理办法严格监管，努力让人民吃得放心，用得安心。

这段 33 个字的报告内容在牛盾的工作中，是过去一年痛下决心的改革。

“婴儿奶粉的生产按照药品级标准，这个标准在全世界都是领先的。”牛盾说，去年全国“两会”后，国务院进行了机构改革和部门间的职能调整，在这一年里，明确了从奶牛吃草到产出液态奶由农业部管理负责，进入工厂以后的所有流程由国家食品药品监督管理总局管理负责。

牛盾说，国家有责任、部门有责任、企业有责任，伤害了消费者的信心，沉重的代价我们只能接受，全行业要用实际行动，渐渐恢复中国消费者对中国奶的信心，“我们希望越短越好，但这是个理想。”

过去的一年里，国内年轻的妈妈们都发现，给宝宝买进口奶粉并没有过去那么方便了，许多国家和地区都对中国人一下子“扫光”货架上的奶粉做出各种各样的限制，对中国出口奶粉的出口量也成了双边关系谈判桌上的筹码。

“这一年，我们看到市场好像失灵了，一个小小的奶粉就被人家‘卡脖子’，如果我们的肉、蛋、水产品进口需求很大，人家会卖给我们吗？足够的外汇储备也买不来，变成人家遏制我们的利器。”

“大家都该明白了，放心奶不仅是我们每一个小家的需要，也是国家安全的需要。”牛盾说。

### (三)任务实施的组织

(1)教师讲解农产品的各级标准,学生掌握有关市场规范的知识。

(2)引入案例,讨论“三聚氰胺”事件的严重后果以及对我国农产品安全产生的影响。

(3)分组学习案例,并写出分析报告。

(4)每组选一名同学,在全班演讲分析报告,全班同学讨论。

(5)拓展了解无公害农产品等市场规范。

(6)分组调查当地农产品市场,看违反农产品市场规范的行为有哪些?并写成调查报告。

(7)下次课前教师组织对调查报告的点评,对表现优秀的小组与个人进行表扬。

(8)组织好反馈与评价。

## 三、学习拓展

遵守无公害农产品的市场规范

### (一)市场上怎样鉴别无公害农产品

区分普通农产品和无公害农产品的主要方法是看其在销售时是否加贴全国统一的无公害农产品标志,通过辨别标志的真伪,来判断该产品是否为无公害农产品。

揭开全国统一的无公害农产品标志。产品或包装上留有 16 位防伪数码。可以通过以下方式查询该产品是否为无公害农产品。

(1)拨打全国统一电话 16840315 或 010-64451885 查询。

(2)手机短信息查询,移动用户将 16 位防伪数码写短信发送到 3315,即可在收到的回复短信中查询到所购产品的真伪信息。

(3)通过互联网查询,登录中国农产品质量安全网查询。网址:http://www.aqse.gov.cn. 通过查询不但能辨别产品的真伪,而且能了解认证产品的生产厂家、产品名称、品牌等相关信息。

### (二)无公害农产品认证的环节

(1)省农业行政主管部门组织完成无公害农产品产地认定包括产地环境监测并颁发《无公害农产品产地认定证书》。

(2)省级承办机构接收《无公害农产品认证申请书》及附报材料后,审查材料是否齐全、完整,核实材料内容是否真实、准确,生产过程是否有禁用农业投入品使用和投入品使用不规范的行为。

(3)无公害农产品定点检测机构进行抽样、检测。

(4)农业部农产品质量安全中心所属专业认证分中心对省级承办机构提交的初审情况和相关申请资料进行复查。对生产过程控制措施的可行性、生产记录档案和产品《检验报告》的符合性进行审查。

(5)农业部农产品质量安全中心根据专业认证分中心审查情况,组织召开“认审专家会”进行最终评审。

(6)农业部农产品质量安全中心颁发认证证书、核发认证标志。并报农业部和国家认证认可监督委员会。

## 四、任务巩固

(1)试讨论如何建立和维护农产品标准体系,提高消费者对农产品的信心。

(2)从媒体上了解最近的食品安全相关报道,谈谈你对相关事件的看法。

## 五、评价与反馈

### (一)自我评价

(1)你对学习农产品市场及规范都做了哪些准备?

(2)通过各种途径收集了相关的案例与资料吗?

(3)对当地违反市场规范的行为进行了社会调查吗?

### (二)小组评价

从学习态度、学习方法、讨论发言和学习能力的提升等方面评价。

| 序号 | 评价项目 | 评价情况 |
|---|---|---|
| 1 | 对农产品市场的认识是否全面准确 | |
| 2 | 是否树立了严格遵守农产品市场规范的思想意识 | |
| 3 | 与教师、同学的合作是否协调 | |
| 4 | 是否参加了农产品违反市场规范行为的社会调查 | |
| 5 | 是否在班级参加演讲?效果如何 | |
| 6 | 是否服从教师的教学安排 | |
| 7 | 是否遵守学习场所的规章制度 | |
| 8 | 对本项目学习整体效果怎样 | |

### (三)综合评价

1. 教师评价

(1)对整个学习内容的小结归纳。

(2)对教学过程的总体评价。

教师签名________

2. 学生评价

(1)对教师授课效果的评价。

(2)对学习效果的评价。

学生签名________

# 模块二　农产品营销基本技能

# 项目三　农产品的市场调查与分析

【学习目标】

完成本项目的学习任务后，你应该能

1. 制定相应的农产品调查方案
2. 实施相关的农产品调查
3. 基本掌握预测、分析农产品市场的方法与手段
4. 在生产经营实践中运用调查、分析、预测方法

【项目描述】

农产品的市场调查与分析是农产品营销的重要组成部分，在整个农产品营销链条中处于基础与前提的地位。在市场经济大潮中，农产品生产与经营者在只有经过科学细致的市场调查与分析，才能把握农产品的市场脉搏，找准生产投资方向，创造最佳的经济效益。具体工作任务有：掌握农产品市场调查的方法与技巧，学会分析各种调查资料，写出客观真实的市场调查分析报告，预测农产品近期的市场行情，熟悉农产品的营销渠道并能在生产经营中灵活运用。

【思维导图】

## 一、学习准备

### (一)知识准备

1. 什么是农产品的市场调查与分析

就是指运用科学的方法,有目的、有系统地搜集、记录、整理有关农产品市场营销信息和资料,分析农产品市场情况,了解农产品市场的现状及其发展趋势,为市场预测和营销决策提供客观的、正确的资料。包括市场环境调查、市场状况调查、销售可能性调查,还可对消费者及消费需求、企业产品、产品价格、影响销售的社会和自然因素、销售渠道等开展调查。

2. 常用的农产品市场调查方法

(1)访问法。即事先拟定调查项目,通过面谈、信访、电话等方式向被调查者提出询问,以获取所需要的调查资料。这种调查简单易行,有时也不见得很正规,在与人聊天闲谈时,就可以把你的调查内容穿插进去,在不知不觉中进行着市场调查。

(2)观察法。即调查人员亲临市场,了解与观察市场行情。如蔬菜生产与经营者到产地批发市场与乡镇、城市的一级二级市场观察了解市场,什么样的品种最畅销,什么样的产品消费者最欢迎。畜禽养殖与经营者到农贸市场直接观察和记录顾客的类别,购买动机和特点,消费方式和习惯,这样取得的一手资料更真实可靠。

(3)试验法。即调查人员对不确定的产品或市场采取试验开发的方法掌握顾客需求、市场容量等第一手资料,为规模化生产与经营打好基础。

(4)网络搜索法。就是农产品生产与经营者运用现代信息技术与互联网平台来搜索市场信息的方法。它是信息时代的一种非常重要的调查方法。

(5)调查问卷法。农产品生产与经营者为掌握消费者的第一手资料,科学合理地设计问卷,请被调查对象填写的方法来搜集意见和建议的一种方法。

3. 农产品市场分析与预测方法有哪些

(1)经验判断预测法。是农产品生产与经营者依赖经验和知识,在综合分析调查资料的前提下,对某种农产品市场的未来发展前景做出估计和推测的预测方法。

(2)时间序列预测法。时间序列预测法是一种历史资料延伸预测,也称历史引申预测法。是以时间数列所能反映的社会经济现象的发展过程和规律性,进行引申外推,预测其发展趋势的方法。

(3)因果分析预测法分析法。是通过因果图表现出来,农产品生产与经营者是为了寻找产生某种质量问题的原因,发动大家谈看法,做分析,将各种意见反映在一张图上,就是因果图。用此图分析产生问题的原因,便于集思广益。因为这种图反映的因果关系直观、醒目、条例分明,用起来比较方便,效果好。

4. 怎样灵活运用各种市场调查方法

(1)访问法运用技巧。

①科学选择访问对象。如果你准备从事生猪的养殖,想详细了解相关的生产情况与市场行情,你的调查对象必须是当地生产条件与你相似的养殖场。

②灵活运用访问方法。被调查单位确定以后,就要想办法接近目标了,由于市场竞争的原因,很多养猪场对同行的调查是不配合的,所以要巧妙地使用方法。如以饲料推销员、猪贩子的身份接近受访者,在不经意交谈中就收集到有用的各种市场信息。

③对访问所获得的信息要及时整理记录。记录方式可以是现场录音(手机基本具备录音功能),也可以在访谈结束后马上做好笔记。

(2)观察法运用技巧。武汉市东西湖区新沟镇是武汉市的蔬菜生产基地。河南永城农民梁永生从2008年起来到新沟镇,承包了5个大棚种植蔬菜。为适应市场需求,他经常调整种植品种,每年都能取得很好的收成。谈起生产经营经验,他说:“学会观察市场,才能选好品种;把握市场需求,减产也能增收。”谈到观察技巧,他总结了两条:

①选择好观察场所。他身边有三种市场,一是产地批发市场,二是当地集贸市场,三是武汉市蔬菜批发市场。由于他的产品主要是批量销售,所以他主要观察对象是产地批发市场和市级蔬菜批发市场。

②观察有窍门,内行看门道。批发市场人来人往,蔬菜品种琳琅满目,怎样才能观察到有用的信息呢?在产地批发市场,如果来收购某种蔬菜品种的外来货车突然增加,且来自不同地方,就说明该产品市场需求旺盛,可适应扩大该品种的种植规模。如某产品在市级批发市场内明显滞销且价格下行,这是供过于求的现象,要及时调整该产品的种植计划。如某产品出现市场短缺,价格猛涨,切忌盲目跟风而上。因为根据市场规律,过高价格会导致该品种下一生产周期种植面积猛增,市场风险也随之增大。

(3)试验法使用技巧。

①合理使用试验法。在农产品的市场调查中,试验法的使用有很大局限性,主要用于新开发产品与全新市场。比如你要从事一种高端新品种的蔬菜生产,在决策之前,可以用试验法进行调查。试验场所最好选择产品的未来市场如星级宾馆、高档酒店等。

②对实验结果要及时收集意见,观察市场反应,了解客户需求。在此基础上再做生产经营决策。

**(二)资料准备**

(1)利用现有的图书馆以及相关报刊,查找有关农产品调查与分析、农产品营销渠道的文字图片资料。

(2)利用互联网,查找有关市场调查、市场分析、农产品营销渠道的典型案例。

(3)现在农产品市场已经较为成熟,尝试收集当地的农产品市场资料。

## 二、任务设计与实施

【任务设计】

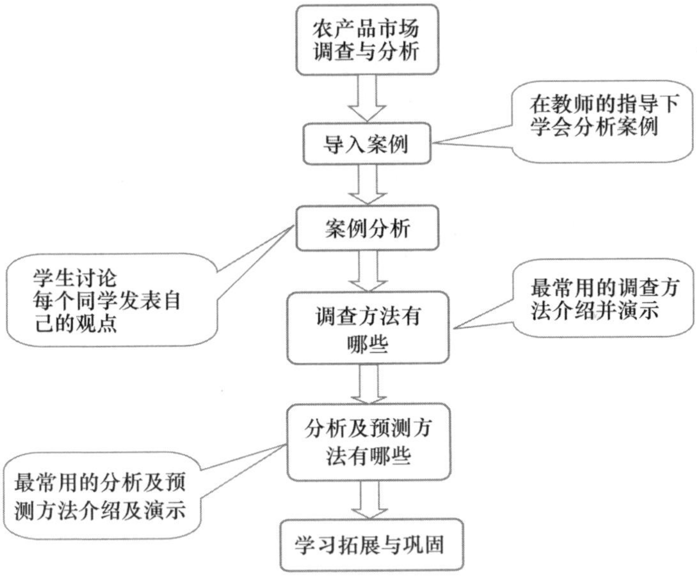


【任务实施】

**(一)导入案例**

**【案例一】** 女知青重返老区当职业农民(长江日报　2014.11.4)

今年56岁的袁翠华曾是知青,后来当过工人。2002年底,她重返当年的知青点——革命老区黄陂王家河街刘桥村,四处筹措资金建起养殖场,既当老板又当饲养员,每天围着鸡打转。经营初期,由于没有进行市场调查分析,养殖品种又落后,加上非典袭来,养殖场亏损40多万元;H7N9禽流感流行,又"丢掉"20余万元……袁翠华没有泄气,来到武汉市农业学校参加创业培训。经过学习,她知道了生产经营绝对不能盲目选择项目。她进行了详细的市场调查分析,最终选择从外地引入绿壳蛋土鸡品种，开启新的创业征程。“与普通鸡相比，绿壳蛋土鸡野性足、抗病性强，市场潜力大。”为实现生态链的循环利用，她又承包30公顷荒山种植茶树，尝试鸡茶混“养”。“这一招还真划算，一年节省成本近半。”袁翠华说：“目前，养殖场有4万只土鸡，每只可卖40元，土鸡蛋价格是普通鸡蛋的2～3倍，市场供不应求。今年仅这一项纯收入就有80万元。”

### (二)结合导入案例制定调查实施方案

市场调查方案是指导全部调查分析过程的实施计划，是调查工作有计划、有组织、有系统进行的保证。一个完整的调查方案包括以下几个方面内容。

1. 确定调查目的

调查目的是整个市场调查活动的最终目标，所以要非常明确。在导入案例中，袁翠华的调查目的是“什么样品种的鸡与蛋最受市场欢迎”。

2. 确定调查对象和调查单位

调查对象指接受调查的社会现象的总体。调查对象由性质相同的各个调查单位组成。在导入案例中，调查对象为养鸡场与鸡蛋的消费市场，调查单位可以选择本地相近规模的养鸡场和农产品批发及零售市场。

3. 确定调查项目

即指对调查单位所要登记的内容。在导入案例中，调查项目主要有养殖品种、养殖规模、养殖方式、产蛋率、不同品种鸡与蛋的批发价格、零售价格、销售量等。

4. 设计调查问卷

调查问卷又称调查表或询问表，是以问题的形式系统地记载调查内容的一种印件。问卷可以是表格式、卡片式或簿记式。设计问卷，是询问调查的关键。完美的问卷必须具备两个功能，即能将问题传达给被问的人和使被问者乐于回答。要完成这两个功能，问卷设计时应当遵循一定的原则和程序，运用一定的技巧。以导入案例中针对零售市场的调查问卷为例：

**武汉市黄陂区集贸市场活鸡销售情况调查问卷**

尊敬的商户：

您好！我在本市开办了一个养鸡场，为搞好生产经营，我正在进行一项关于活鸡的市场需求调查，耽误您一些宝贵时间，多谢您的支持与配合！我保证您所填资料不用于其他的任何商业用途，同时严格保密！

1. 您经营的活鸡品种有哪些？(可多选)

a. 肉鸡

b. 蛋鸡

c. 圈养土鸡

d. 散养土鸡
e. 其他
2. 近一年来您哪种活鸡销售量最大?
a. 肉鸡
b. 蛋鸡
c. 圈养土鸡
d. 散养土鸡
e. 其他
3. 最近一周活鸡的市场零售价格是多少?
a. 肉鸡(　　)
b. 蛋鸡(　　)
c. 圈养土鸡(　　)
d. 散养土鸡(　　)
e. 其他(　　)
4. 最近一年本市场内哪种活鸡价格最高?
a. 肉鸡
b. 蛋鸡
c. 圈养土鸡
d. 散养土鸡
e. 其他
5. 最近一年本市场内什么活鸡价格最稳定?
a. 肉鸡
b. 蛋鸡
c. 圈养土鸡
d. 散养土鸡
其他

5. 选择调查方式与方法

调查方式主要有以下几种。

(1)典型调查。是指从调查对象的总体中选取一个或几个具有代表性的单位进行全面、深入的调查。

(2)重点调查。是通过对重点样本的调查来大致地掌握总体的基本数量情况的调查方式。所谓"重点",是指总体中那些在某一或某些数量指标上占有较大比重的单位或个体。

(3)抽样调查。是指从调查对象的总体中抽取一些个人或单位作为样本,通过对样本的调查研究来推论总体的状况。

(4)个案调查。即调查的对象只有一个个体,调查的目的只是为着了解这一个体的状况。

在导入案例中,经营者的调查方式应选择典型调查与抽样调查相结合的原则。对养鸡场的调查应选择与自己规模相近、生产条件相似的典型作为调查对象,深入调查其品种选择、销售方式、管理模式、经营模式等。对鸡与蛋市场的调查应选择抽样调查方式,按随机原则选择武汉市及黄陂区几个批发及零售市场进行市场调查。

在导入案例中,调查方法的选择更加灵活。对市场的调查可采用网络搜索法、观察法与问卷调查法相结合,这样既能掌握全省乃至全国的鸡蛋行情,又能把握本地的市场需求。对养鸡场典型的调查可采用访问调查法与问卷调查法相结合。

6. 确定调查时间

主要是指调查资料所属时间界限。农产品需求的市场变化很大,有季节性、周期性等特点,还有疫情影响等突发因素,所以调查时间的确定要科学与准确。结合导入案例,要充分反映鸡与蛋的生产周期与消费的市场周期,所以资料时间最好达到一年及以上。

### (三)结合导入案例进行资料分析与预测实施

1. 调查资料的分析(表 2-1)

**表 2-1 2002 年武汉市黄陂区家庭农场(养鸡户)经营情况统计表**

| 所在位置 | 调查户数 | 生产规模(万只) | 种类 | 养殖方式 | 蛋的市场价格(元/500 克) | 鸡的市场价格(元/500 克) | 每年纯收入(万元) |
|---|---|---|---|---|---|---|---|
| 罗汉寺街道 | 1 | 3 | 肉鸡 | 圈养 | | 4.1 | 28 |
| 王家河街道 | 1 | 3 | 蛋鸡(蛋) | 圈养 | 4.2 | 5.6 | 38 |
| 蔡家榨镇 | 1 | 3 | 土鸡(蛋) | 圈养 | 7.1 | 8.5 | 43 |
| 三里镇 | 1 | 3 | 土鸡(蛋) | 平原围栏散养 | 9.2 | 9.8 | 50 |
| 木兰乡 | 1 | 3 | 特种土鸡(蛋) | 山地放养 | 11.8 | 14.5 | 60 |

根据以上资料,市场分析从以下几个方面入手:

(1)分析哪种经营方式效益最佳。从市场调查资料分析,面对相同的市场条件，同样规模，不同种类与不同的养殖方式产生不同的经济效益。从表2-1可以看出，特种土鸡的山地放养模式投资空间最大，最受消费者欢迎。

(2)结合自身的自然条件、经济条件、技术条件，选择最适合自己的经营模式。从调查资料入手，职业农民袁翠华充分利用各种有利条件，选择了最有投资价值、也是最适合当前市场需求的生产经营模式。

从分析中可以看出，袁翠华的成功不是偶然的，一是经过长期的生产实践，她懂生产技术，二是经过市场的摸爬滚打，她有市场眼光，三是进行深入的市场调查与分析，她有经营头脑。

2. 时间序列预测图

农产品生产有非常明显的周期性与季节性，不同产品由于自身特点与市场变化，还有突发情况的影响，市场变化规律各有其特点。如要预测下一阶段产品的行情趋势，必须绘制该产品的时间序列预测图。编制方法以导入案例的调查资料为例(表2-2)：

表2-2 武汉市2005—2012年放养土鸡市场价格调查表

| 年份(年) | 2005 | 2006 | 2007 | 2008 | 2009 | 2010 | 2011 | 2012 |
|---|---|---|---|---|---|---|---|---|
| 价格(元/500 g) | 8.5 | 9.5 | 10.5 | 9.5 | 9.0 | 10.5 | 11.2 | 12.5 |

(1)绘制时间序列预测图。把时间数列中的资料绘入坐标图，并连成曲线。通过其曲线走势基本能预测出下一时间段的市场行情(图2-1)。

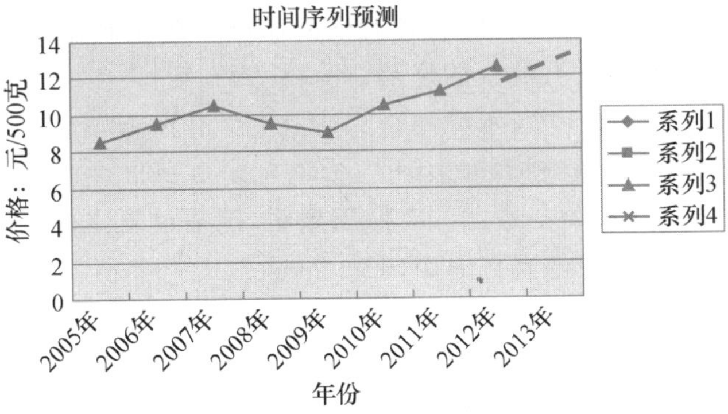


图2-1 时间序列预测图

(2)怎样看懂时间序列预测图？

①放养土鸡市场价格 2005—2012 年呈明显的上升趋势，价格上涨了 47%。

②2008—2010 年出现一段时间的下挫行情，经调查分析，主要是全球性禽流感疫情的影响，属突发情况，不是由供求关系变化引起的价格波动。

③从现有时间数列图来预测：2013 年及以后价格趋势呈明显的上升行情，适合投资生产。

④在生产实践中要特别注重防疫工作，并做好规模控制与风险预防。当再次出现类似禽流感的疫情发生时能及时拿出应对方案，规避突发风险。

3. 绘制因果图

因果图又称鱼骨图，由日本管理大师石川馨先生所发明，主要为“已发生的结果”找到各种可能的“原因”。农产品生产与经营中，会出现很多影响发展的问题与现象。由于市场变化无常，影响因素很多，如果没有科学有效的办法，很难准确找到产生问题的真实原因。因果图用非常直观的方法，把各种可能的影响因素都在图表中反映出来，便于决策者以最快的速度找到真正的影响因素。下面主要介绍反映生产过程的因果图绘制方法如下：

(1)发现主要存在的问题。比如养鸡场出现了产蛋率下降的问题。

(2)从人、机、料、法、环几个方面排查可能出来的原因。

①人的方面主要有：饲养员责任心不强，没有按时足量投放饲料；管理员对水、照明、换气、等方面没有按规定执行；防疫人员没有按时进行防疫；领导管理松懈等。

②机的方面主要有：投料机、饮水机、换气机械、照明设备是否正常运转。

③料的方面主要有：饲料配比是否正常；疫苗是否发生作用。

④法的方面主要有：对设备的管理有没有制度？落实到位没有？有饲养员的管理制度是否健全？有没有健全的疫苗、饲料检测制度？

⑤环的方面主要有：空气、水源是否清洁卫生？有没有噪声污染？

(3)把所有可能原因绘制到因果图上。

(4)分析预测可能影响的原因。对照因果图，逐条对照检查。出现问题的部分极有可能就是产蛋率下降的真正原因(图 2-2)。

通过调查，“人”的因素发现新聘请的饲养员责任心不强，没有按时足量投放饲料；“机”的因素发现饲料配比没有严格规定执行；“法”的因素发现没有健全的疫苗、饲料检测制度；“环”的因素发现近期附近出现了一个建筑工地，作业时间长且噪声大。

养殖场根据以上的分析结果，一条条对照整改。一段时间后，产蛋率又回到正常水平。

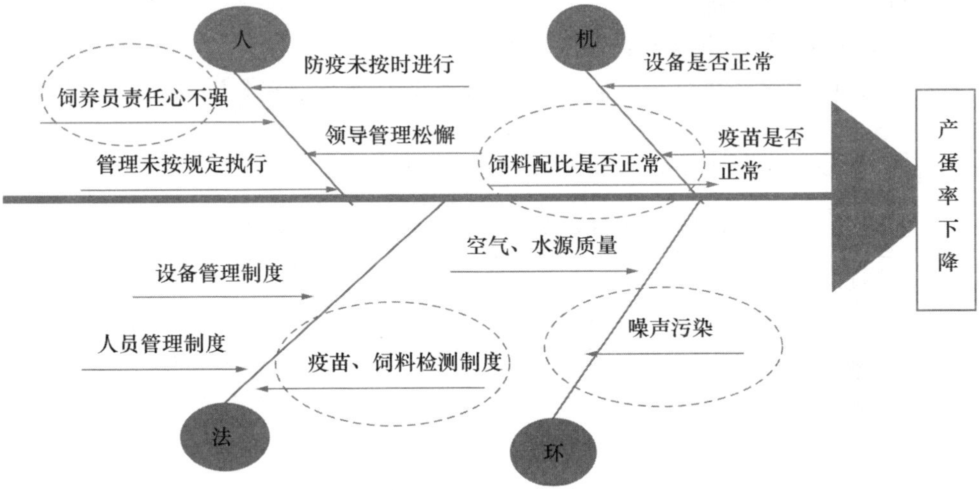


图 2-2　养殖场产蛋率下降因果图

**(四)任务实施的组织**

(1)通过讲解、提问方法,让学生掌握市场调查与分析的方法。

(2)通过对导入案例的分析,让学生理解并掌握具体的调查分析方法选择。

(3)选择几名同学,在全班讲述市场调查的基本方法,教师评分,学生点评。

(4)分组查阅资料,每组搜集一个市场调查的典型案例,按以上方法进行分析讨论,共同写出分析报告。

(5)每组选一名同学,在全班讲述调查分析报告,其他同学补充。全班讨论。

(6)以我们班级作对象,用绘制因果图的方法找出“上课玩手机现象较多”的原因。

(7)安排好每组学生的拓展学习,知识巩固过程中,要把近 6 年的生猪价格资料编制成时间数列,画出时间序列预测图。

(8)组织好师生的评价与反馈。

## 三、学习拓展

掌握写好农产品市场调查分析报告的方法。

1. 农产品市场调查分析报告

是对农产品领域市场规模、市场竞争、区域市场、市场走势等进行调查并对调查资料进行的分析和供求预测,根据农产品的市场环境、竞争力和竞争者,分析、判断农产品在一定时间内是否有市场,以及采取怎样的营销战略来实现销售目标或采用怎样的投资策略进入市场。

2. 农产品市场分析报告的组成部分

首先是明确调查分析的目标，其次对调查资料进行整理分析，最后是总结出调查分析结论。

以下是导入案例中袁翠华的市场调查分析报告。

**关于武汉市2012年活鸡生产市场调查分析报告**

一、调查目的

2002年，职业农民袁翠华四处筹措资金，在武汉市革命老区黄陂王家河街刘桥村，建起养殖场，但由于没有进行市场调查分析，盲目选择养殖品种，技术又落后，加上疫情影响，至2011年底，养殖场一直在亏本经营。接受创业培训后，她决定进行深入的市场调查分析，找出存在的问题，找准新的发展方向。

二、调查资料分析

经过对武汉市活鸡消费市场、黄陂区的活鸡生产市场、近年来活鸡市场行情进行详细的调查，对并资料进行深入的分析，得出以下结论：

1. 现阶段活鸡的宏观生产、供应正常。武汉“8＋1”城市圈2012年活鸡出栏27 038万只，比2012年增长1%左右。

2. 活鸡的生产结构正发生变化。传统肉鸡比例由95.5%下降到94.2%。

3. 价格变化成多元化趋势。2010年7月白条鸡价格一路上行，达到2008年以来新的高度。肉毛鸡价格长期在8元/千克附近徘徊。但土鸡价格却一路上升，特别是散养土鸡，从2007年禽流感疫情后一路上涨。到2012年达到25元/千克，是同期市场普通肉鸡的3倍多。

4. 消费者的需求变化明显。消费者健康环保理念逐步增强，无公害、纯天然有机食品更受欢迎。超市与集贸市场土鸡品种销量上升势头明显。

5. 对中、小型养殖场的调查表明，同样规模的养殖场，土鸡品种能带来更多的经济效益。蛋鸡养殖比肉鸡养殖利润多35.71%，圈养土鸡比蛋鸡利润多13.15%，平原半圈养土鸡比圈养土鸡利润多16.28%，山地散养土鸡比平原半圈养土鸡利润多20%。

三、分析结论

综合以上的调查结果，得出分析结论：养殖场要及时更换品种，选择最受消费者欢迎，利润最高的山地散养土鸡品种。且该养殖场自然条件、生产条件、技术条件完全符合新品种的生产。

## 四、任务巩固

(1)选择一种调查方法，在当地集贸市场进行一次市场调查，以到达熟练掌握调查过程、提高调查技巧的目的。

(2)搜集近6年国内生猪价格资料，编制成时间数列，画出时间序列预测图，对近期生猪市场进行预测。

## 五、评价与反馈

### (一)自我评价

1. 为了完成农产品调查与分析的学习任务,你都做了哪些准备

(1)查找了哪些资料?

(2)是否做了市场调查实践?

2. 为熟练掌握常用的几种市场调查方法,你做了哪些准备

3. 能写市场调查报告吗

### (二)小组评价

从学习态度、学习方法、团队合作和学习能力的提升等方面评价。

| 序号 | 评价项目 | 评价情况 |
| --- | --- | --- |
| 1 | 是否已掌握市场调查方法 | |
| 2 | 对市场分析与预测的专业知识学习是否有兴趣 | |
| 3 | 是否能根据需要制作调查问卷 | |
| 4 | 是否能熟练运用最常用的市场分析与预测方法 | |
| 5 | 在班级参加演讲没有?效果如何 | |
| 6 | 是否完成教师布置的市场调查任务 | |
| 7 | 是否自觉维护课堂学习的纪律 | |
| 8 | 对本项目学习整体效果怎样 | |

参与评价的同学签名____________________

### (三)综合评价

1. 教师评价

(1)对整个学习内容的小结归纳。

(2)对教学过程的总体评价。

教师签名________

2. 学生评价

(1)对教师授课效果的评价。

(2)对学习效果的评价。

学生签名________

# 项目四　实用的农产品营销技能

【学习目标】

完成本项目的学习任务后，你应该能

1. 为相关农产品找准市场
2. 掌握创立农产品的品牌的方法与手段并能在实践中运用
3. 在实践中合理运用农产品的各种价格策略
4. 为相关农产品找到最佳的促销方式
5. 熟悉农产品的营销渠道并能为相关农产品找到最佳的渠道
6. 为农产品选择最合理包装与最安全经济的运输方式

【项目描述】

农产品的营销技能是本课程最重要的实践技能，在整个农产品营销链条中处于最重要与最核心的地位。在市场经济大潮中，农产品生产经营者只有掌握了各种实用的营销技能，才能在激烈的市场竞争中站稳脚跟。本项目要掌握的主要技能有：农产品怎样找准市场；怎样创立农产品的品牌；合理运用农产品的价格策略；选择最佳的农产品促销方式；找到合适的农产品的营销渠道；合理包装与安全运输农产品。

【思维导图】

# 任务一 怎样找准农产品市场

## 一、学习准备

### (一)知识准备

进行农产品营销,必须在市场调查的基础上,了解消费者对农产品的需求有哪些?需求趋势是什么?通过市场分析,确定农产品的目标市场在哪里?如何准确定位农产品市场?作为农产品的生产经营者,对营销链条每个环节的相关知识都不能忽视,需要熟练掌握与灵活运用。

1. 了解农产品整体概念

农产品整体概念包含农产品的核心产品、农产品的形式产品和农产品的附加产品三个层次。

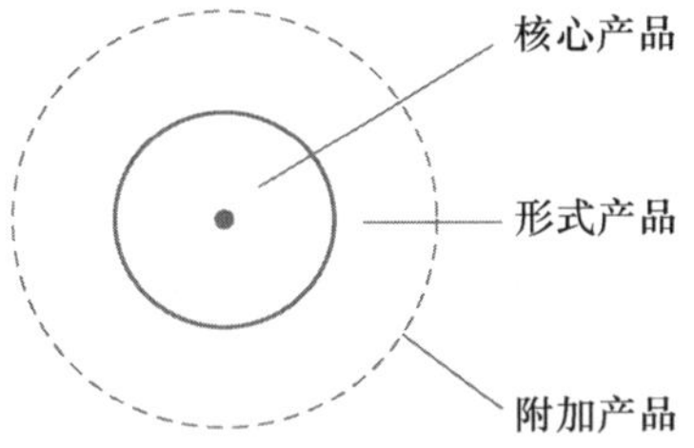


图 2-3 农产品营销中的产品整体概念图

(1)农产品的核心产品。农产品能够满足消费者某种需要的效用或利益,是产品使用价值的核心,是消费者购买的主要动因。

(2)农产品的形式产品。是核心产品的实现形式,即向市场提供的农产品实体的外观。表现在色泽、大小、特征、形态、质量、包装、商标等,是消费者选择购买的依据。

(3)农产品的附加产品。消费者在取得农产品或使用农产品过程中所能获得的形式产品以外的利益,即顾客需要的产品延伸部分及更广泛的服务。它包括提供产品信贷、免费送货、保证售后服务、农产品知识介绍和种子栽培技术指导等。

消费者购买某种农产品时，希望能得到与农产品有关的一切服务和利益。

农产品涵盖了人们衣食生活的必需品，从餐桌到衣着，从温饱到小康，都与农产品密切相关。比如我们每日三餐的饭菜所包括的大米饭、馒头、杂粮、蔬菜、水果、食用菌、肉食、蛋类、牛奶等，就涉及种植业中的粮食作物、经济作物、蔬菜、干鲜果品、食用菌、土特产，以及养殖业的肉类、蛋类、奶类，水产业中的各种鱼类贝类等农产品。随着人们生活水平的提高，需求的农产品花色越来越多。

知识框

### 农产品标准分级及农产品标准化

1. 农产品标准分级

农产品标准按照其发生作用的范围不同，可分为国际标准、国家标准、行业标准、地方标准和企业标准。

农产品质量分级要素一般归纳为：

第一是外观。外观包括大小、形状、完整性、损伤类型及程度、光泽、色泽等。例如，圆形果蔬和鸡蛋就可以根据其所能通过自动分离分级设备的孔径大小来分级。农产品的色泽不仅左右人们的喜好，还能在一定程度上说明很多问题。肉色就是肉品质量的重要指标，不同颜色的肉在一定程度上反映了肉的品质差异。

第二是质构。质构一般包括硬度、弹性、黏度等。同外观一样，产品的质构也能有效反映产品的品质差异。

第三是风味。风味包括滋味和气味。农产品品质不同，产品的风味也截然不同，风味具有比其他质量要素更为浓厚的主观色彩。

2. 农产品标准化

是指根据农产品消费者的需求，按照科学的标准，采用相应的技术，生产具有一定规格尺寸、质量水平和包装形式的农产品过程的活动。它是农产品生产、检验、验收、监督和认证的技术依据，也是农产品生产和流通部门消费者评价农产品质量的重要依据。

实行农产品标准化，统一农产品市场上的农产品质量标准，有利于促进农业科技的进步，提高农业生产的水平，提高农产品的流通效率和经济效益。

2. 农产品消费者的需求类型及趋势

(1)对农产品基本功能的需求。如消费者购买大米、白面,主要是为了满足身体对于基本能量的需求,购买蔬菜是为了满足身体对维生素等物质的营养需求,而消费者购买牛奶制品,是因为牛奶具有补充营养、增强体质的基本功能。现在的趋势是向着优质精品发展。

(2)对农产品安全性能的需求。随着人们生活水平的提高以及健康意识的增强,消费者日益关注食品安全,农产品安全成为当今农产品消费需求的主流,绿色、鲜活、营养、健康的农产品越来越受到消费者的推崇。现在的发展趋势是注重绿色与健康。

(3)对农产品品质的需求。现阶段,高品质农产品的市场需求越来越旺盛。农产品的高品质一般体现在营养成分的含量、纯度、口感、风味等多个指标上。当前的发展趋势倾向于特色与营养、口感与风味。

(4)对农产品便利程度的需求。包括购买过程的便捷程度和使用过程中的方便程度。如鲜活农产品进超市、进社区,以及蔬菜配送业务、农产品电子商务等销售方式,极大地方便了消费者,受到消费者的欢迎。在重视购物便捷的同时,消费者也开始注重农产品使用过程中的方便性。如包装好的蔬菜半成品、薄皮核桃、纸皮西瓜,与传统品种比较起来,这些产品使用起来非常方便。这种需求趋势迎合了当前生活的快节奏。

(5)对农产品外观的需求。现代消费者越来越注重农产品的卖相。如产品着色好、个头规整匀实的往往可以卖个好价钱。另外随着当代乡村休闲旅游的火热,各地还纷纷兴办采摘和观光园,种植各种观赏农作物如蛇瓜、樱桃西红柿、彩椒、老鼠瓜、巨型南瓜等,既可采摘又可观赏,很受消费者青睐。

(6)对农产品情感功能的需求。有些农产品有传递情感的功能,如鲜花、带字苹果、人参等,不管是自己消费还是作为一种礼品,均能够给消费者带来心理或情感上的满足。体现在农产品的包装上也是如此,包装上配以富有情感的语言和图案,同样能够满足消费者的情感需求。

(7)对农产品社会象征性的需求。对于名牌农产品、特色农产品,现大多采用礼品装;有些农产品例如燕窝、冬虫夏草、野山参等,由于资源稀缺、价格昂贵等因素,使得这些农产品成为一定社会地位、身份的象征物。

(8)对良好服务的需求。优质的服务可以使消费者获得尊重、情感交流、个人价值认定等多方面的心理满足。产品售前、售中、售后服务将是农产品营销竞争的新领域。

3. 选择目标市场

(1)认知目标市场。面对消费者不断增长的多样化的需求,农民不可能生产全部的产品满足所有消费者的需要,这就要求农产品生产经营者在市场调查、市场细分的基础上,选择适合自己进入的市场,为目标顾客提供或满足其所需的产品和服务,我们称之为目标市场。农民的一切经营活动都是围绕目标市场进行的,选择和确定目标市场,关系到农产品生产任务、目标的落实,是农产品生产经营者制定营销策略的首要根据和基本出发点。

**知识框**

**市场细分及其作用**

从企业营销的愿望看,每个企业都想使自己的产品卖给全社会的消费者独占市场。但实际上,任何规模的企业都不能满足全体消费者的需求,而只能满足某一消费群体。市场细分就是企业根据市场需求的多样性和购买者行为的差异性,把整体市场即全部现实顾客和潜在顾客,划分为若干具有某种相似特征的顾客群,以便选择确定自己的目标市场。市场细分旨在将某种特定产品的整体市场划分为若干个消费者群,以确定目标市场的过程。市场细分有助于企业发现或挖掘市场机会,有助于企业选择目标市场并制定目标策略,有助于企业扬长避短,获取竞争优势,提高效益。

(2)选择目标市场讲策略。

①无差别性市场策略。就是把整个市场作为自己的目标市场,只考虑市场需求的共性,而不考虑其差异,运用一种产品、一种价格、一种推销方法和使用相同的分销渠道,去占领总体市场的策略。比如大米、面粉、白糖、食盐这些产品大部分采用无差异的营销策略,随着人们生活水平的提高和需求的多样化,逐渐开始了细分市场。

这种策略的优点是产品单一,容易保证质量,能大批量生产,降低生产和销售成本,取得规模效应;由于不需要对市场进行细分,可相应地节省市场调研和宣传费用,有利于提高利润水平。缺点是难以满足消费者多样化的需求,不能适应瞬息万变市场形势,应变能力差。随着消费者需求向多样化、个性化方向发展,其适用范围逐步缩小。

②差别性市场策略。就是把整个市场细分为若干子市场,针对不同的子市场,设计不同的产品,制定不同的营销策略。如乳制品企业把市场按年龄划分几个子

市场，分别制定营销组合策略：针对婴幼儿的策略是提供助长、健脑和壮骨的奶粉；针对老年人的是补钙、补铁的奶粉；针对中青年女性的是低脂、脱脂奶粉；不同包装层次和等级的纯牛奶、酸奶、酸酸乳、益菌乳等。

这种策略的优点是全面满足消费者的不同需求。一个企业经营多种商品，能适应越来越激烈的市场竞争，有利于扩大销售、占领市场、提高企业声誉。缺点是由于产品差异化、促销方式差异化，增加了管理难度，提高了生产和销售费用。

③集中性市场策略。就是在将整体市场进行分割为若干个细分市场后，选择一个或少数几个细分市场作为目标市场，实行专业化生产和销售。在个别少数市场上发挥优势，提高市场占有率。采用这种策略的企业对目标市场有较深的了解，这是大部分农产品生产经营者应当采用的策略。

采用集中性市场策略的优点是能集中优势力量，有利于产品适销对路，降低成本，提高企业和产品的知名度。缺点是经营风险较大，因为它的目标市场范围小，品种单一。如果目标市场的消费者需求和爱好发生变化，企业可能应变不及时而陷入困境。同时，当强有力的竞争者打入目标市场时，企业就要受到严重影响。因此，许多中小企业为了分散风险，仍应选择一定数量的细分市场为自己的目标市场。

三种目标市场策略各有利弊。选择目标市场时，农产品生产经营者必须考虑面临的各种因素和条件，选择适合本企业的目标市场策略，并根据情况动态调整。农产品生产经营者自身条件和外部环境在不断发展变化，要不断通过市场调查和预测，掌握和分析市场变化趋势与竞争对手的条件，扬长避短，发挥优势，把握时机，采取灵活的策略，争取经济效益的最大化。

4. 准确定位农产品市场

市场定位也称作“营销定位”，是市场营销工作者在目标市场塑造产品、品牌或组织的形象或个性的营销技术。市场定位是为了使自己生产或销售的产品获得稳定的销路，从各方面为产品培养一定的特色，树立一定的市场形象，以求在顾客心目中形成一种特殊的偏爱。市场定位的实质是使本企业与其他企业严格区分开来，使顾客明显感觉和认识到这种差别，从而在顾客心目中占有特殊的位置。

市场定位可以从不同角度来定位，常用的市场定位方法和技巧有：

(1)直接从产品名称上体现定位，塑造产品形象。比如“纸皮核桃”突出了皮薄的特色，方便人们直接剥开；“白玉苦瓜”突出的特色在于是白色的苦瓜，它是台湾的特色品种，相比绿色的苦瓜，不太苦，口感脆，水分多，可榨汁，可生吃，同样有降热去火的功效;河北威县的“三白瓜”,白皮、白瓤、白籽,含糖量低,是适合糖尿病人吃的西瓜,具有较高的食用价值和药用价值,曾是明清两代皇家的贡品,获得了国家地理标志产品证书。

(2)以地域优势来为产品做品质定位,在顾客心目中塑造了它的名优特产品形象。新疆昼夜温差大,非常适合哈密瓜、葡萄等农作物的生长,所以新疆哈密瓜葡萄干成为优质产品的代名词,新疆大枣更是女性消费者的最爱;东北因其特殊的地理气候条件,使得其大米、人参、木耳等产品品质优异;宁夏的枸杞闻名遐迩;章丘的大葱走出国门;迁西的板栗、安吉的白茶、通江的银耳众人知晓等。这类产品多属地理标志产品,有着独特的地理优势和产品知名度。

(3)通过广告来宣传企业或产品的定位方法。这种方法最为通用,尤其对于没有与生俱来先天优势的农产品更适合这种后天塑造的方法。如“长寿之乡美如画,连州菜心甲天下”,“常吃海南菜,健康自然来”,“苹果万千,昌平领鲜”等广告宣传语对一个地方或企业的农产品产品定位非常明确,从而在消费者心中树立良好的形象。

(4)通过节庆活动展示产品形象。阳澄湖大闸蟹通过举办“品尝节”活动使得众人皆知,每年都能吸引大量的顾客与众多的新闻媒体。很多农产品通过参加农交会、展览会,让更多的消费者认知它,购买它。比如湖北省梁子湖的螃蟹文化节、四川柑橘文化节、恩施的富晒产品交易会等节庆活动,对产品知名度的提升、销售量的增长、形象的塑造起了相当重要的作用。

(5)靠产品特色来定位。中国幅员辽阔,气候万千,特色农产品非常多。如甘肃武威的“冰葡萄”是在霜冻后经过几个冰冻和解冻的过程才采摘;可以生吃的芹菜“玻璃脆”;云南的“哈尼红米”富含各种微量元素;连根卖的独根红韭菜,茎花都能受消费者喜爱;台湾生产的不同风味水果醋等。类似的特色农产品在中国各地非常多,农产品经营者要深入分析市场,了解消费者对产品特色的需求,从而准确定位自己的产品。

**(二)资料准备**

(1)利用电视和网络,观看中央台的《每日农经》《聚焦三农》栏目,积累新知识和农产品信息。

(2)参观本地一个农业生产企业,实地考察获取大量有关信息。

(3)收集相关的农产品营销成功案例的相关资料。

(4)利用网络查找收集农产品市场定位的相关资料。

## 二、任务设计与实施

【任务设计】

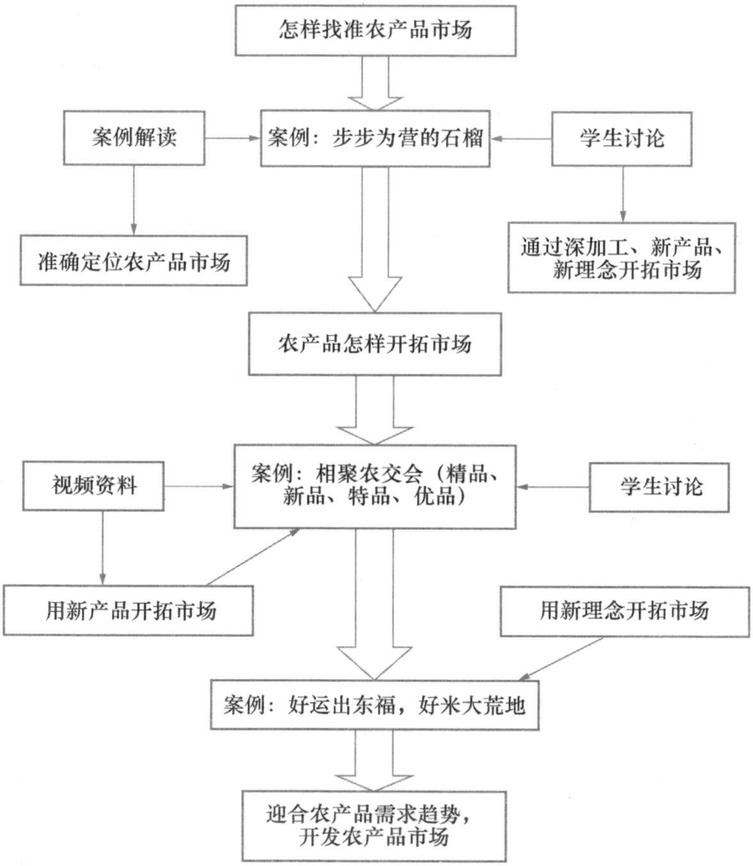


【任务实施】

### (一)怎样找准农产品市场

#### 导入案例

**【案例一】** 步步为营的石榴

安徽省怀远石榴闻名遐迩，久负盛誉。怀远石榴历史悠久，不论是气温、日照、热量、降水等都适于石榴生长。怀远的土更为特别，其酸碱度、土层厚度、地表坡度及地下水位等也适于石榴生长。石榴作为水果与花卉历来深受人们的喜爱，被称为“天下之奇树，九州之名果。”不仅有各地石榴之优，更有其独特之处。皮薄、粒大（百粒重最大达71.4克）、含糖量高（高达17%）、含酸量低（低到0.4%），可食率55%～73%。石榴可鲜食，也可制饮料。石榴营养丰富，销售时间长，从中秋到春节都可销售，素有石榴之乡的美称。同时还可开发观光游与采摘项目。一般等游客采摘后，好的留作鲜石榴卖，卖相不好的送到当地企业进行深加工。这里的石榴浑身都是宝，石榴汁用于制作石榴酒、石榴醋，被称作能喝的石榴；石榴皮晒干后每公斤6元，卖给中药店，另外石榴果皮富含单宁酸，平均在22%，是鞣皮业、棉毛印染业的天然原料；石榴籽加工成精油；石榴枝条柔韧修长，可编织筐、篓、篮等；还可以把石榴树做成盆景。

怀远针对“怀远石榴”这一国家地理标志保护产品，提出保护与开发并举的石榴产业科学发展思路。建立怀远石榴商品生产基地，做大做强“怀远石榴”品牌作为风景旅游区规划建设的特色内容。注册“涂山”和“圣泉白花玉石籽”商标，申请包装箱专利，进行石榴绿色认证、产地监测和果品检验等，做好市场销售。通过组织游客观榴花、摘榴果，开展“农家乐”旅游，在合肥、蚌埠及县城石榴街设立石榴直销处，拓宽销售渠道，进军水果专业超市、大型超市和开展电子商务。石榴花竞相开放的时节，怀远荆涂二山万树榴花似火红。每年的6月18—19日，怀远县举办榴花笔会，邀请来自省内外的文人墨客齐聚怀远，以榴花为媒，以文墨会友。把特色文化与传统产业结合起来，弘扬“怀诗”文化，做大石榴产业，构建人与文化、人与自然相融的和谐文明社会，推进怀远经济社会加快发展。

分析案例，找出“怀远石榴”市场定位策略成功在什么地方？

1.“怀远石榴”系列产品准确定位农产品市场

由于气温、日照、热量、降水、土质都特别适合石榴的生长，闻名遐迩的“怀远石榴”生长环境优越，加上品种多，品质好，造就了怀远石榴的独特之处，怀远石榴品质名列全国各大石榴产区之首，皮薄、粒大、味甘甜，百粒重、可食率、含糖量高是其显著特点。有了产品特色与卖点，塑造了名优特产品形象，为“怀远石榴”的产品定位奠定了基础。经过多年的市场探索，根据各种产品的生物学特征，“怀远石榴”做好了以下定位：石榴花可欣赏，适合乡村休闲游市场；石榴果营养丰富，风味醇厚，适合果品市场；石榴皮可入药，适合中药材市场；初加工市场有盆景制作、果品分级包装等。

2.“怀远石榴”通过新技术、新理念、深加工占领市场

“怀远石榴”久负盛名，在原有基础上，通过嫁接培育珍品石榴，不断扩建石榴标准化生产基地。为更好地组织生产与销售，成立了石榴专业合作社，向石榴产业

规模较大的村下派科技特派员，印发技术服务资料，开展技术服务进果园、进农家活动，组织果农学技术、用技术，向果农发布石榴病虫害综合防治技术、石榴果实套袋技术、石榴树施肥新技术和石榴贮藏保鲜技术等石榴标准化生产配套技术。用新产品开拓新市场，一是体现在石榴新品种上的高产优质，二是通过深加工不断开发新产品，如石榴饮料、石榴酒、石榴醋、石榴护肤品等。另外，“怀远石榴”不忘用新理念开拓新市场，一是对石榴绿色认证、产地监测和果品检验等，迎合当代人的健康需求；二是树立保护与开发并举、特色文化与传统产业结合的理念，以人与自然的融合拓展市场，切合现代人观光旅游的休闲情趣和品质生活的需求。石榴产业的科学发展，推进了怀远经济的快速发展。

**(二)农产品怎样开拓市场**

1. 用新产品开拓市场

**【案例二】** 相聚农交会

2014 年第十二届国际农产品交易会在青岛举办。来自世界各地的优秀企业将汇聚一堂，展示一年来农业发展的最新成果。农交会呈现的一个特点是推行精品路线、创新农业、创新技术。32 个省市展团参展企业共有 2 000 余家，展示品种累计达 2 万余种。本次农交会上，我们看到了很多精品与创意产品。比如：东阿县把阿胶做成系列产品，有阿胶饮料、阿胶枣、阿胶糕；辽宁省把小杂粮做成大米伴侣、豆浆伴侣；广西把红心火龙果进行系列开发，做成桃酥、饼干、粽子，使其产品附加值提高了 2～3 倍；山东利用模具，使甜瓜长成形似八戒、唐僧等西游人物，每两个为一盒，卖到 100 元/盒，在葫芦上雕、画、烫、染，做成大大小小各种摆件；内蒙古把草原生产的牛羊油脂，按食品标准做成纯天然的香皂，润滑皮肤，富含多种有益成分，称为“源自草原的恩赐，让肌肤吃的一块酪”；黄山贡菊加工成 5°的菊花醋，酿制时放入菊花、芹菜、花生，长期食用有调脂降压功效；浙江参展商展示的五彩面条，用紫薯做成红色面条、用地瓜叶子嫩尖做成绿面条、用墨鱼汁做成黑色面条；还有一种叫陈年橘普茶，是橘子外壳装满普洱茶，两种味道及营养相互渗透融合，形成色、味独特的一道茶；把有“血管清道夫”美誉的黑鸡枞加工成饼干等。农交会汇聚了来自世界各地的名特优新农产品和技术，让参观者大开眼界。

学习案例，分析怎样用新产品开拓市场？

(1)新产品开发必须适应市场的需要。没有市场的产品再新也没有意义，消费者对农产品需求的多样化，也使得农产品消费出现了新的动向。如五彩椒、黑小麦等农产品虽然分属辣椒、麦类，但因为颜色特别、营养价值高，不仅市场销路好，而且经济效益高。因此，新产品要有自己的特色，适应和满足消费者需求的新变化。

(2)农产品的精品、新品、特品、优品的需求越来越旺盛。农业科技的开发,使得农产品创新日新月异。每年的农交会都是人商云集,众多参展产品中,能满足顾客需求的创新产品极富市场潜力和前景。比如案例中的火龙果系列开发、黄山贡菊加工成的菊花醋等,都是本届农交会的创新产品,这些产品由于有新、奇、优的特征,与现代消费者的需求相吻合,所以进入市场后马上呈现供不应求的状况。

(3)创意农产品成为消费者的新宠。比如案例中把甜瓜用模具做成西游人物造型,把葫芦做成艺术品,用橘子皮包装普洱茶,色彩丰富的营养面条等,这些全新的创意不仅吸引了更多的消费者,还提高了产品的附加值。

(4)新产品开发要注重包装增值。新产品的包装在突出美感的同时,还要表达时尚、健康、环保等理念,这样既能满足顾客的消费心理,又能实现产品的增值。比如地方特色浓郁的产品包装风格、农产品的礼品装等都能有效地拓展市场需求。

2. 用新理念开拓市场

**【案例三】** 好运出东福,好米大荒地

吉林市东福米业有限责任公司成立于2003年,被中国农业部评为"农业产业化国家重点龙头企业"。东福米业公司自有有机米基地600公顷,是东北地区最大的有机水稻种植基地,2003年7月公司被中绿华夏有机食品认证中心认定为有机食品生产基地。公司严格按照标准生产,种植有机稻所用土地,必须是通过有机认证的地块,全部成品米均使用有机产品认证防伪追溯标志。公司培育生产的"大荒地"牌有机大米,是完全遵循自然规律和生态学原理,是目前国内外知名的精品稻米。企业的品牌流程是:品种,精选优质北方粳稻良种,严禁使用任何转基因品种;产地,吉林黑色肥沃草甸土壤,空气、温度等自然条件得天独厚;种植,高级水稻专家种植全过程指导,采用国家规定的有机肥料,使用高科技生物防治病虫害;加工,采用世界一流的封闭式全自动加工设备加工精品米;包装,全部采用真空式无菌包装,最大程度保存大米天然味道不流失,保质期更长。

大荒地村的土地上引入了东福集团先进的种植和管理理念:由种植公司统一经营,统一管理,水稻种植实现标准化、规范化;育苗、插秧、施肥、收获全程机械化;选种用的是绿色有机稻种,施肥施的是有机肥,防病虫害用的是生物科技性诱剂,还采用稻田养鸭、养鱼、养蟹等生产方式,种植绿色、有机水稻。记者来到公司现代农业监控大厅,这里的场景深深地震撼了记者。大屏幕上正实时显示着大田里的情况:一个个小巧的鸭舍有序地点缀在稻田里,旁边是小型气候仪。人工影响天气

作业站里，可以清晰地看到打雹子用的火箭炮。“我们这是智慧农业管理，从育苗到大田移栽、生物治虫，再到收获归仓，全程监控，都是高清显示。一片叶子，一粒稻米，上面有没有病斑，都能看清楚。”监控大厅负责人房杰介绍说，“我们大米包装上全部打了二维码，手机一扫描，就知道这包大米是什么品种，哪块地种的，什么时候施肥等。从土地到餐桌全程可追溯。”在不断调整产业结构的同时，东福将碎米制成有机米酒，利用稻草加工成饲料，用于养殖业，将稻壳压缩成炭棒，成为再生能源，配套建设养殖场，利用畜禽粪便和炭棒灰制作有机肥料种植水稻。

分析案例，东福米业是怎样用新理念开拓市场的？

①牢固树立农产品绿色营销观念。绿色营销观念，就是环境保护意识和市场营销观念相结合所形成的新观念。现在人们不仅追求物质生活的富裕，还要讲究生存环境的质量，追求人与自然的和谐统一。以前我国许多农产品有害成分的超标，严重影响到国民的身心健康。东福米业牢固树立绿色营销观念，早在2003年就被有机食品认证中心认定为有机食品生产基地。在产品生产过程中，严格执行国家相关标准，因此生产出国内外知名的精品稻米，深受消费者喜爱。

②用实际行动推行农产品绿色营销。农产品生产者对于本地农业资源要认真研究和保护，遵循可持续发展原则，科学合理地开发利用农业资源。东福米业正是秉承这种绿色营销理念，并在生产实践中认真全面地推行。公司统一经营，统一管理，水稻种植实现标准化、规范化；育苗、插秧、施肥、收获全程机械化；选种用的是绿色有机稻种，施肥施的是有机肥，防病虫害用的是生物科技性诱剂；还采用稻田养鸭、养鱼、养蟹等生产方式，生产有机大米、绿色大米；还通过深加工和精包装，使优质大米身价倍增，把“大荒地”这个品牌做得有声有色。

**（三）任务实施的组织**

（1）通过讲解、提问、分析的方法，让学生掌握如何通过给农产品恰当定位来寻找市场。

（2）通过对导入案例的分析，让学生理解为什么要发展农产品精品、优品、特品及如何拓展农产品市场。

（3）以组为单位，对案例三进行分析讨论，并写成报告。每组选一名同学，在全班讲述报告，老师点评，全班讨论。

（4）以组为单位，调查当地农产品市场，选择一种产品进行研究，分析该农产品市场定位。每组上交一份分析报告。

（5）下次课前，教师对每组的分析报告进行评讲，选出优秀作品在全班表扬并展示。

(6)安排好每组学生的拓展学习,用课后作业与课前提问的方法完成知识巩固。

## 三、学习拓展

掌握新产品的分类及开发知识

1. 全新产品

指应用新原理、新技术、新材料、新结构制造的前所未有的产品。如转基因大豆等食品的发明,像这样的新产品是极为难得的。因为一项科学技术上的发明从理论到技术,从实验室到生产,需要经历很长时间,花费巨大。绝大多数企业是难以提供这类新产品的。

2. 换代新产品

这主要指在原有产品的基础上,部分采用新技术、新材料制成的性能有显著提高的新产品。例如,“红冠龙”抗病西瓜是在西瓜枯萎病和炭疽病抗性人工接种鉴定筛选及其遗传规律研究的基础上,杂交组合而成,其品质、抗病性、丰产性、瓤色均优于对照品种西农 8 号。这种新产品属于换代新产品。

3. 改进新产品

指对原有产品在结构、包装或款式等方面做出改进的新产品。如新疆哈密瓜过去只能鲜销和做成哈密瓜干,为扩大市场,又开发出瓜脯、瓜酱、瓜汁等,这类产品与原有产品的差距不大,进入市场后也容易为消费者所接受。但由于这种创新比较容易,企业之间的竞争也就更加激烈。

4. 仿制新产品

指对市场已有产品仿制后加上企业自己的品牌和商标。从市场竞争和企业经营上看,在新产品的发展中,部分仿制和全面仿制是不可避免的。仿制产品,能缩短产品开发的时间,降低设计成本,同时又能保证市场接受。但由于仿制产品需要付出一定的代价购买专利,企业从中得到的收益有限。

## 四、任务巩固

(1)为你家乡的主要农产品进行产品定位和目标市场的选择,以达到学以致用的目的。

(2)结合当地农业资源优势及农产品现状,谈谈如何开发与拓展家乡农产品的市场?

# 任务二　怎样创立农产品的品牌

## 一、学习准备

### (一)知识准备

**【案例一】** 富岗苹果,您吃过吗?

富岗公司是1996年在富岗山庄发展集体经济的基础上建立起来的有限责任公司。公司培育出了富岗一号、富岗二号、富岗三号等多个具有市场竞争力的富岗苹果品种;以标准化生产和市场化操作为手段,将富岗苹果全面推向市场,得到了市场的高度认可。富岗全面实施了优质苹果生产工程,按照标准化工业生产要求,精心编制了《富岗绿色优质苹果生产基地选择标准》、《富岗绿色优质苹果生产综合管理标准》和《富岗绿色优质苹果质量检验检测标准》三个富岗苹果的企业标准,引导基地果农严格执行不用有害农药、不用化肥为核心的128道工序。生产出了果形端正、细脆津纯、酸甜适口、清香蜜味、易贮耐藏,富含有多种对人体有益的氨基酸、矿物质和微量元素的优质苹果。富岗苹果优良的内在品质,使其多项指标均高于全国平均值。

光有优质的产品、广告宣传和权威的专家还不够。认证跟不上,就不能被广大消费者所认可和接受,还不能卖上好价钱。为让村民种出的好苹果,卖上好价钱,一方面,公司不断地跑省城、上北京,找专家、做鉴定,积极参加各种展会和果品评选认证活动,让专家和国家权威检测机构为富岗苹果的内在质量作评价;另一方面,他们利用专家的鉴定、权威部门的认定结果和各项获奖信息,不断地在电台、电视台、报纸、网站等各大新闻媒体和宾馆、酒店、会议中心、主要交通路口等地打出自己的形象广告和宣传信息,扩大富岗苹果的知名度。富岗公司历经二十几年的磨炼,获得了很多殊荣。1998年以来,“富岗”商标连续被认定为河北省著名商标,富岗苹果被连续认定为河北省名牌产品;源于自然、追溯天然的理念,富岗苹果得到世界的认可,1999年,富岗苹果荣获99昆明世博会银奖;2000年以来,富岗苹果连续通过绿色食品认证,获得绿色食品标志的使用权;2003年,富岗苹果生产基地被国家标准化委员会确定为国家级农业标准化示范区;2004年,公司的绿色产业业务在香港成功注册了子公司及其相关食品商标;2006年,富岗苹果被评为“2008年奥运推荐果品”一等奖,荣获“中华名果”称号;2007年,建立了国内第一个苹果类的食品安全追溯系统；2008年，富岗苹果被确定为奥运专供果品；2009年，富岗苹果、富岗板栗、富岗核桃被北京中绿华夏有机食品认证中心认定为有机食品；2011年，经中国国家质检总局审核通过，决定对富岗苹果实施国家地理标志产品保护；富岗苹果已经成为国内绿色农产品中一颗璀璨的明珠。

1. 农产品品牌经营作用有哪些

(1)农产品的品牌认知。

①什么是品牌。品牌是一个名称、标记、符号或设计，或者是它们的组合，其目的是让人们识别某个销售者或某群销售者的产品或服务，并使之同竞争对手的产品和服务区别开来。它是企业的一种无形资产，既包括品牌名称也包括品牌标志。

农产品品牌是指农业生产经营者在其农产品或农业服务项目上使用的用以区别其他同类和类似农产品或农业服务的名称及其标志。因此，一个农产品品牌，首先应该有一个属于它的农产品，并以商标等要素围绕该产品形成一系列的符号体系，建成整体的品牌识别系统，然后通过广告等各种形式传播到消费者及利益相关者，让他们对产品产生识别、理解与消费的行为。

②一个品牌能表达的意思。

A. 属性：一个品牌首先给人带来特定的属性。如富岗苹果的属性是绿色生态的高级果品。

B. 利益：顾客购买的是利益而不是产品的属性。属性需要转换为功能和情感利益，如绿色生态的属性可以转换成健康的利益，鲜花等产品可以转换成情感的利益等。

C. 价值：品牌具有一定的价值，品牌价值是企业的无形资产，知名品牌都有很好的价值体现，并且随着品牌知名度和企业发展，品牌价值会不断提升。如甘肃“平凉金果”品牌价值32亿元；赣南脐橙2013年品牌价值达到48.81亿元。中国农业品牌研究中心与国家农业部信息中心联合发布2013年中国农产品区域公用品牌价值排行榜，“烟台苹果”品牌价值再创新高，达到94.05亿元，在全国农产品区域公用品牌中名列第二，连续五年位居中国果业第一品牌。

D. 文化：品牌具有一定的文化内涵。富岗品牌包含有“让岗底农民富裕”的内涵。

E. 个性：品牌代表的产品个性，使其区别于竞争对手的同类产品。品牌代表了区域的特色、企业的特色或产品的特色。富岗苹果的个性特色是“128道生产工序”生产出果形端正、细脆津纯、酸甜适口、清香蜜味、易贮耐藏，富含有多种对人体有益的氨基酸、矿物质和微量元素的优质苹果。

F. 使用者:品牌还体现了购买或使用这种产品的消费者特征。富岗的购买者是讲究营养、口感、科学和安全的绿色食品消费者。品牌往往是产品品质的标志,通过品牌所包含的质量、包装、标志、附加值等因素,能够满足消费者的特定诉求,激发消费者对产品品牌的忠诚度。对品牌的追求,一般代表着消费者对品质的追求。

**知识框**

### 商标及商标的特征

商标是指由某个经营者提出申请,并经一国政府机关核准注册的,用在商品或服务上的标志。它是品牌的一部分,是品牌识别的基本法律标记。商标具有的四个特性:

1. 注册商标是企业独占专用,其他企业未经许可不得使用。

2. 商标专有权有效期限为 10 年,到期时可申请继续使用,否则将失去专用权。

3. 商权专用权是一种财产权,也是一种工业产权。

4. 商标专用权在某国取得,只受某国法律保护,若准备将具有注册商标的产品销往另外国家必须先在那些国家注册才行。

③品牌设计。品牌名称和标志的设计要做到较为完美、合理,应符合以下要求:

A. 简洁、醒目、易于记忆;

B. 暗含产品质量或效用;

C. 寓意深刻,富有韵味;

D. 注意产品销往地的禁忌;

E. 防御性注册。

(2)农产品品牌经营的作用。

①农产品品牌是消费者选择购买的重要依据。在农产品市场上不同质量的农产品外形相似,具有相同或相近的价格,消费者不容易从外观上辨别其质量情况。如果一个农产品具有品牌,则代表着该产品品质安全、服务有保障,所以品牌成为消费者产品选择的重要依据。习近平总书记在 2013 年 12 月召开的中央农村工作会议上强调,要大力培育食品品牌,让品牌来保障人民对质量安全的信心。随着城乡居民收入的增加和生活条件的改善,品牌声誉将逐渐成为农产品消费的主要取

向，消费者更信赖品牌产品。基于此，农产品生产经营者要努力创造品牌、经营品牌、保护品牌。

②农产品品牌化经营是增加农户收入的重要手段。随着消费者购买力的增强和对高品质产品的需求增加，越来越多的消费者愿意以更高的价格来选择品牌农产品。品牌是信誉的凝结，一个品牌一旦在老百姓心目中确立起来，就可以成为质量的象征、安全的象征，老百姓就会放心购买和持续消费，从而使经营品牌农产品的生产者增加收入，增强其可持续生产与经营能力。农产品品牌化经营是实现农业增效、农民增收的重要举措。比如山东胶州生态农业区成立了合作社，实行规模化种植、标准化生产、品牌化经营。2014 年，正值大白菜收获的季节，在胶州市南王疃村，村民张瑞花告诉《山东新闻联播》记者，自己现在一棵大白菜就可以卖 20 元，以前没有品牌的时候就值 2～3 元，这一棵就能顶过去的 4～5 棵，今年的大白菜是增产又增收。

③农产品品牌化经营能有效地开拓市场。单纯追求产量的农业生产模式导致农业生产结构和产品结构严重偏离消费结构，从而不断引发农产品周期性“卖难”危机，造成农民增产不增收的矛盾。分析农民收入增幅不大的一个主要原因是农产品结构不合理，低档、无特色农产品占据市场主导地位，没有品牌的产品更容易滞销。农产品生产经营只有实行品牌化经营，才能避免出现产品滞销、低价倾销等农产品“卖难”问题。例如，今年 42 岁的安建刚，从 19 岁就开大货车，是一名技术娴熟的大货车司机。可在 6 年前，他回到村里，专心侍候起他家的果园。他说：“过去，起早贪黑，风餐露宿，每年五六万元的收入，现在，他在家守候着父母和两个孩子，小两口拾掇果园，关键是富岗苹果不愁销路，一年下来果园纯收入达到 20 万元，比开车强多了”。

④农产品品牌化经营可降低推介成本，促进企业利润增长。随着农产品市场竞争的加剧，农产品种类和品牌出现“爆炸式增长”，消费者面临的可选择信息越来越多，农产品被消费者优先选购的难度越来越大。农产品生产经营者推介产品、吸引消费者购买的成本也就越来越高。如果采取品牌化经营，品牌能够降低信息搜寻和选择成本，用品牌将农业企业和产品信息“打包”整合，呈现给消费者，能达到降低推介成本、增加利润的目的。

⑤农产品品牌化经营是提高农产品质量的有效方式。现阶段，农产品品牌竞争日趋激烈，以地域为特色的名牌农产品不断出现，极大丰富了国内的农产品市场。市场的竞争最终体现在品牌的竞争。随着农产品品牌化经营的不断深入，越来越多的优质农产品走进市场。农产品品牌就是激发农户和农业企业自觉提高农产品质量的有效方式。

⑥实施农产品品牌化经营是发展农业产业化的必然之路。实现农产品品牌化经营战略，主要从农产品生产规模化、产品标准化、经营品牌化做起，以市场为导向，以特色资源为依托，以龙头企业为领头羊，注重农产品深加工，提升农产品附加值，推动农业产业结构调整，延伸产业链，提升农产品生产经营的综合效益，这是发展农业产业化的必然之路。

⑦品牌化农产品是电商时代的主力军。哪些农产品适合电商？可以说有品牌影响力、中国地理标志农产品、土特产中的精品是电商的切入点。品牌农产品是一个体系，包括良知、安全、品牌、诚信、服务等，在网上被认可度高、成交度高，充分表现出电子商务的优越性；比如阿里巴巴淘宝开展北京地理标志产品“平谷大桃”网上预购，桃子在树上就被电商预订了 6 000 箱。互联网不仅是一种营销工具，现在更是一种生活方式和思维模式，电商和实体结合起来成为一种趋势，由品牌启动农产品电子商务成为农村经济发展的新引擎。

2. 怎样创立农产品品牌

农产品品牌的发展对于农业的发展如此重要，走品牌化道路已成为必然选择。那谁来创立农产品品牌，怎样创立，就是农产品生产经营必须要解决的问题。

①实行土地合理流转，发展规模农业，是农产品品牌化经营的前提。只有实行土地流转，才能有更多的规模化农业，只有规模化农业才能实行农业机械化、农业标准化、农业品牌化、农业产业化，进而实现农业的现代化。因此，一家一户小规模生产不可能实现品牌化，规模农业是品牌化农业的前提，而土地流转则是规模化的前提。

②建立家庭农场、成立农民专业合作社和农业企业，积极培育农产品生产与经营主体。根据当前农村的现状，大力提倡建立家庭农场、成立农民专业合作社和农业企业，其实就是解决了谁来种地与谁来经营农产品的问题，他们才是农产品的生产者和经营者，才是农产品品牌的创立者。积极培育新型农产品生产和经营主体，是创立农产品品牌的关键。

③在品牌化经营过程中，做好品牌定位与传播。品牌代表着高品质，提高农产品品质是实现农产品品牌化的基础。一是进行农产品标准化生产，将标准化生产贯穿到生产、加工、包装、储存、运输、流通的各个环节中，保证农产品品质。二是提高农产品科技含量。农产品生产经营者积极与院校、科研机构合作，加大对农产品的科技投入。在农产品品牌化经营过程中，对产品的形象包装、品牌的宣传和推广也是非常重要的环节。结合农产品个性特征挖掘其独有魅力，寻求恰当的诉求定位，实施适当的农产品品牌促销策略，提高其在消费者中的知名度。

④做好农产品品牌信息化，以信息化提高农产品品牌的知名度和美誉度。品

牌信息化工作以互联网为载体，以农产品品牌信息库为依托，利用信息技术与相关网站窗口，将农产品的产地环境、操作规程、生产标准、包装标识甚至农产品个体识别码等品牌信息，以图片、文字、视频等媒体形式迅速、准确、全面地展示给消费者，不仅有利于提高农产品品牌建设的组织能力和服务水平，更可以通过互联网向全世界展示优质农产品从产区环境到销售渠道、从产品特性到品牌识别的全部信息，让消费者通过网络了解所购买的农产品生产、加工、销售等全部环节的信息，加深消费者对农产品品牌认知，扩大农产品品牌在消费者中的影响，最终提高农产品品牌的美誉度和知名度。

⑤提升农产品品牌动态管理水平。根据市场需求变化动态调整品牌经营策略，不断提升农产品质量控制能力，为消费者提供满意的售前、售中和售后服务。进行差异化农产品品牌经营策略和农产品信息技术服务，形成比竞争对手更为独特的农业产品品牌，凝聚成农产品品牌不可模仿和替代的核心竞争力。

*3. 农产品品牌怎样使用与保护*

创立品牌是为了更好地使用品牌，发挥品牌化经营的作用。使用农产品品牌的过程中，还要注意保护品牌。

①依托地方政府，积极申报、保护好农产品品牌。地方基层政府可根据地域特色和地理优势，申报地理标志证明商标和集体商标，积极推动商标注册和地理标志的登记保护，实行品牌兴农、地标富农，增加农产品附加值，让其成为农民增收致富的新途径。比如，吉林省松原粮食集团，充分利用查干湖品牌的影响力，发展 12 大系列 360 个单品。查干湖品牌的 4 千克装黄小米市场价卖到 80～100 元，比使用品牌前价格高出 30%。老百姓高兴地说：现在是粮不愁卖，钱回的快。

②在品牌策略上，积极依托政府组织实施农产品质量认证。积极开展无公害农产品、绿色食品、有机食品的认证。经过各种质量认证的优质农产品，是农产品品牌培育、品牌营销、增强品牌信誉度和品牌生命力的强有力保证。

③增强农产品品牌保护意识，适应现代农业的发展需要。由于农产品地域性强，产品品质受外界环境影响大，产品品牌可识别性差，所以农产品品牌容易被仿冒，甚至受到恶意冲击，给品牌所有者带来经济损失。如黑龙江五常大米遭勾兑事件，给五常大米品牌带来很大的负面影响。

④以信息化加强农产品品牌的保护力度。农产品品牌信息化改变了传统的品牌保护方式，在农产品生产销售环节利用现代信息技术对农产品直接进行品牌标识，如畜禽的识别环、果蔬的品牌标签等，通过建立农产品品牌资料库、农产品生产信息库、农产品品牌特征识别库等一系列信息系统，利用互联网强大的媒介传播功能，建立完善农产品品牌宣传、查询、识别、验证、反馈等信息网络，突出立体化全方

位监管，共同打击假冒农产品品牌的违法行为，提高维权护牌意识，加强农产品品牌保护力度。

⑤建立农产品品牌应急机制。相关农产品如出现安全、质量等紧急事件，相关管理部门与当事人要及时与各级新闻媒体、政府、专家、公众进行充分互动沟通，通报产品出现问题的原因和环节，发布相应的应急预案和采取的措施，让公众迅速、准确了解事件的真实情况，尽快消除公众对品牌的误解和疑虑，可以最大限度地降低由于信息不畅对品牌的不利影响和消极因素，控制品牌危机的蔓延。农产品品牌因其地域或行业的共享性，有着“一荣俱荣、一损俱损”的特点，如近期我国出现的“某地区柑橘感染生蛆”事件后，该地域品牌产品遭到“封杀、撤柜、禁止出口”，导致空前品牌信任危机，不仅损害了一个农产品品牌，更是直接影响了一个地区或一个行业的农产品生产与经营。

4. 农产品地理标志的合法运用

**【案例二】** 五常大米遭勾兑

五常大米受产区独特的地理、气候等因素影响，干物质积累多，直链淀粉含量适中，支链淀粉含量较高。由于水稻成熟期产区昼夜温差大，大米中可速溶的双链糖积累较多，对人体健康非常有宜。五常大米素有“贡米”之称。据悉，“五常大米”成为黑龙江省第一个证明商标。为依法制止商贩假冒“五常大米”现象，五常市大米协会在哈尔滨市工商局指导下，于1997年向国家工商行政管理局商标局申请注册可保护原产地名称的证明商标，2000年得到受理，7月21日获正式核准注册。根据产品的品质特征，国家工商局商标局对“五常大米”证明商标使用地域作了明确划定：溪浪河、拉林河流域至红旗乡西城子村以东，苇沙河以西，磨盘山以北，硕大户山以南。这个范围覆盖了五常市15万公顷大米产区。五常市还要求农产品生产者和经营者如实填写农产品生产记录，并建立企业档案、基地档案、生产记录、产地证明等数据库，创建农产品生产质量安全信息录入与查询系统，建立“产销一体化”的农产品质量安全追溯信息平台，做到农产品质量信息可上网查询。

黑龙江的五常大米是国家质检总局认定的地理标志产品，被认为是最好的国产大米之一。然而有很多不法人员用廉价大米掺入香料加工成冒牌五常香米销售。为杜绝五常大米造假事件发生，五常市大米协会在哈尔滨市工商局指导下，于1997年向国家工商行政管理局商标局申请注册可保护原产地名称的证明商标，2013年1月，“五常大米”证明商标被评定为“中国驰名商标”。

黑龙江省五常市已具备使用“五常大米”证明商标条件的大米加工企业共446家。为保证该商标使用中不失控、不挪用、不流失，大米协会指定厂家统一印制了不得做商品流通的包装和标志，对这些包装和标志实行封闭式管理，只有具备使用条件、获使用许可证的加工企业才能编成号，统一配送。同时还对市场上带有“五常”字样的杂乱包装大米进行了依法清理。如今，带有“五常大米”字样的统一包装、统一标志的大米已陆续进入市场。

尽管如此，商贩们为了自己的利益，在五常大米包装袋里勾兑其他地区的廉价大米谋取利润，严重损毁了五常大米的品牌信誉，出现市场混乱，让消费者难以凭借对品牌的信任放心选购。这对这一现象，工商局进行抽查扣罚，积极整顿市场，保护市场秩序。

(1)认知农产品的地理标志。农产品地理标志是指标示农产品来源于特定地域，产品品质和相关特征主要取决于自然生态环境和历史人文因素，并以地域名称冠名的特有农产品标志。

地理标志农产品，是指产自特定地域，所具有的质量、声誉或其他特性本质上取决于该产地的自然因素和人文因素，经审核批准以地理名称进行冠名的农产品。

地理标志所标示的产品具有某种与其他地方同类产品不同的特点，这些特点是由生产这些产品的地域所具有的独特的自然因素或者人文因素所决定的。这些产品具有地域不可更换性，离开该地域生产的同类产品将不具有这些特点。我国历史悠久、地域辽阔，有很多地理标志产品，如“涪陵榨菜”、“库尔勒香梨”等。

地理标志产品包括：一是来自本地区的种植、养殖产品。二是原材料全部来自本地区或部分来自其他地区，并在本地区按照特定工艺生产和加工的产品。在我国，地理标志所使用的产品涉及农产品、食品、中药材、手工艺品、工业品等，已注册的地理标志主要有水果、茶叶、大米、蔬菜、家禽、花卉、黄酒、豆瓣、枸杞等商品。

地理标志农产品品牌是指以某农产品行业协会的名义，向国家质检总局申请注册后，由一个地域内一群农业生产经营者所用的公共品牌，其基础必定要有某一特定农业产业或农产品大量聚集于某一特定的行政或经济区域，形成了一个稳定、持续、明显的竞争集合体。许多名、优、特农产品具有明显的地域特性，打上了地理标志的烙印，如果脱离了特定地域，这些产品的市场认可度就会大打折扣，甚至被认为是假冒伪劣产品，因此农产品品牌多采用地域品牌，并通过注册成为地理标志产品，受到法律的保护。

(2)农产品地理标志的登记特征。

①用地理区域名称冠名。如山东的“章丘大葱”和“乐陵小枣”、河北的“威县三白瓜”、新疆“吐鲁番葡萄”、浙江的“绍兴黄酒”、福建的“漳州芦柑”、湖北的“蔡甸莲藕”等以行政区域命名，“长白山人参”、“武夷山岩茶”等则是以自然区域名称冠名。

②展示产品独特的品质或生产方式。如宁夏的中宁硒砂瓜，瓜大、汁多、香脆

甘甜、富含硒等微量元素，湖北恩施的富晒茶叶等。

③产品品质特色与地方特殊的地理生态环境或人文因素密切相关。如宜宾早茶，发芽早、采收期长，有着深厚的“茶马文化”背景。

**知识框**

宜宾早茶为农产品地理标志产品。宜宾早茶地理优势：宜宾地理条件得天独厚，拥有最适宜茶叶生长的优越气候和土壤条件，茶叶常年在 2 月上旬就可开园生产上市，一般比省内和江、浙一带主产茶区早 15～30 天，属名优生态早茶生产的最适宜区。2009 年，中国茶业流通协会授予宜宾“中国早茶之乡”的称号。

④生产的地域范围非常明确。比如，宜宾早茶农产品地理标志保护范围为四川省宜宾市辖区内的宜宾县、高县、筠连县、屏山县、江安县、珙县、长宁县、南溪县、兴文县、翠屏区等九县一区的 123 个乡（镇）991 个自然村。地理坐标为东经 103°36′～105°20′，北纬 27°50′～29°16′。山西寿阳小米的生产地域划定了 8 个乡镇、104 个自然村。

同时具备以上四个特征的农产品才可以申请登记为地理标志农产品。

(3)地理标志农产品的申报。地理标志农产品的申报主体，必须是社团法人或事业法人，如农民合作经济组织、行业协会，或者是农业技术推广站、农业综合服务中心；申报主体直接向省级农业行政主管部门提出申请，主管部门材料初审，现场审查、核查符合条件，上报农业部农产品质量安全中心，安全中心对材料审查并组织专家进行评审，通过后公示，无异议方可颁证。申报主体必须是对特殊产品的特殊品质有检验监督的设备、人员和职能的机构才能申请，一般的公司和个人不能申请。

农产品的地理标志，使用人和注册人是分离的。注册人通过对特殊产品的检验、认为当地的某一家企业生产的产品符合它的质量技术标准，通过授权的方式允许其使用。农产品地理标志工作采取公益性免费登记，受益人是当地所有农户。开展登记就是为了挖掘和梳理地方特色农产品品牌资源，用于对产品特征和地域范围进行明确，对产品品牌进行知识产权的保护，使产品品牌成为特征明显、地域明确、产权明晰、市场认可的农产品地理标志品牌。从全国农产品资源普查来看，现阶段全国农产品地理标志资源有 6 800 多个。

(4)农业部从五方面推进农产品地理标志登记保护工作。

①建立健全地理标志农产品的规章制度和法规体系，保护知识产权。法规体系包括：《中华人民共和国农产品质量安全法》《农产品地理标志管理办法》《地理标志产品保护规定》《农产品地理标志公共标识设计使用规范手册》等。

②培养建立体系队伍，明确登记保护工作职责。国家层面，成立农产品地理标志评价体系专家委员会，登记保护工作由农业部农产品质量安全中心具体负责审查和组织专家评审工作；省级层面，依托省级农业行政主管部门，建立了56个地理标志登记保护工作机构；地市两级由农业行政主管部门明确或设立了相关工作机构；在技术鉴定体系方面，农业部认可委托了93家农产品地理标志产品品质鉴定机构，负责品质鉴定检测工作。

③加快农产品地理标志登记保护工作力度。加快资源调查，对申报条件成熟的，积极组织申报审查工作，产品覆盖蔬菜、果品、大米、食用菌、茶叶等14类产品。

④加大产业扶持力度。把地理标志农产品的登记保护工作与农业标准化、一村一品、示范县建设、农民合作组织建设、农业产业化推进等工作结合起来，相互促进。明确提出地理标志农产品示范基地建设的工作目标，引领和带动地理标志农产品品牌的发展。

⑤全面开展国际合作。如最近完成了中欧农业对话，互认农产品清单。2014年，中欧达成农产品地理标志保护协议，中国在欧盟注册地理标志保护的10种农产品分别是：平谷大桃、盐城龙虾、镇江香醋、东山白芦笋、金乡大蒜、龙井茶、琯溪蜜柚、陕西苹果、蠡县麻山药、龙口粉丝。当然，欧盟也有相应的10种地理标志农产品在我国得到保护与互认。

**知识框**

**原产地地理标志（中国知识产权报/中国知识产权资讯网）**

截至2014年12月31日，我国原产地地理标志已达到1 804个，同时原产地地理标志产品在对外贸易和区域经济发展中产生的效益日益显著。

国家质检总局有关负责人表示，自20世纪90年代我国质检系统启动原产地地理标志产品专门保护制度以来，获得保护的原产地地理标志产品已超过1 800个，已核准6 000多家企业和组织使用地理标志产品专用标志，产品遍及全国31个省、自治区、直辖市，获得保护的原产地地理标志产品产值接近万亿元。其中，获得保护的原产地地理标志初级农产品增值效益普遍增加15%～20%。原产地地理标志保护产品已经成为扶持区域经济发展、发展对外贸易、“富民强县”的重要抓手。

据介绍，在涉外原产地地理标志保护方面，由国家质检总局发起的中欧原产地地理标志“10＋10”互认互保试点工作至今已全部完成，开创了原产地地理标志专门保护模式国际双边合作的典范。

⑥对于地理标志产品工作中的违法行为加强社会监督。非法、伪造、冒用地理标志的行为；非法转让、买卖、农产品标志登记证书的行为；与登记条件明显不相符的产品上使用地理标志的行为；以上三类行为都属于违法行为，县级农业部门可依据《中华人民共和国农产品质量安全法》有关规定给予处罚，农业部撤销证书，并对社会公告。农业部每年都会对地理标志农产品例行抽样检测，并使检测工作常态化。

5. 农产品的商标运用及保护

中华人民共和国《商标法》第三条规定："经商标局核准注册的商标为注册商标，包括商品商标、服务商标和集体商标、证明商标；商标注册人享有商标专用权，受法律保护。"因此，商标如果不注册，使用人就没有专用权，就难以禁止他人使用。所以，在农产品上使用的商标要想获得法律保护，应尽早申请商标注册。

①商标、地理标志、产地标记的比较。商标是用在商品或服务上的标志。它是品牌的一部分，是品牌识别的基本法律标记。自然人、法人或者其他组织可以申请商标注册，商标注册人享有商标专用权。

地理标志是指标示某商品来源于某地区，且该商品的特定质量、信誉或者其他特征，主要由该地区的自然因素或者人文因素所决定的标志。农产品的地理标志申请人则必须是社团组织或事业组织，不允许某个自然人申请和使用，它属于集体商标，受益人是当地所有农户。属于知识产权范畴，受法律保护。

产地标记是指标示某商品生产于某地方的标记，在某地生产的产品与该地的自然因素和人文因素没有必然的联系。如在产品上标注的"北京某企业"、"上海某厂"等就属于产地标记。法律要求在商品上应标明真实的产地，不得伪造产地，这主要是为了保护消费者的合法权益，并不涉及知识产权的保护问题。

②商标的及时注册与合理使用能大幅度提高农产品生产经营的收入。农产品生产经营要增强商标意识，注意及时注册商标，避免自己创出来品牌被别人抢注，还要花钱从注册者那里买回本应属于自己的商标，这方面的例子和教训不在少数。

农产品使用和注册商标是促发展增收入的一项有效的措施。农产品使用商标可以有助于建立产品信誉，促进农产品的销售，增加农民收入。比如，山东德州五城李家户镇，大力推广"公司＋商标＋农户"的产业化模式，对农户生产统一技术指导，并集中收购，加上精美的包装和地理标志商标的认证，这样一来，小蘑菇一下子走进了北京、上海等大城市，短短 3 个月，就让农户尝到了甜头，纷纷主动要求加入食用菌合作社，走品牌化路了。往年每 0.5 千克 2.5～2.8 元的蘑姑现在卖到 6 元，种植户感觉有商标就可以进大城市卖上高价钱，收入大大提高了，体验了商标的价值和作用。

③增强品牌意识,保护商标资产。

**【案例三】** 在2014年1月的杭州农博会上,家庭农场首次亮相,突出的特点是展出的精品农产品多了。家庭农场拥有了更为灵活的经营机制,精细化的培育管理,让农产品的质量更为可靠,家庭农场主成为时髦的职业。这次农博会有50多家家庭农场参展,拥有自己的营业执照、商标、规范化管理是他们最大的特点。由此看到,越来越多的农产品生产经营者开始意识到品牌农业与精品农业的魅力。(http://www.3456.TV/2014-1-8)

各级工商行政管理机关和农业主管部门要积极指导注册人规范使用、管理农产品地理标志和商标标识。各级农业主管部门要积极配合工商行政管理机关,加大对农产品地理标志和商标的保护力度,加强市场监管,切实保护注册人和农产品生产者的利益。对于已核准注册的农产品地理标志,当地工商行政管理机关要会同农业主管部门,积极指导注册人规范地使用地理标志。对于侵犯已注册农产品地理标志和商标权益的违法行为,各级工商行政管理机关要充分发挥职能作用,加大查处力度,适时开展专项整治行动,切实保护农产品地理标志和商标权利人的合法权益。

**知识框**

**我国将建立农产品品牌目录制度(《经济日报》2014.12.04)**

在2014年12月3日举行的农业部新闻发布会上,农业部相关负责人表示,我国将探索建立农产品品牌目录制度,创建农业公用品牌发展体系。把农产品按照品牌种类、品种种类进行分类,按照影响层级和影响力范围进行分类,对产品的品种、品牌的种类进行系统梳理,形成目录,将最有影响力、最有价值的品牌纳入国家品牌的目录,实施定期发布、动态管理。

"所谓农产品品牌目录,就是把涉农品牌按照一定的次序编排形成,揭示农产品品牌信息的工具。"中国农业大学经济管理学院教授陆娟向记者解释说,农业品牌目录重点包括四项制度,分别是农产品品牌征集制度、品牌审核推荐制度、品牌评价制度以及品牌培育和保护制度。

以注册商标为代表的农产品品牌的数量增长迅速,但影响力还仅仅停留在局部地区和有限的时期。目前农产品注册商标从2008年的60万件增长到2012年的125万件,4年间翻了一番,由于起步比较晚,基础比较差,很多产品竞争力较弱,多数品牌的影响力还停留在局部地区,跨省跨区域的品牌不多,国际上知名的品牌更少。一些本来具有优势的品牌，由于保护机制不健全，无法保持持续的影响力。

我国是世界农业大国，不少农产品的产量和消费量都居全球第一。但是缺少一批像荷兰花卉、津巴布韦烤烟等在国际上具有竞争力的农产品品牌，我国不少优势的农产品只能占据低端的市场，无法带来更高的收益。当前，我国农产品公用品牌尚在发展的初级阶段，农产品公用品牌建设尚未整体规划、品牌资源不能得到很好地整合，难以形成合力，代表国家形象的农产品国家品牌尚未形成。这需要农业部门统筹规划、主导推动，打造代表我国现代农业水平的国家品牌。

**(二)资料准备**

(1)利用电视和网络，观看中央台的《每日农经》《聚焦三农》以及新闻栏目，积累农产品品牌知识与信息。

(2)收集农产品品牌创立的相关案例。

(3)利用网络查找收集农产品品牌保护的相关事件与知识。

## 二、任务设计与实施

【任务设计】

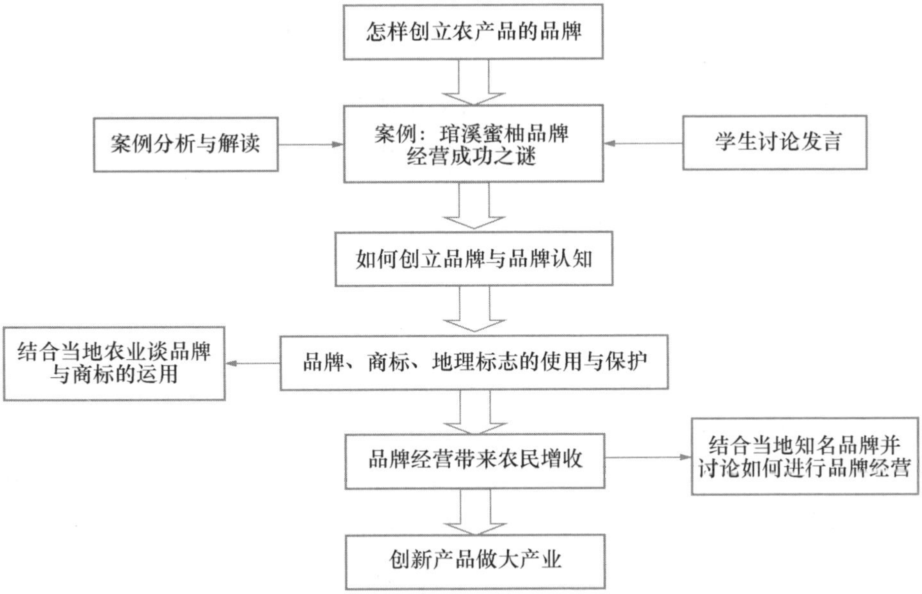

【任务实施】

**(一)导入案例**

**【案例四】** “琯溪蜜柚”品牌营销成功之谜

平和琯溪蜜柚系福建省平和县著名的地方传统名果,已有500多年的栽培历史,清朝乾隆年间被列为朝廷贡品。素有“天然水果罐头”之美称,富含人体所必需的微量元素和矿物质,有着多种药用价值和保健功能。1989年12月,琯溪蜜柚参加全国优质水果评选会,综合评分名列柚类榜首,登上“柚王”宝座,被农业部批准为全国优质农产品称号;1995年,平和县被命名为“中国琯溪蜜柚之乡”。

经过30多年发展,平和琯溪蜜柚拿下了“中国驰名商标”、“中国名牌农产品”、“中华名果”等荣誉。去年,琯溪蜜柚产量100多万吨,产值40多亿元,涉柚产值超百亿元。琯溪蜜柚品牌、种植面积、产量、产值、市场份额、出口量均位居国内县级第一。平和琯溪蜜柚,正从单一产业品种的粗放型经营,逐渐形成多品种、有形款、有市场、有活力的蜜柚产业链,向国际高端市场迈进,广受消费者欢迎,被评为“2011年中国农产品区域公共品牌”。

“平和琯溪蜜柚”“平和红柚”地理标志商标是平和县的重要品牌商标。为管理和使用好这些商标,平和县相关部门加大力度整顿蜜柚市场,促进整个蜜柚产业的良性发展。县工商检查组对多家蜜柚商标印制及配送企业进行检查。

对于琯溪蜜柚品牌的保护,更是从源头抓起。今年39岁的李文辉是平和飞龙果业的销售总监,公司采取“公司+农户”的方式进行运作,“我现在收购的大多是我们公司的农户。”李文辉说,凡是加入他们公司的农户,他们在平时的蜜柚管理上会对农户进行指导,要求农户少施化肥,多施农家肥,少喷高毒农药,以减少蜜柚上的农药残余。而一到蜜柚快收成的季节,裂果是大多数果农最为头疼的事情,公司会针对性地进行指导,减少农户的损失。到了收成季节,这些农户就把果子全部卖给李文辉,“由于我们实施这样的管理,蜜柚的质量就比较稳定”。李文辉称,只要其他收购商都按照他这种方式操作,平和琯溪蜜柚的品牌形象在市场上一定会有个好口碑。

随着平和蜜柚陆续上市,收购价格从最初的每500克1.7元爬升到2元多,而红肉蜜柚则在3.5元/500克的价位上浮动。平和农业局经作站站长张金桃说,这是平和蜜柚10年来上市所创下的最高收购价格。张站长透露,今年国家柚类产品整体上减产,唯独平和琯溪蜜柚的产量在增产。

目前平和琯溪蜜柚除了传统的单色蜜柚,还出现了三红蜜柚、黄金蜜柚、遮叶红蜜柚、红肉蜜柚四种优良变异单株,这些多彩蜜柚以自己独特的营养成分,成了追捧对象。目前三红蜜柚和黄金蜜柚的母株所有人都已经注册申请了品种权,而遮叶红和红肉蜜柚则通过了品种审定，通过了品种审定，政府农业部门就可以大力推广了。

在发展蜜柚的过程中，平和坚持科学生态农业发展方向，2008年，卫生部首席健康专家洪昭光教授到平和举办“琯溪蜜柚保健功能健康论坛”；2009年，《琯溪蜜柚》国家标准在北京通过专家审查组审定，500多年栽培历史的琯溪蜜柚产业首次有了一本“国”字号教科书；2011年第七届中国琯溪蜜柚博览交易会上，农业部授予平和县《国家级柑橘产业技术综合试验站》牌匾，为蜜柚产业建立装备先进试验平台，提供现代农业产业技术系统服务，加快推进平和蜜柚产业可持续发展；2013年，琯溪蜜柚产业发展院士专家工作站在平和揭牌。一系列举措，使琯溪蜜柚独具“科技含量”，成为智慧金果。

### （二）案例中农产品品牌营销策略的运用

1. 福建平和是如何创立“琯溪蜜柚”这个知名品牌的

平和琯溪蜜柚系福建省平和县著名的地方传统名果，已有500多年的栽培历史。琯溪蜜柚通过政府搭台，加强宣传和举办蜜柚节等活动，来提升琯溪蜜柚的知名度，1989年12月，琯溪蜜柚参加全国优质水果评选会，登上“柚王”宝座，被农业部授予“全国优质农产品”称号；1995年，平和县被命名为“中国琯溪蜜柚之乡”。在当地政府的支持与带领下，农民齐心协力创品牌，申请注册了地理标志产品，加强品牌与商标的保护，做强品牌做大产业，品牌经营让农民增收效果显著。平和琯溪蜜柚还获得了“中国驰名商标”、“中国名牌农产品”、“中华名果”等荣誉。

2. 如何进行品牌、商标的运用与保护

“平和琯溪蜜柚”“平和红柚”地理标志商标是平和县的重要品牌商标。为管理和使用好这些商标，平和县加大力度整顿蜜柚市场，促进平和整个蜜柚产业的良性发展。县工商检查组一行采取突击方式对多家蜜柚商标印制及配送企业进行检查，组织对全县蜜柚收购大棚的检查等有多种举措。依据《中华人民共和国商标法》《产品质量法》《反不正当竞争法》，按法定程序对发现的违法行为进行处理。对于琯溪蜜柚品牌的保护，更是从源头保证蜜柚的质量。采取“公司＋农户”形式组成蜜柚农业合作社，合作社对农户蜜柚管理期间的用肥、用药、管理技术及销售时间进行统一指导，而县农业局则在科学技术上提供坚强的后盾。

3. 品牌经营带来农民收入的大幅增长

2013年柚子上市后，收购价格从最初的每500克1.7元爬升到2元多，而红肉蜜柚则在7元/千克的价位上浮动。平和农业局经作站站长张金桃说，这是平和蜜柚10年来上市所创下的收购价格之最。李文山是平和金华小学的一位老师，他家种植了 1 000 多株蜜柚树，今年结果的大多是普通的琯溪蜜柚，大概可以收成 2 万 多千克，按照今年蜜柚的收购价格，差不多有 10 万元进账，而另外 600 多株红肉蜜柚树要到明年才能开花结果，按照目前蜜柚收购商提供的价格，每千克红肉蜜柚套袋价格是 7.4 元，价格稳定的话，明年他的收成会更好。“我的蜜柚已经全部被人预订走了。”学校的赖校长笑着说，自己也种植了一片蜜柚，委托哥哥在管理，平时施肥除草雇工都由哥哥帮着操办，前两天收购商以每千克 4.6 元的价格跟他买断了所有的蜜柚，他估计，今年自己种柚子也有 10 万元左右的收成。

平和琯溪蜜柚 2011 年的产量超过 100 万吨，产值 40 个亿元比 2010 年多出 14 亿元。这一著名品牌给当地农产品生产者带了显著的收入增长。

4. 品牌经营为创新产品、做大产业打下良好的基础

琯溪蜜柚在原来传统蜜柚的基础上，增加了三红蜜柚、黄金蜜柚、遮叶红蜜柚、红肉蜜柚四新品种，这些多彩蜜柚以自己独特的营养成分，成了追捧对象，秀色可餐的蜜柚成为当地特色农业。琯溪蜜柚品牌、种植面积、产量、产值、市场份额、出口量均位居国内县级第一。平和琯溪蜜柚，正从单一产业品种的粗放型经营，逐渐形成多品种、有形款、有市场、有活力的蜜柚产业链，向国际高端市场迈进，广受消费者欢迎，被评为“2011 年中国农产品区域公共品牌”。

**(三)任务实施的组织**

(1)通过讲解、提问、案例分析的方法，让学生掌握如何创立农产品品牌。

(2)通过对导入案例的分析，让学生理解品牌认知与商标保护的意义与作用。

(3)以组为单位分析导入案例，以“一个品牌带动一个产业”为题写一篇分析报告。

(4)每组选一名同学在全班演讲，其他同学补充，全班讨论。

(5)选择部分同学讲一个自己家乡的农产品品牌故事，内容可以是品牌创立、品牌做大做强、品牌营销等方面。对表现突出的学生给予表扬。

(6)安排每组学生的拓展学习，让每个学生尝试分析案例五，并写出分析报告。

(7)用课后作业与课前提问的方法完成知识巩固。

## 三、学习拓展

掌握农产品通过精深加工能更好地占有市场与增加收入的市场规律。

琯溪蜜柚种植户更多的是依托了品牌优势和地理标志产品，凭借系列创新产品的特色，增加了市场需求，通过市场价格优势达到增收效果。但是，蜜柚的深加工程度还有待进一步挖掘。结合当前精品农业的发展趋势，着眼蜜柚产业的未来市场需求还有哪些？如何增加蜜柚的卖点？提高蜜柚的附加值。以下最新案例给

你带来哪些启示？

**【案例五】** 平和：打造琯溪蜜柚深加工产业群(《闽南日报》2014.11.30)

平和琯溪蜜柚全身都是宝，从表皮到果皮，从果肉到果渣均可开发利用。外果皮可以提炼香精，再提取黄酮类化合物，中果皮可做优质果胶的原料，柚子囊可以榨汁，残余的柚子渣可加工成饲料、肥料等。一吨鲜蜜柚价值 3 000 元，若经过深加工，附加值可增加 8 倍，达到 24 000 元。

延伸琯溪蜜柚产业链，提升产品附加值，带动产业升级，实现可持续发展，关系到全县人民的利益。平和县在蜜柚产业升级上苦下功夫，特别在蜜柚深加工方面取得明显成效，蜜柚果汁、蜜柚果脯、蜜柚酒、蜜柚香精等产品相继成功研制、投产，在市场上深受消费者的喜爱。

“现在深加工的蜜柚果脯、蜜饯，主要销往国内一些大型超市、商场，同时还销往荷兰、德国、法国以及中东一些国家和地区。”福建南海集团董事长胡文星说，“慕名前来的客商非常多”。

“目前，平和蜜柚深加工产品已经达到 40 多种，全县现有技改和在建蜜柚深加工项目 9 个，全部投产后，年可加工蜜柚 3 万吨，创产值上亿元。”平和县琯溪蜜柚深加工产业化办公室副主任张海金说。

去年 11 月份，宝峰食品有限公司采用最新科学技术，结合传统工艺，成功去除柚子的苦和涩，又保持蜜柚风味口感。董事长黄泽生告诉笔者，公司已经生产 1 200 多吨蜜柚罐头，在国内外一些大型超市、商场货柜上架，北京、上海、南京、广州、新疆等地的客户也纷纷前来洽谈。

近年来，平和加大琯溪蜜柚深加工企业扶持力度，推动一批深加工项目投产、扩产，增强产业竞争力，并进一步完善配套设施，为项目建设提供有力保障。目前，平和已形成南海蜜柚果脯、国农蜜柚果汁、天醇蜜柚花茶、芦溪红蜜柚果酒、宝峰蜜柚罐头、广和堂蜜柚日化用品等一系列蜜柚深加工产业群格局。

## 四、任务巩固

(1)列举你家乡农产品的知名名牌，结合他们的实际来谈谈他们是如何创立农产品品牌的，在品牌与商标保护方面采取了哪些举措？品牌化经营给家乡农业发展、农民增收带来了哪些变化？通过联系实际的探讨，以达到学以致用的目的。

(2)介绍你家乡的地理标志农产品。它们的特色品质是什么？如何可以把它们做成大品牌？

(3)选择你家乡家庭农场或农民专业合作社的典型，调查他们的品牌经营状况。

# 任务三　合理运用农产品的价格策略

## 一、学习准备

### (一)知识准备

**【案例一】** 烟叶收购价格放开,农产品价格全部取消政府定价(CCTV-2 2015.01.06)

国家发改委公布:自2015年起,放开烟叶收购价格,烟草企业可根据种烟成本,工业企业需求和行业发展需要,自主确定烟叶收购价格。我国农产品价格改革开始于1985年,当时放开了绝大多数农副产品购销价格。1992年,放开生猪和猪肉价格。1999年,放开棉花收购价格。2004年,放开粮食收购市场和价格。2015年,放开烟叶收购价格。随着农产品价格的全面放开,我国农产品的价格将全部由市场形成。经过多轮的价格改革以后,农产品市场再也没有政府定价和政府指导价的项目了。这个过程中,实际上政府一点儿也没有放松调控和监管,这几年,我们陆续出台稻谷小麦的最低收购价格、玉米的临时收储政策、棉花大豆的目标价格、生猪的调控的预案等一些政策措施。一方面,要保护农民的生产积极性,保障农民的收益;另一方面,要保障整个市场的供应。

1. 价格策略的作用

农产品价格关系到生产者、经营者与消费者的切身利益,关系到农民增收的问题,是影响市场供求和生产发展的重要因素。所以,在市场经济条件下,关注“三农”,就必须关注农产品的价格问题。如山东“蔬菜之乡”寿光市的菜农,因合理的价格策略,集体致富奔小康。而海南尖椒生产的大起大落,湖南君山南瓜0.14元/千克没人买,河北、山东等多地奶牛养殖户,大量倒奶杀牛等非正常现象的出现,原因固然很多,但根本原因在农产品价格机制出现了问题。如何使农产品价格基本稳定,不再屡屡出现过山车行情,必须建立健全农产品定价的市场机制,在宏观市场管理与微观市场调节上合理使用价格策略。

(1)农产品价格的特点。由于农产品的特殊性,农产品的价格与工业品价格相比,有以下特点:

①变动频繁。由于很多农产品具有鲜活性的特点,其价格的变动相当频繁,如

蔬菜、水产品、肉蛋等农产品，刚上市时价格较高，随着时间的推移，其新鲜度降低，价格也随着降低。这说明农产品价格不仅有年度或季度的周期变化，甚至一天之内都可能变动数次。相较其他商品，价格变动频繁是其突出特点。

②变动幅度大。一般商品价格围绕其价值上下变动，但短期内变动幅度不会很大。而农产品由于生产有季节性，会出现季节性的大幅度变动；农产品有生物学特性，多数农产品会出现由鲜活到变质的过程，如不及时销售，其价值会逐步降低。因此，同样的农产品，在不同年份、不同季节、不同时辰的销售价格会有较大变化，经常出现大起大落的现象。比如，2014 年 9 月 12 日，山东金乡大蒜交易市场内，因大蒜电子盘崩盘导致在一天内大蒜价格下降了 22%，从 1.8 元/500 克降到了 1.4 元/500 克，许多农产品批发商损失惨重。

**【案例二】** 河北滦南西瓜上市销售遇冷(CCTV-2　2014.06.29)

河北滦南是西瓜种植大县，今年又是一个丰收年。虽然西瓜个大、皮好、瓤好，却不好卖。一个多年的老瓜农说："西瓜成熟了 10 多天，还没人来拉，往年瓜熟了就有人拉瓜。但是没人买也不能一直在地里长着，摘也不行，不摘瓜腾地又影响下茬玉米的种植，往年这个季节一来几十辆车，现在就一辆车，明显客户少。今年西瓜一起成熟上市，没有时间差，瓜农货主利益都受损失"。该县农业局负责人说："今年只有寥寥无几的外地大采购商，卖方市场摇身变成了买方市场，价格自然滑落，价钱只有 0.6 元/500 克，这个价钱去掉人工、肥、水、电钱保本都难，如果扛着价就会卖不出去，目前销售西瓜的时间已经过半，眼下的销售进度却不尽人意，县里正全力帮助多联系外地的客户。"

③地区差异大。农产品的生产大多数与土质、气候等自然条件有密切关系，不同地区适合种植与养殖的农产品不一样，形成了鲜明的地域特色。如北方适合生产小麦、大豆、羊毛、人参、牛奶等产品，南方适合生产水稻、蚕茧、茶叶等。有些农产品虽然在不同地区都可以生产，但生产成本不同，产品品质差异也很大，造成不少农产品销售价格在地区之间有较大的差异。

④低价位性。因为农产品大多都是生活必需品，整体生产规模都非常大，市场供给充分，所以大部分农产品价格都在低位运行，对于农产品生产经营者而言，利润水平不高。当生产量过大时，甚至出现销售价格低于生产成本，使得生产者出现亏损状况。

⑤遵循价格变动规律。由于农产品生产具有季节性、周期性的特点，而市场的消费量相对比较稳定，这一矛盾的直接后果就是农产品价格会出现季节变动规律和周期变动规律。一般来说，应季农产品供应量大，价格相对较低，跨季农产品需

要储存与加工，且供应量小，相对价格较高。我国北方在冬季建立大棚生产鲜菜、鲜果、鲜花等，在一定程度上改变了农产品生产的季节性，虽然成本较高，但其产品价格也高，生产经营者的收入仍然可观；这种生产活动大大改善了消费者对蔬菜、鲜果、鲜花的反季节需求，这是成功利用农产品价格季节变动规律的典型。

知识框

**北京首次发布中长期主要农产品价格变化规律**

2014年8月21日，《北京市农产品中长期（2004—2013）价格变化规律分析报告》由北京市农业局信息中心2014年8月发布。数据是农业局信息中心从数十家大型农贸批发市场采集来的，分析比较了2004—2013年土豆、白菜、鱼、肉、禽、蛋等主要农产品的价格涨跌，数据显示：十年来，本市大白菜平均批发价为0.81元/千克，自始至终大白菜都要比市场上54种主要蔬菜的均价低，十年来平均低出62.8%，代表54种蔬菜平均价的曲线始终处在代表大白菜价格的实线之上，且随之较为规律的上下浮动，这意味着，尽管菜品日渐丰富，但大白菜依旧是本市的镇价菜。此外，根据统计，北京人这十年来吃得最多的是土豆，总上市量达609.01万吨，占本市批发市场上54种主要蔬菜上市总和的7.89%，比第二名大白菜仅多出了80吨，之后的排名依次是洋白菜、葱头、黄瓜等；在2002—2010年，本市蔬菜价格持续上行，年均升幅达11.7%，在肉禽方面，而猪肉价年均增长率只5.3%，鸡蛋则为4.3%，鲤鱼增长率最低，只有1.5%。

农产品生产经营者要善于从上面的数据中去发现、总结规律，来指导生产与经营。要根据市场规律来合理安排农产品的生产，以达到规避市场风险，增加经济收益的目的。

(2)影响农产品价格及其变动的因素。

①农业生产状况。首先，表现在我国农业生产很大程度上受到自然力的影响，如果风调雨顺，农产品丰收，价格平稳或降低；如遇自然灾害，农产品歉收，其价格就会上扬。其次，我国目前的小生产与大市场的格局，造成小规模的生产者不能适应大市场的需求变化，经常造成某种农产品在某年的供大于求，使相应的农产品价格发生很大波动。比如，由于国家取消了对棉花的最低收购价，湖南君山地区农户都担心棉花收购价下跌，不种棉花种南瓜，结果由于南瓜种植面积过大，产品数量多，市场难以消化，每千克0.14元都没人收，只好烂到地里，个别农户只收了南瓜

籽，使种瓜农民损失惨重。再次，农业生产所需原材料涨价，引起农产品成本发生变化而直接影响到农产品价格。

**【案例三】** 连线记者了解农产品价格(CCTV-2　2013.7.6)

北京新发地水产大厅，淡水鱼草鱼价格比上周下降了0.5元/500克，而鲈鱼、鲑鱼，由于天气热、运输成本增加，价钱出现了小幅上涨。与之鲜明对比的是海鲜，海鲜属于低脂肪、高蛋白的食品，尤其大排档上受市民的欢迎，全当前价格跟淡水鱼一样，双双下降，但原因不同，淡水鱼价格下降是因为夏季人们需求减弱，抑制消费者带来的价格下降，但海鲜价格下降是已经进入了上市量增大所以价格下降，基围虾和白虾为例，价格下降了40%，目前价格每500克20～40元。可见无论是需求减弱还是供应增加都会带来价格下降的结果。

②市场供需。农产品价格的放开，意味其价格直接受到市场供需状况和规律的影响与制约。当前绝大多数农民的市场预测水平低，没有学习过相关的市场营销知识，其生产决策主要以当年农产品行情为依据。当千千万万的农民都以这种方法来预测市场的时候，就会形成一种供需上的恶性循环。当某种农产品某年出现供不应求时价格上涨时，农民一窝蜂种植这种作物，这样做的后果就是下一季该产品必然出现供过于求的情况；反之亦然。比如，山东平度市崔家营村村民段瑞琴在种姜上是如何决策的呢？2010年时姜的收购价格是2.1元/500克，她的生姜卖了4万元。她非常高兴，根据她的判断，2011年决定扩大种植面积50%，其他农民都和她一样的想法，其结果可以预见，到生姜成熟时，大量生姜涌进市场，导致价格跳水，跌到0.55元/500克，种姜农民连本都贴上了。2012年种不种姜？种多少姜，她举棋不定。

**【案例四】** 奶贱伤农，供需矛盾永远是价格的决定者(深圳卫视2015.01.13)

面对国内卖奶难，一边是国内奶源市场的奶农杀牛倒奶，一边是大量国人在喝着进口的还原奶。从去年年底开始，各类国产乳制品营销变脸了，一改以往促销员围着你游说，各种捆绑赠送、优惠价格不见了，取而代之的是原价销售爱买不买。几乎同时，我们就看到了内地奶农倒奶杀牛的新闻，哪个是因？哪个是果？冷冰冰的数据告诉我们，进口奶制品数量在呈几何倍数增长。可我们国产奶产品价格持续下跌，城市老百姓切身感受是我们国产奶制品无论价格还是质量，似乎越来越没有竞争力，一方面早些年国内奶制品发生的各种毒害事件仍在发酵；另一方面，伴随着澳大利亚、新西兰等奶制品大国，跟我国陆续签订自贸协定，未来价廉物美的进口奶制品将更多地进入中国市场。供需矛盾永远是价格的决定者,所以,在当前的市场条件下,让养牛产奶的农民兄弟都有钱可赚,确实是一门学问。对种粮食的咱可以采取最低保护价,对其他农产品如保质期极短的生鲜乳,为什么不做一些市场化保障措施比如商业保险呢?也许增加农民一点点负担,但旺销年份基本忽略不计,滞销年份可是救命菩萨了。在农产品滞销问题上可真是:年年故事总相似,岁岁主角各不同。

从以上的案例中,我们非常清醒地认识到,农产品的供求规律对价格的影响。

商品供求矛盾的表现:一是一定时期供求总量上的矛盾,造成商品价格上下波动;二是商品供求构成上的矛盾,即市场上供求的商品在品种、规格、款式、质量等方面的矛盾,造成商品价格差异;三是市场商品供求在时间、季节上发生矛盾,造成商品季节价格差异;四是市场商品供求地理地域之间的矛盾,造成地区价格差异。

商品供求运动的形式:其一,供过于求,市场商品出现积压,价格下降;其二,供不应求,商品出现短缺现象,价格上涨;其三,供求平衡,商品价格平稳。

商品供求受价格的影响:价格变动反作用于供求,即价格上涨,刺激供应增加,需求减少;价格下降,则引起供应减少,需求增加。

大连鸡王韩伟杀鸡育雏的行为正是巧妙地利用了供求规律;当鸡蛋供过于求时,他把一部分鸡处理掉,一部分育雏,巧妙避开价格低谷,减少亏损;当雏鸡长大时,又迎来了下一个价格高峰。因为他懂得供求规律并能在生产实践中合理利用规,所以在经营上取得了成功,从一个养鸡专业户发展成为大型现代农业集团——韩伟集团。

③流通因素。现在大多数农产品流通渠道虽然放开,但比较起工业产品,其物流及其配送还远不够配套完善,这直接影响到农产品的销售价格。若遇自然灾害,道路运输受阻,就会造成产地积压,导致农产品价格明显上扬。再加上目前市场法规不健全,各地集贸市场管理无序,农副产品价格被人为控制的行为还时有发生。

④生产成本与竞争。产品的最高价格取决于产品的市场需求,最低价格取决于产品的成本费用。在最高与最低价格的幅度内,卖者把这种产品的价格定的多高,则取决于竞争者同种产品的价格水平。所以一个地方的农产品价格,要受到其他竞争者的生产成本的影响。

⑤需求弹性。作为生活必需品的农产品需求弹性与价格弹性都很小,降低价格也难以做到薄利多销,提高价格亦难以减少需求量。当消费者货币收入增加时,对生活必需品类农产品需求量的增加幅度也是有限的;反之,中高档农产品需求价格弹性大,收入既定的情形下,提高价格会减少销量,消费者的收入增加会使这类

产品的需求量增加。所以，随着人们生活水平的提高，应该调整产品结构，增加绿色、健康、环保理念的高档产品供应，通过农产品的精深加工，提高其附加值。

⑥顾客的心理。不同顾客购买产品时的动机和心理不同，有的顾客愿意出高价购买高档、绿色、无公害、名牌农产品；有的顾客则追求实惠和价廉物美；有的顾客在意购买的方便性，不大计较价格；有的顾客则善于对比价格再选择购买。

⑦绿色环保概念能大幅提高农产品价格。由于绿色或有机农产品较普通农产品生产成本高，所以价位自然高。一般有机农产品价格比普通农产品价格高出2～20倍，因为质量可靠、健康环保，销路却很不错。

**知识框**

### 关注绿色食品认证(CCTV-2　2015.01.11)

记者来到超市农副食品区，看到来了很多采购蔬菜的顾客。这里的蔬菜专区都开辟了有机蔬菜、绿色蔬菜柜台，有西芹、茄子、西红柿、青椒等各种蔬菜，不一会儿，菜架上的蔬菜就被选购一空了，记者看到，这些蔬菜上都贴着有机食品、绿色食品的标志，这些有身份的蔬菜不仅是包装好了卖，而且价格也贵了不少，西芹19.8元/盒，普通的2.98元/500克；茄子有机认证的21元/500克，普通的0.98元/500克，价格贵了20倍；而绿色西红柿6.8元/500克，普通西红柿3.28元/500克；售货员告诉记者："别看贵，这些蔬菜的销路特别好。"除了蔬菜，在另外一家超市，记者看到，就连一些真空包装的熟食也都贴上了绿色标志，"咱这小猪没吃过任何的添加剂、瘦肉精，都是吃草、玉米面长大的，这是他的绿色资质。"记者粗略统计了一下，绿色食品的范围非常广，不仅是蔬菜、蔬果、熟食、就连鸡蛋、豆腐、加工过的金针菇等都用上了绿色标志。

⑧政府因素。尽管现在农产品的价格和流通渠道已经放开，但农业与其他产业相比相对薄弱，又是国民经济的基础产业，其中"米袋子"、"菜篮子"都直接关系到国计民生与社会稳定。我国政府为保障农产品供给安全，稳定物价，调动农民的积极性，促进农业生产的发展，采取了一系列鼓励农产品生产、稳定农产品价格的政策与措施，取得了良好的效果。

我们过去制定的包括最低收购价和临时收储制度等在内的调控办法，都是在国内价格低于国际价格背景下建立的，从理念到操控都具有较大局限性。要逐步推动最低收购价、临时收储和农业补贴政策向农产品目标价格制度转变。

所谓农产品目标价格制度就是说由国家设立农产品目标价格，当农产品市场价格低于目标价格时，补贴农民保证农民基本收益，当农产品市场价格升高导致物价总水平上涨过快时，补贴低收入群体，保障基本民生。建议“价差补贴”，按成本加合理利润原则确定目标价格，再将目标价格与市场价格进行对比，计算出“价差”，农产品价高时补贴给消费者，价低时补贴生产者。

**知识框**

**坚持市场定价原则　完善农产品价格形成机制(《农民日报》2014.02.24)**

2014年中央一号文件提出，“完善粮食等重要农产品价格形成机制”；按照中央一号文件精神，今后我国将按照市场定价、价补分离原则，推进完善粮食等重要农产品的价格形成机制。逐步建立目标价格制度。所谓目标价格补贴，指政府事先确定农产品的目标价格，当该农产品实际市场价格低于目标价格时，政府按照两者之间的差价补贴农产品生产者，保证其基本收益；若该农产品实际市场价格高于目标价格，则不需启动目标价格补贴政策。

那么，为什么要探索建立农产品目标价格制度？

首先，农产品价格形成机制扭曲，市场作用未能有效发挥。如2008年以来，国家连续6年提高粮食最低收购价格，有效调动了农民种粮积极性，扩大了农民的种粮收入，但另外，也使粮食市场价格“托底”信号显著，粮价“只涨不跌”预期增强，粮食价格形成机制及市场价格信号被扭曲，一定程度上使粮食市场呈“政策化”趋向。

其次，国内外农产品价格倒挂，进口压力日益加大。在最低收购价和临储政策的支持下，目前国内稻谷、小麦、玉米、大豆、棉花等主要农产品价格均已接近或高于国际市场价格。若今后国内价格继续上涨，国内外价格倒挂有可能进一步扩大，将使国内市场面临巨大的进口压力。如棉花、食糖等已经形成“国内增产—国家增储—进口增加—国家再增储”的不利局面，既增加了财政负担，也影响了政策实施效果。

再次，农业资源环境形势严峻，农业可持续发展面临挑战。最低收购价和临时收储等政策在有效调动农民种粮积极性、促进粮食增产的同时，也导致出现土壤退化、地下水超采、化肥农药超量使用、农业面源污染等突出环境问题，农业可持续发展面临巨大挑战。

实施目标价格，使农产品价格形成与政府补贴脱钩，既能有效调动农民生产积极性，又能减少对市场的扭曲，有利于发挥市场配置资源的决定性作用，是今后我国农产品支持补贴政策调整的基本方向。

从政策操作看，目标价格与最低收购价和临时收储价格不同，并不直接对市场价格产生影响，主要起对农民的价格信号引导作用。当农产品市场价格低于目标价格时，农民仍按市场价格随行就市自由销售，二者之间的差价由政府依据其种植面积和平均单产进行补贴，这样既能调动农民生产积极性，有效保障生产者基本收益，也能发挥市场调节农产品供求的重要作用，减少市场扭曲，遏制农业资源过度开发势头。同时，还能调动各类市场主体积极性，减轻政府收储压力。

(3)价格策略的作用。价格策略是农产品市场营销组合策略的重要组成部分。价格策略的制定是否合理，不仅关系到农产品生产经营者的收入水平，而且直接涉及广大消费者的切身利益。合理定价策略，既要以成本为导向，又要以消费者为导向，还要以竞争者为导向。随着人们生活水平的逐步提高，购买力的增强，在买者选择行为中非价格因素越来越显示出其重要性，但是，价格仍是决定农产品市场份额和盈利率的最重要因素之一。

2. 价格策略运用技巧

(1)新产品定价策略。

①市场撇脂定价策略。就是当新产品投入市场时，将其价格尽可能定得高一些，利用新产品的特点和无竞争对手的有利条件，尽可能在短期内赚取更多的利润，尽快收回投资。以后，随着产量和销量的增加和成本的降低，再逐步降低价格。这种定价方法如同从牛奶中撇取奶油一样，利用顾客对新产品价格意识不太强烈，愿意花高价购买这些新产品的消费心理，从中获取高额回报。这种方法不是在任何情况下都可运用，一般需具备三个条件：一是产品的质量与高价相符；二是有足够多的顾客能接受这种高价并愿意购买；三是短期内不易出现竞争者。

这种方法适合需求弹性较小的细分市场，其优点为：

A. 新产品上市，顾客对其无理性认识，利用较高价格可以提高身价，适应顾客求新心理，有助于开拓市场；

B. 主动性大，产品进入成熟期后，价格可分阶段逐步下降，有利于吸引新的购买者；

C. 价格高，限制需求量的迅速增加，使其与生产能力相适应。

这种定价策略的缺点是获利大，不利于扩大市场，并很快招来竞争者，会迫使价格下降，好景不长。

②市场渗透定价策略。就是将投入市场的新产品价格定得尽量低，使新产品

迅速被消费者接受，以迅速打开和扩大市场，在价格上取得竞争优势，其目的是获得最高销售量和最大市场占有率。采用这种定价法需具备两个条件：一是产品需求的价格弹性大，目标市场对价格敏感；二是生产和分销成本有可能随着产品和销量的扩大而不断降低。

当新产品没有显著特色，竞争激烈，需求弹性较大时宜采用渗透定价法。其优点有：

A. 产品能迅速为市场所接受，打开销路，增加产量，使成本随生产发展而下降；

B. 低价薄利，使竞争者望而却步、减缓竞争，获得一定市场优势。

对于农产品生产经营来说，采取撇脂定价还是渗透定价，需要综合考虑市场需求、竞争、供给、市场潜力、价格弹性、产品特性、企业发展战略等因素。

(2)价格折让与折扣。价格折扣与折让为了刺激或报答顾客的某些行为，如预先付款、批量购买、淡季购买、等级会员等，营销者通常要对基本价格作适当的调整，实行折扣与折让价格。常见的折扣与折让方式有：

①现金折扣。这种方式是对那些及时付清账款的购买者的一种价格折扣。减少农产品生产经营者的赊欠或拖延，利于及时回笼资金。许多行业习惯采用此法以加速资金周转，减少收账费用和坏账。

②数量折扣。这种方式是销售商因买方购买量大而给予的一种折扣，以鼓励顾客购买更多的货物。例如购买 5 千克以内的鸡蛋，每千克价格为 5 元；购买 5 千克以上，则每千克 4.8 元。数量折扣可激励顾客从某一特定的销售者那里购买更多的产品。

③功能折扣，又称贸易折扣。这种方式是农产品生产者和加工商向中间商提供的折扣。根据中间商的不同类型和不同的分销渠道所提供的不同服务，给予不同的折扣，但在同一交易渠道中要提供相同的功能折扣。

④季节折扣。这种方式是对在淡季购买产品的顾客降低价格，以维持生产经营的均衡。

⑤折让。这种方式是根据价目表给顾客价格折扣的另一种形式。在农产品营销中，折让促销较为普遍，这是卖方为了报答经销商参与广告和支持销售活动所支付的款项给予的价格折让。如在牛奶的营销中，卖方经常按总销售量给经销商一定的折让，以答谢经销商销售本公司牛奶所付出的劳动。

(3)差别定价。差别定价是根据交易对象、交易时间、交易地点等的不同，对某一种产品制定出两种或多种不同的价格，以满足各种顾客的不同需要，从而达到扩大销售、增加收益的目的。这样做，即使价格上有差别，但成本也许相同。差别定价法的形式主要有：

①顾客细分定价。就是同样的产品或服务，对不同的顾客采取不同的价格。

如农业生态游，对本地居民和外地旅游者实行不同的门票价格；对散客与团客实行不同的门票价格。这主要是因为旅行社等部门经常组团至生态旅游区，能保证客源稳定、充足。

②产品种类定价。就是在产品质量和成本相同的情况下，对不同种类（花色或样式）的产品制定不同的价格，既能满足顾客的多样化需求，又能获得较高的经济效益。

韩伟集团咯咯哒鸡蛋针对消费习惯的多样性来规划和创新产品线。因为蛋的营养元素是可以通过饲料来进行调节的，比方说给鸡吃富含锡元素的饲料，那么它产出来的蛋里面锡元素的含量就会相对高一些，所以就有了富锡蛋、高铁蛋等等。此外，还针对不同家庭，推出了儿童蛋，精装月子蛋或者说孕妇蛋等等。针对不同家庭购买频次和单次购买量的不同。选择了 6 枚装、10 枚装、12 枚装、15 枚装和 18 枚装，还增加了礼品装。不同产品种类定价不同，即便是同类蛋，包装不同，定价也不同，分别满足消费者的多样化需求。福建平和的琯溪蜜柚，在品种创新后，也实行区分定价，比如白肉柚子地头价 1.5 元/500 克；黄肉柚子地头价 2 元/500 克；红肉柚子地头价 2.5～3.5 元/500 克；三红蜜柚地头价格 8 元/500 克。又如卤猪蹄销售时，猪前蹄和后蹄分开卖，猪前蹄价高好卖，原因是人们往往赋予前蹄的寓意是挠钱、挠好运。

③形象定价或分级定价。有些农产品生产经营者根据不同的形象给同一种产品定出不同的价格。例如，富岗苹果把苹果分级，分装不同档次的包装箱内，制定不同的价格售卖。比如山东章丘大葱，品相好、大小统一的礼品葱大概定价 3 元/500 克；一般品相的商品葱 1 元/500 克。例如果汁生产商将其所生产的同种果汁装人不同造型的瓶子，分别给予命名，并制定不同的价格。

④部位定价或拆分定价。这种定价方式是对产品的不同部分制定出不同的价格，即使这些部位成本是一样的。通常是根据消费者的喜好来定，消费者比较喜好的部位，定价就高，不太喜欢的部位，定价就低些。如湖北武汉市居民喜欢吃猪排骨，因此，在武汉市猪肉市场上，排骨价最高，比前夹肉价高 33%左右。还有养殖场把螃蟹拆分作为卖点，拆分后平均价格要高于整只价格。

⑤时间定价。不同季节、不同日期甚至在同一天的不同时间，同种产品可以有不同的价格。在鲜活农产品销售中，按时间定价方式经常被采用。例如，超市菜品区经常出现上午和下午菜价不同，这也是超市促销的定价策略。同样品质的草莓，夏天只能卖 8～9 元/500 克，而春节时可以卖到 40～50 元/500 克。

(4)促销定价。从人们的消费行为来看,贪图便宜是许多消费者的一种潜在心理状态,俗称"一个便宜三个爱"。营销者抓住了这种心理,常常将要出售的产品以低价招徕顾客。通常利用节假日和换季时节进行所谓的"大甩卖"、"优惠酬宾大减价"和"买一送一"活动,把部分产品按原价打折售出,以促进销售。促销定价常采用以下方法:

①牺牲品定价。超级市场和粮油副食商店以少数品种作为牺牲品,将其价格定低,以吸引顾客进店,并希望这些顾客在购买促销商品的同时,也购买正常标价的商品。我们在超市周末促销活动中,常见有特价限量销售活动。如把土豆定价为0.5元/500克,鸡蛋定价为2元/500克。由于牺牲品价格远低于正常的市场价格,能吸引大量的消费者来到卖场,从而带动超市的人气和其他商品的销售。

②特别事件定价。销售者在某些特定的时间、场合、节日或社会活动日,将某些商品价格作较大幅度的降低,以吸引大量的顾客。如在端午节将粽子降价销售;节假日折价促销或店庆、周年庆的降价促销等都是特别事件定价方法。

③心理定价。就是企业在制定价格时,运用心理学的原理,根据不同类型消费者的购买心理来制定价格。具体有以下表现形式:

A. 尾数定价。对产品的定价不取整数,保留或有意制造尾数,这是因为保留尾数可以降低整数位价格,给人一种"便宜"的心理感觉。譬如500克猪肉的价格定为9.9元,而不是10元。

B. 整数定价。针对消费者追求便利的心理,将商品价格有意定为整数。如脐橙10元2千克,一买就10元,不散称。

C. 声望定价。对名牌农产品,可利用其在消费者心目中的声望,制定较高的价格,以满足消费者特殊的消费心理需求。此种定价法有两个目的:一是提高产品的形象,以价格说明其名贵;二是满足购买者的"名牌高价"消费心理。

D. 习惯定价。对许多日用品,如大米、食用油,由于消费者经常购买,在一段时期内形成了一种习惯价格。销售这类商品宜按照习惯定价,不能频繁地变动价格,降价易引起消费者对品质的怀疑,涨价则可能受到消费者的抵制。

④网购价。随着农产品电子商务时代的到来,许多精品农产品、名优特农产品,都走进了网购的时尚潮流,由于销售成本低,所以网购价要低于实体店价格。

(5)组合装或礼品装定价。不少农产品为了凸显其礼品性、高档性,采用组合装或礼品装,其价格要比普通散装的农产品高很多。在农产品交易会上,山东参展商把人参果定价为100元/盒。其实每盒是2个形似八戒、唐僧等西游记人物的果子,是用梨和甜瓜使其长在预设的模具形状里长成的农产品工艺品。江西婺源历来有种皇菊的习惯,合作社带领农民发展皇菊产业,对品质好的都采用礼品装,特级菊花能卖到 280 元/朵，一级的可以卖到 100 元/朵。

**(二)资料准备**

(1)利用电视和网络，观看中央台的《财富经》《交易时间》以及新闻栏目，积累农产品定价方面的信息与知识。

(2)收集网络上有关典型农产品价格的文章和报道，以及现有各种农产品营销教材和参考资料。

(3)调查一个当地农产品价格变动状况，并收集整理好相关数据资料。

## 二、任务设计与实施

【任务设计】

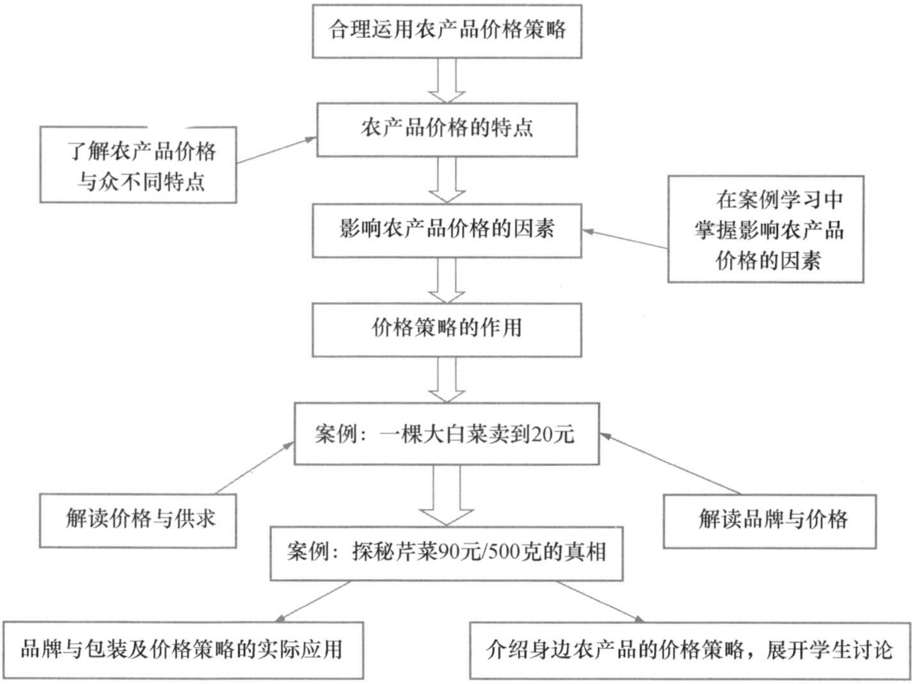


【任务实施】

**(一)导入案例**

**【案例五】**

山东胶州生态农业区打造品牌化经营模式(CCTV-1　2015.01.01)

山东胶州市南王疃村，今年的大白菜是论棵卖，一棵白菜可卖 20 元。以前自己种的时候，最好价钱是一棵白菜能卖4～5元，价钱低的时候2～3元，现在这一棵就能顶过去的4～5棵。胶州纳入美丽乡村建设试点后，南王疃村重新规划了生态农业区，并成立了合作社，实行规模化种植、标准化生产、品牌化经营。从合作社出去的每一棵白菜，上面都有一个编码，相当于一个身份证，通过上面的编码可以查到哪块地种的，谁种的，实现了棵棵白菜有身份。村里以生态农业发展为契机，带动形成生态农业休闲观光、民俗旅游等产业，培育蔬菜专业村，为农民增收效果显著。

**【案例六】** 探秘芹菜90元/500克的真相(CCTV-2　2010.03.01)

山东省章丘市辛寨乡鲍家村村民一直以种植芹菜为传统主业，这里土壤、水分最适合芹菜的种植和生长，产出来的芹菜品质好、口感好。但以前的芹菜最多卖到2元/500克，从2008年以来，这里的芹菜能卖到90元/500克，这样的天价芹菜与以往有了什么不同？记者带着疑问来到了鲍家村，采访了刘殿明。刘殿明介绍：以前老百姓种植芹菜，一直卖不上个好价钱，芹菜的收入决定老百姓能不能过个好年。他通过参观学习，发现了包装与品牌在消费市场的作用，没有品牌与包装的蔬菜很难卖个高价钱。于是他就做村民、亲朋好友的工作，决心成立一个"鲍芹专业合作社"，由合作社统一施肥、统一管理、统一包装、统一销售，并且使芹菜产品获得了有机转换产品认证。而且他还有个秘诀，用地窖储存，到过年的时候，销售个好价钱。他还把芹菜分级分装分价格来卖，获得了高于普通芹菜市场多倍的收益，他把在地窖里长出的芹菜芽卖到了90元/500克。芹菜芽是一棵芹菜中最好的部分，它营养最高，水分足，口感甜，特别适合在饭店生吃、凉拌。以前只把芹菜卖到农贸市场，现在把芹菜不同部位分级分装分价格卖到了超市、高级酒店、宾馆等市场。芹菜的其他部位也有卖到30元/500克的，15元/500克的，最外茎也能卖到3元/500克呢。这样通过"鲍芹"品牌与包装的市场带动作用，芹菜高价销售十分看好，使得村里芹菜种植户年收入达到8万～10万元。这里的"鲍芹"还被认定为"章丘特色农产品"呢！

**(二)价格策略在案例中是如何运用的**

1. 案例五中，一棵大白菜何以卖到20元？什么因素决定或影响农产品的价格

山东胶州市南王疃村，今年的大白菜是论棵卖，一棵白菜可卖20元，以前价钱好的时候一棵白菜就卖4～5元，价钱低的时候2～3元。到底是什么因素决定或影响了农产品价格呢？我们分析案例，得出以下结论：

(1)产品质量是根本。南王疃村按现代农业模式组织大白菜的生产，产品质量

高，且每一棵白菜上面都有一个编码，相当于一个身份证，顾客能根据编码了解大白菜的整个生产过程，包括种子、肥料、农药、生产管理等各个质量环节。产品有这样的质量保障，顾客当然愿意出高价购买了。

(2)生态产品是卖点。这是吸引客户的重要因素。南王疃村地处美丽的胶州半岛，生态环境好，正赶上胶州纳入美丽乡村建设试点的契机，村里及时规划出生态农业区，专门生产生态农产品。这正好与当前消费者的环保健康理念相吻合，所以高价格能为顾客所接受。

(3)蔬菜合作社是保障。南王疃村成立了蔬菜合作社，负责组织全村蔬菜的生产、推广、销售。这不仅保障了整体产品的生产质量，还能成功的开拓市场，有效地避免农户之间的无序竞争。

(4)产业链条是推手。南王疃村还开发了生态农业休闲观光、民俗旅游等产业，这会吸引大批游客来游玩与参观，这些都是潜在的顾客。他们在游玩过程中，对生态农产品的生产过程更清楚直观，对产品质量更放心，也更能接受产品的高价格了。

2. 案例六中，芹菜销售是如何巧妙运用各种价格策略的

(1)有机产品是核心。辛寨乡鲍家村的鲍芹，在种植上获得有机转化产品认证。这一举措不仅是生产方式的变革，更对产品价值的提升起到十分关键的作用。因为有机农产品对生产环境与过程要求很严格，所以在市场上有机农产品的价格一直远远高于普通产品。

(2)差别定价策略高。以前把芹菜没做任何处理，原样卖到农贸市场，平均价格就是 3 元/500 克左右。现在把芹菜不同部位分级分包装后，实行差别定价策略。芹菜芽定价 90 元/500 克，主要供应高级酒店、星级宾馆等，其他的部位按质量分别定价 30 元/500 克和 15 元/500 克，主要供应超市与宾馆饭店，最外茎定价 3 元/500 克，主要供应农贸市场。实行差别定价策略后，同样重量的农产品，在生产投入不变的前提下，产值大幅度提高，给农民带来更多的收入。

(3)产品创新收入高。传统的芹菜，以茎干为主要产品，是一种非常普通的大路蔬菜，但辛寨乡鲍家村在芹菜的贮存过程中，开发了一种新的产品“芹菜芽”，芹菜芽是一棵芹菜中最好的部分，它吸收了地窖中芹菜根部的营养和外围茎的营养，水分足，口感甜，无丝无渣，特别适合在饭店生吃、凉拌。这一新产品的出现，改变了传统芹菜的销售范围，新产品以高级酒店、星级宾馆为主要营销场所。创新的产品、良好的质量、高档的场所、高层次的顾客，相应的高价格就顺理成章了。

(4)品牌包装功劳大。作为村干部的刘殿明出去参观学习，发现了包装与品牌在产品营销中的作用，没有品牌与包装的蔬菜很难卖个高价钱。于是，村里申请了“鲍芹”这一产品商标，带有明显的辛寨乡鲍家村的地理特征。围绕这一品牌，村里

组织农民成立了“鲍芹专业合作社”，由合作社统一施肥、统一管理、统一包装、统一销售。目前这一品牌已在农产品市场上站稳了脚跟。通过“鲍芹”品牌与包装的市场带动作用，芹菜高价销售十分看好，带动了村民致富，使得村里芹菜种植户年收入达到8万～10万元。目前，“鲍芹”还被认定为“章丘特色农产品”。

(5)反季节销售效果好。在芹菜成熟季节，大量产品涌向市场，即使是品质最好的有机蔬菜，也难以卖出很好的价格。鲍家村巧打时间差，把新鲜芹菜用地窖储存，到过年的时候，市场上产品少了，需求量却增加了，产品就能卖出好价钱。

**(三)任务实施的组织**

(1)通过讲解、提问、分析的方法，让学生掌握影响农产品定价的主要因素有哪些。

(2)教师通过对导入案例的分析，让学生理解为什么不同产品选择不同的定价策略。

(3)让学生每人选择一个案例深入学习，教师选择三名同学在班级做脱稿发言，全班同学评比，对表现好的学员给予表扬。

(4)以组为单位，开展市场调查，对象是当地农产品定价策略使用成功的农民或企业，写出分析报告。

(5)每组选一名学生，在全班演讲其分析报告，其他同学补充，全班讨论。

(6)安排好每组学员的拓展学习内容：试分析农业保险能破解“菜贱伤农、价高伤民”的难题。

(7)以课后作业的形式进行任务巩固。

## 三、任务拓展

尝试用农业保险破解“菜贱伤农、价高伤民”的难题。

**【案例七】** (2014.12.9人民网)山东试点蔬菜目标价格保险，大白菜、大蒜、马铃薯首批参保，菜价过低时保险公司理赔，试点期间，保费由政府补贴80%，参保户自行承担20%。蔬菜目标价格是指参保蔬菜的保险价格，也称保单约定价或起赔价格。目标价格参照前3年参保蔬菜自然集中上市期间的平均生产价格(地头收购价)确定，当保险期间内参保蔬菜平均市场价格低于目标价格时，保险经办机构按照合同约定，向参保户赔付价格跌幅部分。首批纳入试点是生产量大，居民生活需求多，价格波动明显的大白菜、大蒜和马铃薯3种。目前山东蔬菜产量约占全国的14%，商品量占全国的20%以上，其中70%以上销往外省，出口量约占全国蔬菜出口总量的1/3。投保增强该省蔬菜产业国内外市场竞争优势。此举引进市场规律作用，将助力破解“菜贱伤农、价高伤民”的难题。

以上案例给你什么启发，思考农业保险能否分散农产品价格暴涨暴跌的风险。

### 四、任务巩固

(1)你家乡农产品是如何定价的？他们运用了哪些价格策略的技巧？通过联系实际的探讨，以达到学以致用的目的。

(2)介绍你家乡农产品是如何根据市场价格做出生产决策的？

(3)结合本地农产品，谈谈你对供求规律的认知。

## 任务四　选择最佳的农产品促销方式

### 一、学习准备

#### (一)知识准备

**【案例一】** 新传媒时代，酒香也怕巷子深(深圳新闻网　2011.07.12)

俗话说：“酒香不怕巷子深”，意思是说如果酒酿得好，就是在很深的巷子里，也会有人闻香知味，前来品尝。时代在变迁，在当今信息爆炸大背景之下，我们不能消极地等待一个偶然的过客来发现我们的酒香，然后是漫长的口口相传的过程。我们都知道中国茅台酒在1915年美国费城举办的世博会上获得金奖，但是一开始茅台酒根本不被人注意。当时中国展销商为了引起参观者对茅台酒的注意，故意打碎酒瓶，芳香四溢的茅台酒立刻引得人们纷纷品尝，由此在世博会上一举成名。酒香本身会说话，而“打碎酒瓶”这一动作恰恰是最关键的自我推销方式。如今中国茅台已经闻名世界，依靠的不仅仅是酒香，还有各种品牌营销手段。好酒大都是被精心设计的营销方案推销出来的，这不是巷子的深浅问题，而是巷子在哪的问题。试想一下，中国的某个巷子里面酿着最好的酒，飘着醉人的酒香，可是这酒香也不可能飘到太平洋的另一岸吧？“好酒需要酒香，更需要发现酒香的鼻子，而我们要做的是，把好酒推到鼻子的有效嗅程之内。”

在新传媒时代的大背景之下，企业的酒再香也怕巷子深，无论是选择传统广告还是新兴网络传媒，目的只有一个，就是让“酒香”飘得更远。

1. 什么是农产品促销

在现代营销环境中，农业生产经营者仅有优质的产品、合理的价格、畅通的销售渠道是远远不够的，还需要有合适的促销策略。农产品市场竞争是产品的竞争、价格的竞争，更是促销的竞争。

农产品促销是指农业生产经营者运用各种方式和方法，传递产品信息，帮助与说服顾客购买产品，或是让顾客对该品牌产品产生好感与信任，以激发消费者的购买欲望，促进消费者的消费行为，从而有利于扩大农产品销售的一系列活动。

在市场经济中，社会化的商品生产和流通决定了生产经营者与消费者之间存在着信息上的分离，商品和服务信息常常不为消费者所了解和熟悉，或者尽管消费者知晓商品的有关信息，但缺少购买的激情和冲动。这就需要通过对商品信息的专门设计，再通过一定的媒体形式传递给顾客，以增进顾客对商品的注意和了解，并激发起购买欲望，为顾客最终购买提供决策依据。因此，农产品促销从本质上讲是一种信息的传播和沟通活动。

2. 农产品促销方式

农产品促销方式有人员推销、广告促销、营业推广、公共关系等。这些促销方式对各种农产品的销售所起的作用不尽相同。在考虑农产品促销时，需要根据农业生产的实际情况和农产品的消费特点，选择适合农产品的促销方式，并要灵活运用促销策略，与顾客建立长期关系，培养一批忠诚的顾客群。

(1)人员推销。人员推销是指农业生产经营者通过派出营销人员与目标顾客交谈，做口头陈述，以推销商品，促进和扩大销售。人员推销有助于生产者的双向交流。农产品由于其质量信息无法从外观直接观察，所以不应该单纯以广告或其他单向交流形式去培养消费者的品牌意识和顾客的忠诚度，而是应结合双向交流的形式达到目的。农产品人员推销具有以下特点：

①销售的针对性。与顾客的直接沟通是人员推销的主要特征。由于是双方直接接触，有利于销售人员有针对性地做好沟通工作，解除各种疑虑，引导购买欲望。

②销售的有效性。销售人员通过展示产品，解答质疑，给顾客指导农产品的消费方法与技巧，使目标顾客能当面接触产品，从而确信产品的性能和特点，引发购买行为。这种方法特别适合没有品牌的农产品推销。

③密切买卖双方关系。销售人员与顾客直接打交道，交往过程中会逐渐产生信任和理解，加深双方情感，建立起良好的关系，容易培育出忠诚顾客，稳定农产品销售业务。

④信息传递的双向性。在推销过程中，销售人员一方面把农产品信息及时、准确地传递给目标顾客；另一方面把市场信息、顾客(客户)的要求、意见和建议反馈

给生产经营者，为他们改良产品品质、调整生产计划与营销方法提供依据。

**【案例二】** 别样推销，不带鸡蛋带电脑(《新华日报》2013.01.05)

2013年1月3日一大早，江苏省沛县龙固镇龙西社区“养鸡大王”吕其建匆匆赶到山东济宁市场，向当地的鸡蛋购销中间商老秦推销自己养殖的无公害鸡蛋。“你这位乡下兄弟，做生意一点也不地道，空口白牙的忽悠俺鸡场一天能产多少蛋，可俺看不到货，怎么下订单呢?”看到吕其建没带一只鸡和蛋空着手就来闯市场，老秦提出要看货下单。“想看俺的养鸡场？没问题！鸡场就在这里。”吕其建不慌不忙，从挎包里掏出自己的笔记本电脑，当着老秦的面展示鸡场的全景。

吕其建的鸡场长年养殖蛋鸡万只以上。去年底，吕其建投资20万元在他的养鸡场安装了“全球眼”网络监控摄像头，通过互联网和他的笔记本电脑连接后，无论在什么地方，随时都能观察到养鸡场里的一切。在吕其建的电脑里，老秦清楚地看到养鸡场自动喂料、自动饮水、自动清除粪便等设施。通过视频仔细检查过鸡场产出的无公害鸡蛋后，老秦终于放下心来，当场与吕其建签下了长期购货合同。

(2)广告促销。广告促销就是通过媒体向用户和消费者传递有关商品和劳务信息，以促进销售的一种农产品促销手段。发展现代农业，农产品市场化是关键。影响农产品市场竞争力的因素有很多，其中关键因素有成本(价格)、产品质量和营销能力。对农产品而言，成本和质量在一定程度上是短期内难以调节的变量，这使得生产经营者的营销能力在市场竞争中的作用越来越突出，广告等现代促销手段对提高农产品竞争力的意义也越来越重要。因此，如何运用广告等现代营销手段已成为农产品生产经营者首先必须解决的问题。

根据媒体不同，可以将农产品广告分为以下几种主要形式。

①报纸广告。是一种印刷媒介，它的特点是发行频率高、发行量大、信息传递快，可及时广泛发布。报纸广告以文字和图片为主要视觉刺激，不像其他广告媒介，如电视广告等受到时间的限制；报纸可以反复阅读，便于保存。

②杂志广告。是视觉媒介中比较重要的媒介。杂志可以按其内容分为综合性杂志、专业和生活杂志；按其出版周期则可分为周刊、半月刊、月刊、双月刊、季刊等；按发行范围又可分为国际性杂志、全国性杂志、地区性杂志等。

③广播广告。是指利用广播等媒体播送传导的广告。由于广播广告传收同步，听众容易听到最快最新的商品信息，而且重播频率高，收播对象层次广泛，速度快、空间大、制作费低。广播广告的局限性是只有听觉刺激而没有视觉刺激；而且广告的频段需要经常调寻，影响了广告效果。

④电视广告。是指利用电视为媒体传播放映的广告。电视广告从声音和图像

两个方面向观众传播信息，可以在短期内迅速提高企业和产品的知名度。电视广告的优点是：收视率高、传播面广；声像兼备，诉求力强，能够以感人的形象、优美的音乐、独特的技巧给观众留下强烈的印象；传递迅速，不受空间限制，并有娱乐性。它的劣势在于传播稍纵即逝，广告信息不易保存，对商品的性能、特点、规格等不可能作详细的说明，另外电视广告费用高，单次时间受限制。

⑤网络广告。是指运用专业的广告横幅、文本链接、多媒体等方法，在互联网刊登或发布广告，通过网络传递到互联网用户的一种高科技广告运作方式。网络广告是主要的网络营销方法之一，在网络营销体系中具有举足轻重的地位。事实上多种网络营销方法也都可以理解为网络广告的具体表现形式，并不仅仅限于放置在网页上的各种规格的旗帜广告，如电子邮件广告、搜索引擎关键词广告、搜索固定排名等都可以理解为网络广告的表现形式。无论以什么形式出现，网络广告所具有的本质特征是相同的。

(3)营业推广。是指在短期内用以刺激顾客或其他中间机构(如零售商)迅速、大量地购买某种特定产品或服务的活动。营业推广根据推广对象不同可以分为三种类型。

①对消费者的营业推广。对消费者的营业推广主要有以下几种形式。一是赠品推广：消费者对农产品多表现为不同产品需求的组合，所以实行组合赠品促销是一种可行的办法。二是快捷服务：随着人们生活节奏的加快，对农产品的需求也增加了送货、净菜等快捷服务。三是免费品尝：农产品的口感质量是无法通过外观质量得以体现的，免费品尝是传递产品“美味”信息的最好促销手段。

**【案例三】** “西交会”忠县农产品卖了近400万元(重庆市忠县农业信息网2015.01.26)

近日，记者从县农委获悉，我县农产品参加第十四届中国西部(重庆)国际农产品交易会，销售产品62.875吨，销售金额396.52万元。

展销会上，我县农产品获得了广大消费者的高度认可，扩大了本地农产品知名度。现场销售活动中，有3家企业在开展第1天，就卖出了去年整个活动期间的销售量，其中2家企业的产品在当天销售告罄。整个展销会期间，忠县展团接待咨询6.185 5万人次；现场签订产品购销合同24份，合同购销量476吨，合同购销金额4 174.5万元；现场签订产品购销意向性协议16份，意向性购销量663吨，意向性购销金额6 221万元。签订农业投资项目2个，合同金额共计3.2亿元。

②对批发商的营业推广。对批发商的营业推广从推广途径上看主要有两种形式。一是农产品交易会。农产品交易会是指在一定场所期间，集中展示产品及有关

信息,组织当事人洽谈、签约的产品交易活动。交易会的具体形式包括农产品促销会、展销会、博览会等。农产品生产经营者通过交易会宣传自己的产品,展示新品种,结识更多的朋友,获取所需的信息,吸收大批发商前来购买,有利于扩大销售。二是农产品拍卖会。农产品拍卖,就是在公开、公平的环境下,拍卖师将供货商委托拍卖的农产品当众叫价,展示产品信息,由承销商出价竞购的农产品促销方式。农产品本身的性质是鲜活易腐、不易久存等,需要快速便捷的流通以到达消费者手中。拍卖农产品促销可以减少流通环节,降低交易费用,有效地提高交易效率和物流效率。

③对中间商的营业推广。近年来,农产品经纪人等流通中介发展非常迅速,对中间商的营业推广将成为农产品促销的重要内容。农产品生产者可以对中间商实行折扣鼓励、配套优惠等促销手段。而农业龙头企业则可根据中间商的工作业绩,给予适当奖励,如给予一定数量奖金,或免费旅游,或提供培训学习机会,也可根据中间商的业绩,给予一定比例提成或返点等。

(4)公共关系。公共关系指一个组织为了改善与社会公众之间的关系,通过双向信息沟通,增进公众对组织的认识、理解与支持,树立良好的组织形象,为自身事业的发展创造最佳社会环境而开展的一系列活动。

农产品营销中的公共关系与其他促销方式相比,具有如下特点:

①广泛性。公关客体是与农产品生产经营者密切相关的各种社会公众、企业、政府和社会团体。

②主动性。在市场经济条件下,农产品生产经营者要生存、求发展,就必须积极主动地参与竞争。

③长期性。公关活动的目标是在社会公众心目中,树立品牌农产品的良好形象,使社会公众难以忘怀,对社会公众的影响是长期的。

④双向性。农产品生产经营者通过一系列公关活动,吸引了大量的社会公众参与,可以将自身的产品信息传递出去,同时还能广泛收集所需要的大量信息,实现信息沟通的双向性。

由于农产品的促销活动一般由政府和当地新闻媒体一起组织推动,所以依靠公共关系进行产品促销往往能够取得较好的效果。

3. 怎样选择最佳的促销手段与方法

(1)促销手段和方法的选择。促销的方法有多种,这些方法各有优点和缺点,对各种产品的销售所起的作用也不尽相同。如广告宣传覆盖面广,对于日常消费品的促销效果较好,但不能直接促成交易的成功;人员推销有利于直接促成交易,但费用较高。所以必须根据农产品特点,选择和运用合适的促销手段与方法。

①促销手段和方法的选择依产品性质不同而异。一般来说,农产品作为日常

消费品更适宜于使用广告宣传。为了吸引中间商，人员推销也是必要的。针对小规模的农产品生产者，因促销资金的限制，在促销方式选择上要因地制宜。如农户种植的新品种西瓜，可以用最直观有效的试尝促销法来吸引消费者。在知名地理产品产区的种植户，可依托当地的媒体广告与产品知名度来推销产品，如武汉市的洪山菜薹是湖北省知名品牌，产区签约农户只要打出“洪山菜薹”的招牌就能吸引顾客了。

②促销手段和方法的选择依产品生命周期的不同而异。新产品上市，促销的重点是让购买者认识和了解其性能和特色，以便做出购买决策。此阶段，应以广泛广告为主，辅以人员推销。旨在广泛介绍产品，且商品应货源充足，否则不仅会丧失销售机会，而且会给产品声誉造成负面影响。

产品在市场增长阶段促销的目标是引起消费者的兴趣，重点是宣传品牌和产品特色，激起人们对产品的进一步需求，树立顾客对本牌子产品的信任态度，以促进销售的进一步增长。此时应以广告为主，同时配合人员推销和公共关系等手段，扩大销售渠道，广设网点，便于顾客购买。

产品在市场成熟阶段，促销的重点目标在于树立消费者对本品的偏爱，力争在竞争中占优势。促销手段以广告为主，但应改变其内容和形式，以突出产品在竞争中的优点，同时配以人员推销、营业推广等促销手段，使促销手段充分发挥作用。

产品在市场衰退阶段，市场上已出现优于本品的产品，这时广告就不应是主要的促销手段，促销活动应当主要利用营业推广，使偏爱本产品的老顾客继续购买。同时，采用少量提示性广告，力求巩固原有市场。

③促销方式依市场范围不同而异。市场范围小，产品只在本地市场销售，则应以人员推销或商品陈列为主。大范围市场，如全省或全国市场，广告就显得非常重要了。中等规模的市场应以一种促销方式为主，兼用其他方式，如一方面进行人员推销；另一方面在适当范围内进行广告宣传。

(2)农产品促销策略的选择。

①使用价格策略，参与市场竞争。对于大多数农产品来说，价格竞争是最有力的竞争手段之一。生产型消费者如食品加工厂等，他们的购买量大，很小的价格变动都会引起较大的成本波动。为了刺激生产型消费者大量购买，可以在基本价格的基础上做一定的调整，采取薄利多销的价格策略，促进销售。对于零售市场，要根据不同的目标市场、产品形式、销售时间、销售地点实行有差别的价格，从而满足不同层次市场需求，以扩大销售，提高农产品生产经营者的经济效益。如拥有环保健康理念的有机农产品，可适用高价策略，以适应高端客户；经过初加工的农产品如包装好的净菜也可相应提高价格；对进入超市与集贸市场的大众化农产品，则可

用折扣的方法吸引普通消费者，从而达到提高销售量的目的。

②选择适宜的推销技巧，扩大销售水平。经营者在推销自己产品时根据消费者心理动态，有针对性地采取推销策略。当消费者出于某种需求，希望寻找某种商品来满足需求时，经营者要积极介绍自己的产品，特别应针对消费者需求来介绍产品的特点，引起消费者的购买欲望。如你是鸡蛋经销商，针对"土"鸡蛋客户，要重点推销其环保健康理念，针对"洋"鸡蛋客户，重点推销其价廉物美与营养价值。当消费者要将同类商品作比较时，要强调自己产品优势的一面，或者给予某种特殊优惠，促成消费者下决心购买。

③迎合消费者的购买心理，选择不同的营销策略。面对商品品种繁多的市场，顾客是否购买某一商品，是由其心理动机决定的。分析顾客的购买心理，对发现市场机会，促成交易有重要意义。比如，每年2月14日情人节，全国各地鲜花销售火爆，主要是消费者普遍有用鲜花表达爱心的心理，花卉生产经营者掌握了顾客的心理需求，就能合理组织生产，制定针对性的销售策略。

**【案例四】** 情人节红玫瑰俏销（天山网　2015.02.11）

距离2月14日西方情人节还有几天，新疆库尔勒市一些花店已备足了鲜花，各大超市也将巧克力摆在了最醒目的位置。不少人发现，大多与情人节密切相关的商品，都悄悄涨了价，不少在库尔勒美团网上参加活动的餐厅及KTV等娱乐场所也表示，2月14日当天团购券不能使用。

2月8日中午，库尔勒市梨乡路几家花店的店员们正在包装红玫瑰花，有的店门口早已挂出"浪漫情人节"的牌子。一家花店的老板王恒说，目前红玫瑰的价钱是6元一支，情人节当天10元左右；一束11支玫瑰加百合或者小熊的花束价格平时在150元左右，情人节当天可卖到200元。

在库尔勒市各大超市，巧克力也摆在了最显著的位置。库尔勒市新华路一家超市内的员工说，目前，巧克力的销售量已增加不少。

④分析消费者购物习惯，采取适合的营销策略。搞好农产品的营销工作，必须认真分析顾客的购物习惯。譬如，每年哪些节假日对哪种商品需求量大、每天中哪段时间顾客最多等，经营者应尽其努力，满足顾客的购物习惯，以扩大自己品牌在顾客中的影响。

⑤搞好售后服务，扩大经营者的影响。农产品由于其易变质与易损坏的特点，在运输与保存过程中产品会出现较多质量问题，经营者应做好售后服务，如售出有质量问题的产品，要及时更换或退款，并给顾客以适当补偿。

⑥做好广告宣传，扩大产品知名度。通过各种方式将自己产品的性能、特长、

品质等广泛地向消费者介绍,引起他们的购买欲望。农产品生产经营者要制定经济有效的广告计划,选择适当的广告策略,设计精美适宜的广告,并选择好恰当的广告媒体。

**(二)资料准备**

(1)利用图书馆或资料室以及报刊,查找有关农产品促销方式的信息资料。

(2)查找本地农产品促销成功或失败的相关案例资料。

## 二、任务设计与实施

【任务设计】

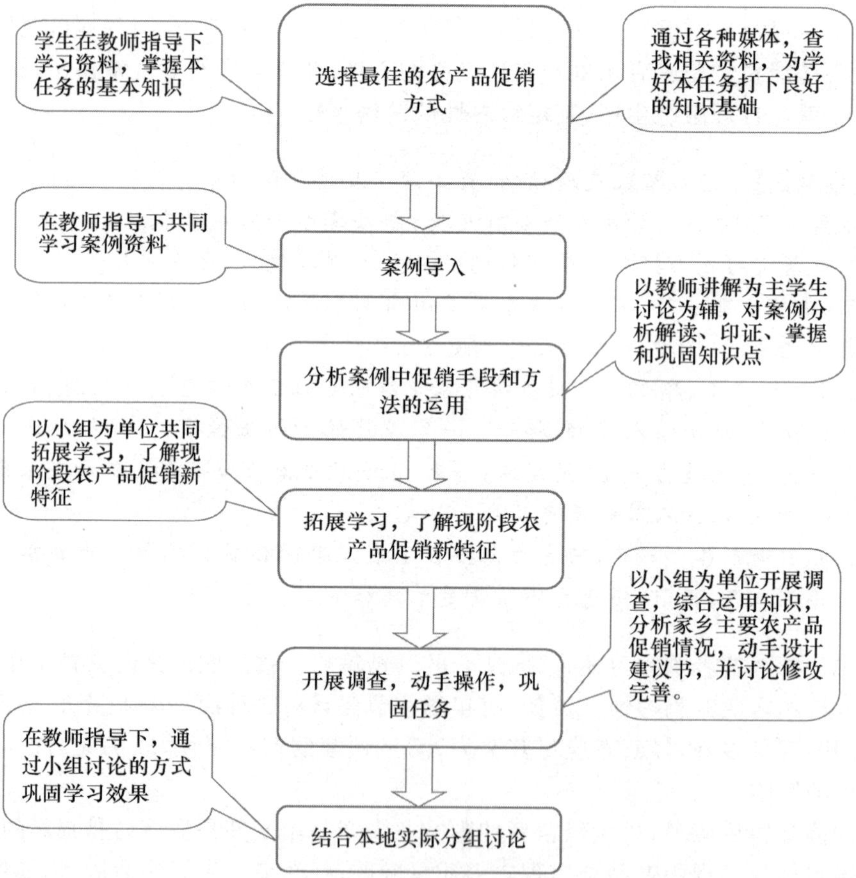

【任务实施】

**(一)导入案例**

**【案例五】** 奉节县念好脐橙经,提升"中国橙都"的知名度(华龙网2014.12.16)

"园柑长成时,三寸如黄金。"走进奉节,丰硕的脐橙挂满枝头,广大果农正在忙碌的收获。奉节县具有"无台风、无冻害、无检疫性病虫害"的三大柑橘种植生态优势,所产脐橙果皮中厚、脆而易剥,肉质细嫩化渣、无核少络、酸甜适度、汁多爽口、余味清香。奉节被海内外专家美誉为"世界上出产脐橙最优秀的地方"。

据数据显示,2013年奉节脐橙总销量22万吨,总产值达12亿元,平均收购价格在2.7元/500克。以前全靠单兵作战,自家种脐橙自己卖。今年,改变了散户单卖的形式,采取整村抱团的销售模式,除了价格卖得好以外,努力打造奉节脐橙的品牌战略。县委、县政府采取统一品牌视觉系统、统一包装,统一宣传物料、统一话术、统一产品线,授权经营、规范市场、建立共识、凝心聚力等措施,对以假乱真的脐橙进行严厉打击,从源头上控制了脐橙的销售市场。通过脐橙品牌化推介会、全城试吃体验、感动20万家庭等活动,旨在让消费者感受正宗的奉节脐橙的味道。与此同时,县脐橙产业发展中心还在腾讯、天猫、微博、微信、电视购物、新华网、人民网、新浪网、凤凰网进行网络化定点销售。

在营销体系和销售渠道方面,主要以批发市场专销区、大型商超专柜和重庆本土直销辐射周边为主,并携手顺丰速递,助推品牌化建设。同时,在主城区解放碑、沙坪坝、北城天街等商圈设置专柜,并与永辉超市、新世纪等大型超市建立农超对接。

今年11月份,奉节脐橙还通过微电影、微视频、老照片的宣传推广,同时发起全国各地的奉节人、重庆人以及奉节脐橙的粉丝、喜爱奉节脐橙的广大网友和奉节县家乡父老,通过微博、微信、PC端等平台"为奉节喝彩",将全世界的目光聚焦。

今年12月份,奉节脐橙在上海开启《齐聚一堂》的点赞仪式,发布来自全国各地的奉节人、重庆人及奉节脐橙的喜爱者对家乡的祝福视频,传递乡音,由家乡代表与县领导共同开启点赞仪式,同时开启与顺丰签订战略合作协议仪式,以最快的物流为全国人民呈上最新鲜的奉节脐橙。

下一步,奉节县将强化"农超对接"、"农社对接"、"农校对接"、"农餐对接"等农产品营销模式,按照"提质、升级、增益"的思路,在稳定2万公顷种植面积的基础上,建设集中销售市场,制定宣传营销奖励办法。同时,利用长江沿岸、公路沿线脐橙旅游休闲观光园,将脐橙与旅游融合,提升"中国橙都"的知名度和美誉度,到2017年预计实现综合产值15亿元。

## (二)导入案例中灵活运用了哪些促销方式及其特点

1. 奉节脐橙的促销方式

奉节脐橙的销售综合运用了人员促销、广告促销、营业推广和公共关系等多种方式促销。

(1)加强品牌推广。通过脐橙品牌化推介会、全城试吃体验、感动20万家庭、在上海开启《齐聚一堂》的点赞仪式等活动,提升了“中国橙都”的知名度。

(2)拓宽营销渠道。通过与大型超市建立农超对接,大大拓宽了产品的销售渠道;县脐橙产业发展中心还在腾讯、天猫、微博、微信、电视购物、新华网、人民网、新浪网、凤凰网上设置了网络销售点。宽广而畅通的营销渠道把奉节脐橙销售到了全国乃至全球。

(3)创新营销手段。通过微电影、微视频、老照片进行宣传推广;通过微博、微信、PC端等平台“为奉节喝彩”。这些创新的营销手段吸引了大量新的消费者,不仅提高了产品的销售量,还大幅度提高了产品的知名度。

2. 奉节脐橙促销方式和策略的特点

(1)根据不同的产品生命周期运用了不同的销售方法和策略。在产品初上市阶段,促销的重点是让购买者认识和了解其特色,通过脐橙品牌化推介会、全城试吃体验、感动20万家庭等活动,运用了广告和人员推销等方法和策略。

①在市场增长阶段,此时以广告为主,同时配合人员推销和公共关系等手段,扩大销售渠道,广设网点,便于顾客购买。县委、县政府努力打造奉节脐橙的品牌战略,采取统一品牌视觉系统、统一包装,统一宣传物料等品牌推广措施,旨在树立消费者奉节脐橙品牌的信任态度。

②在市场成熟阶段,促销的重点目标在于树立消费者对本品的偏爱,力争在竞争中占优势。县脐橙产业发展中心除了开展传统的营销活动外,还通过网络、微博、微信、PC端等平台进行广告宣传与营业推广,激起人们对产品的进一步需求,树立顾客对品牌的信任,突出产品在竞争中的优点。

(2)根据不同的市场范围采取了不同的促销方式和策略。

①在本地销售市场,以散户单卖形式为主,开展试吃和采摘体验,通过与大型超市建立农超对接,尽可能多地占领本地市场。在这里面运用了人员销售和产品陈列推广方式。

②面对全国市场,一是通过系列推广活动,提高品牌在全国的知名度;二是拓宽营销渠道,在多家知名网站上设置网络销售点,同时与顺丰签订战略合作协议,以最快的物流为全国人民呈上最新鲜的奉节脐橙;三是努力打造“中国橙都”,奉节脐橙以其独特的口味获得全国消费者认可和赞誉,充分运用品牌战略和广告策略,

把奉节脐橙销往全国乃至世界各地。

(3)在提升“中国橙都”的知名度、打造奉节脐橙品牌的过程中，各个层面各种媒体的广告起到了十分重要的作用。现阶段，知名媒体的广告费用很高，小规模生产的农户根本没有实力承担。奉节县委、县政府采取统一宣传、统一推广、统一规范的广告策略，努力打造“中国橙都”品牌，效果显著。

### (三)任务的组织实施

(1)通过教师讲解、学生学习、案例分析等方法，让学生掌握常见的农产品促销方式方法，并能在实践中灵活运用。

(2)每名同学都能独立自主地对导入案例进行分析，随机选择两名同学进行分析讲解，教师进行评价。

(3)以组为单位进行市场调查，搜集当地农产品营销的典型案例，分析其促销手段和方法，总结好的方面经验，找出需要改进的地方，写出调查分析报告。

(4)每组安排一名同学与大家分享调查分析报告，同学相互补充。教师点评，并对表现优秀的小组与同学进行表扬。

(5)通过对拓展案例的分析，针对你家乡的主要农产品设计一套销售方案，做一份销售建议书。

(6)以课外作业的方式进行任务巩固。

## 三、任务拓展

把握现阶段农产品促销新特征，破解农产品卖难买贵难题

现阶段，规模较小而且分散的农户由于受到资金、利润、收益的限制，往往不能也不愿投入规模较大的产品促销活动，所以农产品促销活动主要由规模较大的专业户、龙头企业、农产品流通组织或政府来实施。万州市政府根据这一特点，在农产品促销中充分发挥其管理服务职能，采取了多种多样的措施，全面推进“农超对接”，创新农产品流通模式，效果显著。

**【案例六】** 万州今年超市生鲜农产品直采率达90%(《三峡都市报》2015.02.05)

记者了解到，去年万州共建成市级商业示范社区5个，培育市级示范超市11家，新建和改造了20个社区肉菜直销店和1个菜市场、100个农村便民商店。“农超对接”工作扎实推进，全年组织农产品生产企业、种养殖大户与商场、超市开展对接活动12次，实现交易额11.56亿元，有效改善了农产品卖难买贵难题。

鼠标轻轻一点，万州市民就能买到全国各地的特色农产品。今后，万州的农产品同样会卖到全国各地。如何创新农村流通模式，实现生产与消费直接见面，降低

流通成本，其根本出路就是发展电子商务，千方百计把农产品卖出去，卖个好数量、卖个好价钱、卖个好名声。

记者了解到，除此之外，今年万州还将出实招。首先，将建立农产品骨干网络，培育一个涉及农产品批发、冷冻保鲜、电子商务等的城区二级农贸批发市场。另外，今年还将新建或改造一批镇乡三级农贸批发市场。根据万州区商务局制定的农超对接工作目标，到今年，全区农业规模化生产组织产销直接对接率将达60%，超市生鲜农产品直采率达90%，全区果蔬冷藏运输率提高到45%，流通环节腐损率降至15%以下。

据万州区商务局相关负责人介绍，从2012年开始，万州就采取了创新农产品流通模式，全面推进“农超对接”，选择有实力的龙头企业建设规范化城市社区肉菜直供直销店，大力拓展区外市场，积极加强与新世纪、沃尔玛、永辉等跨区域连锁企业的合作，让万州农产品走出去等措施，全面推进农超对接。

### 四、任务巩固

(1)对你家乡的主要农产品进行认真梳理，看看各种主要农产品的销售情况如何，主要运用了哪些销售方式，运用了哪些销售策略。认真分析各种主要农产品销售情况好坏不一的主要原因是什么？

(2)针对你家乡的主要农产品设计一套销售方案，做一份销售建议书。

(3)讨论：根据农产品促销知识及你的购物体验，如何针对农产品的特点，促进农产品的销售。

## 任务五 找到合适的农产品营销渠道

### 一、学习准备

#### (一)知识准备

**【案例一】** 销售网密集 织就“龙江绿”香飘全国(新华网 2015.02.09)

伴随绿色食品市场推广工作的不断推进，龙江绿色食品销售网络正在密布全国，品牌也随之叫响。截至去年年底，已在全国建成并投用运营旗舰店合计79家，连锁店合计1 200家左右。

黑龙江省贸促会、省商务厅、省农委等部门精心组织，利用展会经济将“龙江绿”引爆全国。一是突出市场化运作。省贸促会承办的展会全部通过公开招标择优选定服务商；所有参加的展会，参展企业都要承担相应的展位费用。二是突出了品牌推广和市场营销。北京展以“黑龙江绿色有机食品专馆”的形式展出。上海展展览面积 8 000 米$^2$，除规划黑龙江绿色有机食品公共展区外，展出 300 多个国际标准展位，有 260 多个省内企业参展，展品囊括黑龙江省绿色有机食品行业主要品牌，展出面积和参展企业都是我省在外埠办展之最。西安、成都、杭州、苏州展均设立黑龙江绿色有机食品专区并按产品类别及品牌统一进行专业布展。三是突出了食品安全监管。省贸促会和省食药局邀请第三方机构通过展前抽检、展中现场快速检测，展后跟踪监督等措施，为参展活动提供全程检测、监督和咨询服务，赢得了消费者的信任和好评。

分工协作，营销渠道建设初见成效。按照省财政补贴资金额以及品牌和渠道相对应的基本原则，省贸促会、省农垦总局、省森工总局分别承担 50 家、35 家和 15 家旗舰店及相应连锁店的建设任务。省贸促会通过公开招标的方式选定了旗舰店及相应连锁店的投资经营主体，省农垦总局和森工总局分别通过直营和加盟的方式发展旗舰店和连锁店。截至 2014 年年底，已建成并投入运营旗舰店合计 79 家，连锁店合计 1 200 家左右。

随着市场推广工作的不断深入，黑龙江省绿色有机食品产业的影响力和认知度不断提升，正在形成新的投资热点和广泛关注的投资题材。据统计，有省内外 140 多家投资者报名参与我省绿色有机食品营销渠道建设，意向投资总额近 15 亿元人民币。目前，已有全省 500 多家生产、流通企业的 2 000 多个单品加入我省绿色有机食品营销体系，产品涵盖黑龙江省绿色有机食品产业所有种类。不仅以少量的政府投入吸引了大量的社会投资，而且通过社会资本、人才、信息及营销理念的注入，为促进黑龙江省绿色有机食品产业的健康发展增添了新的活力和信心。

长期以来，我国农产品主要以游击式和地摊式销售为主，在农业市场化进程中，这种传统销售方式的弊端开始显现。近些年来，农产品营销发展迅速，农产品经营者为保持更持久的竞争优势，在不断建立、改造和创新农产品营销渠道。

1. 什么是农产品营销渠道

农产品营销渠道是指农产品从生产者向消费者流通的全过程，它是为了解决农产品生产与消费在时空上的不一致，实现农产品所有权从生产者向消费者之间转移。农产品营销渠道是农产品销售的核心问题之一，只有解决了这一问题，农产品才能畅通无阻，才能实现农产品生产者、经营者与消费者的共赢。其渠道组织主要包括各种批发商、商业批发机构（交易所、经纪人）、零售商等；其渠道表现形式主要有直接销售、间接销售、网络销售和其他销售渠道。

知识框

**农产品直销的特征**

农产品直销是一种面对面的直接销售方式，而且这种方式不受渠道、空间、时间的影响，具体特征表现在以下四个方面。

第一，减少中间环节。直销的最大特点就是产品销售实现了从生产厂家直接到顾客，中间没有经销商、代理商、批发商等环节。这样有利于对产品从生产到销售环节的过程管理，有利于信息的流通，使生产者更容易了解市场信息，同时中间环节的减少，还有利于节省传统渠道中各环节的费用。

第二，面对面销售。通常情况下，农产品在进行销售之前，可以安排农产品讲解和示范，尤其是对于那些高附加值的产品。产品讲解包括产品的主要成分、功能、效用等，产品示范则采取当场使用产品的方式，以显示产品的效果。直销员往往会通过现身说法，讲解自己亲身使用的体验，传递给消费者更多的信息。产品讲解和示范增加了消费者对产品的了解，提高了消费者购买产品的欲望和信心。

第三，无固定场所限制。直销是无店铺销售形式的一种，直销的销售地点一般不固定，往往是直销员自己选择场所，或在家中，或在工作场所等，送货上门是其销售的主要形式。销售地点、时间不固定，便于消费者购物，也可以实现部分直销员的兼职销售工作。

第四，集生产、销售、管理三角色于一身。农产品生产者往往集农产品生产、销售、管理于一身，商品所有权仅一次性转移就能完成流通，即农产品从生产者手中直接转移到了消费者或最终用户手上。

2. 选择畅通的营销渠道

(1)农产品直销。直销是指以面对面且非定点之方式销售商品和服务，直销者绕过传统批发商或零售通路，直接从顾客接收订单。我国农产品传统销售方式一直是“萝卜白菜，拔地就卖”。农产品采用直接销售的方式很多，较为突出的是鲜活农产品的销售。比如，蔬菜种植户把生产的新鲜蔬菜直接销售给用户，养殖户在农贸市场上出售自己养殖的鸡、鸡蛋、猪肉、羊肉等；农产品加工企业直接向生产者采购农产品原料；用户直接到产地选购自己需要的农产品；生产者把农产品直接送到客户(旅馆、饭店)手中；农产品生产者利用网络直接与客户达成交易等。

**【案例二】**“城乡对接”成农产品销售新亮点(来源:长春日报　2015.02.02)

“这种产地直销特卖会挺好,不仅能降低我们的销售成本,也能让市民买到物美价廉的农产品。”日前,在长春市名优特农产品生产基地春节特卖会上,九台区图们岭镇永大养殖专业合作社李连杰对城乡对接这种销售模式大加赞赏。

采摘、团购、特卖会……近年来,随着家庭农场、农民合作社等新型经营主体迅速发展,以及微博、微信、APP等新媒体的快速崛起,市民与农民面对面对接,成为我市农产品销售的新亮点。

采摘游:让城里人走进黑土地

“我们全家都爱采摘游,自从我家买车后,经常到近郊的采摘园、度假村采摘。”日前,正在双阳区奢岭街道绿屋生态农庄采摘草莓的孙先生告诉记者,隆冬时节,外面冰天雪地,一片萧瑟;室内温暖如春,绿意盎然,这种冷热对比、踏雪采摘的感觉别有一番情趣。

“半个月前,我家草莓一红,就陆续有市民来采摘了,尤其是周末人特多。”绿屋生态农庄负责人李耀辉说,近两年,随着奢岭草莓采摘越来越出名,她家也跟着“借光”了。“这些城里人采摘完了,中午还在我这儿吃土窑焖肉,临走还买些杂粮煎饼。”

团购会:农民送货到城市

“我更喜欢通过媒体搞团购,既可以起到宣传的作用,也能批量销售。”谈及农产品销售新模式,九台曙光米业有限公司董事长高洁告诉记者,他们刚刚通过市妇联的“乡村速递”微信公众平台搞了一次团购,三天就卖出两吨大米。高洁说,米企卖米无非三个渠道:专卖、找代理商和参会展销。“到城市开专卖店费用太高;通过展会展销,不仅要参展费,还要装修,成本也不小;找一个好代理商不容易,代理商做好了也要一个过程。相比之下,参与团购简单高效,只要按时保质保量供货就行了。”近两年,长春市多家媒体推出涉农团购活动,不仅迅速拉近了城乡距离,也为农产品宣传和销售开辟了一个新渠道。

对接会:产地直销更实惠

“合作社没钱投广告,也没那么多人力物力到处花钱参展。”李连杰说,此次长春市名优特农产品生产基地春节特卖会,不仅让他们免费参展,还找那么多媒体宣传。“虽然是第一届,但展会效果不错,我家第一天就卖了8 000多元的牛肉。”

此次名优特农产品生产基地春节特卖会,有50家名优特农产品生产及加工企业集体进城,免费参展。展会还吸引18家商超和经销企业进场集中采购。此次展出产品都是产地直销,质量可追溯,市民可集中、就近选购质量放心的名优特农产品。

农产品直接销售主要有以下几种形式:

①农产品订单直销。订单直销是由农产品加工企业或最终用户与生产者在安排生产之前,直接签订购销合同的直销形式。许多农产品如粮食、蔬菜、畜产品等,由于市场变化大,行情不稳定,加上产销衔接不好,影响了生产效益和农民收入的提高。如果先进行市场调查,根据市场需求订单安排生产,把农产品的销售逐步推上"订单"农业的轨道,不仅有利于农业结构的调整,加快农业产业化进程,而且,还解决了农产品的销售问题,为产销对接奠定良好的基础。例如,蔬菜、水果订单销售减少了流通环节和流通费用,促进了果农不断提高水果质量,发展优势水果品种,树立品牌。除上述鲜活农产品走订单直销形式外,其他农产品也有采用这种销售方式的。比如,粮食加工企业向农户直接下订单订购粮食,养殖大户订购饲料等,从初级农产品到加工制成品,都可以采用订单直销。"订单"农业不一定都是直销形式。如果是生产者与批发商或其他中介商签订订单,就不是订单直销的形式。

**【案例三】** 订单农业助推东莞市扶贫产业链全面升级(广东农业信息网 2015.01.13)

近日,茶山-甲埔果蔬产业基地、东莞市盈港丰蔬菜专业合作社、东莞市石碣岭南名优蔬菜科学研究所三方,在揭阳市揭西县甲埔村委会成功签订蔬菜购销合同,首期订单种植面积为3公顷,全年订单种植面积将扩大至8公顷以上,标志着茶山-甲埔果蔬产业基地转型升级,进入订单农业发展模式。

依照合同规定,蔬菜专业合作社主要负责制定基地年度种植计划,蔬菜科学研究所负责提供优质种子及种植技术支持,茶山-甲埔果蔬产业基地负责种植、采摘、加工处理、包装冷藏并运输至东莞石碣润丰,东莞市石碣润丰按市场价收购农产品。同时为保障生产方的利益,合同还设定了最低收购保护价。

据甲埔村驻村工作组人员介绍,订单农业就是从双方利益出发,建立起生产者和收购者之间的产销关系,明确各自在产业链条中的权利和义务。订单种植让基地生产更加贴近市场,加上稳定的销售渠道,确保了基地生产利润,规避了市场风险。同时,通过订单种植,也让甲埔村扶贫产业基地从单纯的果蔬种植直接转型升级到初级农产品加工、冷藏、包装和远程配送等更高层次的产业链条中,逐步实现村集体的脱贫致富。

据悉,为了帮扶甲埔村打造一个符合村情实际又具备造血功能的村集体产业,茶山镇先后投入150万元,规划打造一个分三期发展,总面积为35公顷,集果蔬种植、加工、销售、配送为一体的大型果蔬产业基地。

订单农业在引导农业产业结构调整、搞好产销衔接、维护市场秩序、保护农民利益等方面都起到了积极的作用。但在发展订单农业的过程中也有不少困难，存在一些问题，阻碍了订单农业的进一步发展。主要有以下几个方面：

第一，企业与农民诚信度有待提高。在市场价低于订单价时，某些企业不惜牺牲农民利益毁约，以减少损失；或者有的农民在订单区外低价收购，再运到企业销售，致使企业负担加重。而当市场价高于订单价时，不少农民将农产品投售给市场收购者，致使订单企业收不到货。这种只顾眼前利益的不诚信行为，是阻碍企业和农民开展订单农业的最大障碍。

第二，订单农业无法对质量进行保证。例如，某罐头食品有限公司计划生产芦笋罐头，购入种子，请来专家，投资 30 万元培育种植基地，并为当地农民免费提供种子和技术支持。但到了收获季节，由于订单价格有保障，当地农民就将品质好的芦笋运到市场高价销售，而将品质较差的芦笋销售到该企业。该企业第二年遂决定终止基地的种子培育，不再与当地农民签订订单。

第三，产量受自然环境影响较大的农产品不适合订单农业。在诸多农产品中，水果的生产有较强的季节性，出产期短，产量受自然环境影响较大，果农可能因无法承受未完成订单引起的赔偿金，不愿接受企业的订单。

第四，市场变化大的农产品无法开展订单农业。例如，禽蛋公司专门针对鸡鸭养殖专业户签订过禽蛋类订单，但由于禽蛋类市场价格波动较大，企业不愿承担风险，导致订单越来越少。目前，企业基本上没有和养殖户签订订单了，只是在收购前按照最近市场价电话联系养殖户。

第五，对于行情变化较大的订单，签约企业风险很大。订单农业有市场保护价的规定，市场价高于收购价按市场价收购，市场价低于收购价按收购价收购。例如，某蔬菜加工厂，一直以来和种植户订单收购，签订的榨菜订单涉及 1 300 公顷。榨菜的订单价格是 0.18 元/千克，而当年市场价只是 0.10 元/千克，蔬菜厂该年度因收购榨菜就将近亏损上千万元，并造成该厂的产品竞争力下降，企业负担加重。

②休闲观光采摘直销。观光农业，是一种以农业和农村为载体的新型生态旅游业。近年来，人们发现，现代农业不仅具有生产性功能，还具有改善生态环境质量，为人们提供观光、休闲和度假的功能。随着收入的增加、闲暇时间的增多、生活节奏的加快以及竞争的日益激烈，人们渴望多样化的旅游，尤其希望能在典型的农村环境中放松自己，于是观光农业应运而生。城市中的不同消费群体纷纷向涌向农村，自发参与农业观光采摘、吃农家饭、住农家屋、农耕体验活动，追求生活乐趣。这为农业产品的销售创造了一个全新的市场。

③农产品零售直销。一些鲜活的农产品，如蔬菜、水果、水产品等，生产者在田间、地头、农贸市场直接把产品出售给消费者，或直接把农产品送到客户（旅馆、饭

店)手中,都属于农产品零售直销。

(2)农产品间接销售。农产品间接销售是指连接农产品生产者与消费者的中间商(包括取得产品所有权或帮助转移产品所有权的企业或个人)介入的农产品交换活动。农产品间接销售有以下特点:

第一,高效性。农产品生产者要直接寻找消费者,需要花大量的时间去找寻个体的消费对象,效率非常低;如果批量销售给中间商,则大大提高了营销效率。例如,种植玫瑰花的农民,可以直接把产品批发给各鲜花店,而不需要寻找大量的鲜花直接消费者。

第二,灵活性。中间商可以将产品与市场紧密结合,由于是专门的经营者,了解市场需求变化和产品变化,可以调整进货、出货的渠道和时间,根据市场调整货物的品种,改变销售方式和策略等。

第三,主动性。相对生产者来说,中间商有了更多的主动权,可以发挥与市场密切联系的优势,要求生产者按市场最需要的品种、质量、规格、形式等来组织生产活动。

第四,规模效益。中间商可以根据自己的实力或与他人合作,经营大批量、多品种的农产品,获得规模效益。相对来说,独立分散的农产品生产者实行规模化经营相对比较困难。

第五,专业化。中间商由于大批量的经营,必须具备专业素质,对经营的农产品要深入地了解并掌握相应的技术。如海产品的经营商,必须掌握其生物学特征、运输技术和操作要领;蔬菜水果的经营商,必须掌握产品特点、包装、储藏、运输等专业技术。农产品间接销售主要有以下几种形式:

①农产品代理商。是指能接受农产品生产者或农产品经销部门委托,从事农产品交易活动的组织或个人。农产品代理商只负责争取顾客或代表买卖方进行交易,不拥有商品所有权。

②农产品经纪人。农产品经纪人是指从事农产品收购、储运、销售以及代理农产品销售、农业生产经营信息传递、农业销售服务等中介活动而获取佣金或利润的经济组织和个人。

③农产品批发市场。农产品批发市场是专门为农产品批发交易提供场所和条件的平台,是我国农产品市场体系的重要组成部分,是农产品流通的主渠道和中心环节。农产品批发市场是农产品流通的主要市场类型,它将农民、农民经纪人、运销商贩、中介组织、农产品加工企业等生产与经营主体紧密地连接在一起。

(3)农产品网络营销(本书模块三项目五有专门讲解)。

(4)农产品其他销售渠道。农产品其他销售渠道主要有以下几种:

①农产品超市营销。农产品从田间到餐桌的流通渠道越来越丰富了,除了批

发市场、农贸市场，通过超市进入百姓家，逐渐成为农产品流通的一个重要渠道。越来越多的零售巨头都开始了直供模式的对接，以不同方式吸引农户与之合作。零售巨头们与优质农户的合作有其深远意义："农超对接"可以使农民提高市场适应能力、鼓励和引导标准化及规模化生产，不仅能够促进产业链优化，提高食品安全水平，而且可降低农产品营销成本，保障供货量，是卖场的核心竞争力所在。

**【案例四】** 山东省滨州市"农超对接"搭起绿色通道（山东农业信息网 2014.12.18）

农超对接作为滨州市特色果品流通模式，使绿色果品流通全过程清晰可控，最大限度保证了产品品质和新鲜度，降低了流通成本和果品零售价格。通过农超对接，超市与专业合作社签订长期购销合同，获得了稳定的供应渠道，增强了保障市场供应能力。同时，发挥超市的规模和配送实力，引导合作社按照市场需求组织农户进行标准化、规范化种植，减少农业生产的盲目性，对搞活流通、促进消费、保障供应、惠农惠民具有重要意义。通过农超对接销售渠道，吸引了大批客商，树立了品牌，有效破解了绿色果品销售难题，全面提升了林产品档次和市场竞争力。

近期，沾化区拉长冬枣产业链，将沾化冬枣推向大型超市和国内外直销市场。冬枣销售实现了由冬枣合作社牵头，实施农企对接、农超对接，向上与农资企业合作，向下与连锁超市对接。突破了沾化冬枣销售区域和季节限制，向城市多渠道延伸，实现生产和销售对接。目前，沃尔玛、麦德龙、苏果等 100 家连锁超市在沾化建立了冬枣直采基地，沾化冬枣有了进入国内外市场的便捷通道。

②农产品期货交易。期货交易是在现货交易的基础上发展起来的，是通过在期货交易所买卖标准化的期货合约而进行的一种有组织的交易形式。在期货市场中，大部分企业买卖期货合约的目的是为了规避现货价格波动的风险，而大部分投资者则是为了博取价格波动的差额。随着现货生产规模的扩大，不断有新的期货品种出现，除小麦、玉米、大豆等谷物期货外，棉花、咖啡、可可等经济作物，黄油、鸡蛋以及后来的生猪、活牛等畜禽产品期货也陆续上市。

**【案例五】** 中国茶业交易中心落户福建安溪，铁观音将实现期货交易（中国供销合作网 2014.11.06）

"未来的中国茶业交易中心，将通过期货市场的价格预测，提高茶叶种植者、加工者、销售者、消费者参与价格形成的积极性，将他们联结在一起，同时又让他们更加独立，找准自己在整个产业链上的位置"。记者昨日从业界获悉，安溪县正式与中国林业产权交易所签订合作框架协议，在安溪建设全国首家综合性茶业交易中心——中国茶业交易中心。

交易中心将充分利用现代物联网技术，实现茶叶种植、采摘、加工、交易、分销……直到用户使用全生命周期信息化管理，实现商品认证和交易标准化、信息化，促进商品快速流通。这对于提升产业层次、引导产业结构调整、优化资源配置和繁荣茶叶市场具有重要的推动作用。

③农产品拍卖交易。农产品拍卖是指通过现场公开或密封出价拍卖，将组织来的农产品，逐批次限期拍卖给最高应价者。现有拍卖形式主要分为两类，一类是电子拍卖，是指专业化拍卖机构受供货商委托，通过先进的电子拍卖系统、电子屏幕、网络设备和电子结算设备，以购买商按键竞拍的形式拍卖农产品。另一类是传统离线拍卖，是指在综合性拍卖机构的常规拍卖会上，由购买商举牌应价，注册拍卖师将供货商委托的农产品公开叫价落槌的交易方式。应当说明的是，离线拍卖中也包括一些原始的没有明确组织形式的，有时甚至是自发形成的临时性拍卖卖场。这种形式也是最近几年频频见诸报端的天价农产品产生的主要形式，是离线拍卖方式的重要组成部分。比如，2012 年查干湖冬捕节上举行了头鱼的拍卖，现场以 34 万元的天价成交。

**【案例六】** 中国首次农产品拍卖在上海举行(澎湃新闻 2014.10.30)

10 月 23 日，上百名买家和卖家参加了在上海举行的"国际水果与国产农产品拍卖会"，这是国内首次农产品拍卖。

在上海西郊国际农产品交易中心的拍卖现场，旺园草鸡合作社董事长陈印权将拍卖卡插入桌子中间的卡槽，戴上耳麦，按照拍卖师的提示一步步操作起来。此时，拍卖厅前方的大屏幕上显示当前拍卖的是美国红提，开拍价 24 元/千克。"这是最高价，电子屏自动逐步往下调，调到竞拍者的心理价时，竞拍人就可以按下桌上的按钮，表示他要拍。然后直接对着耳麦报自己要几箱，拍卖师就直接将已卖箱数和剩余箱数都反应在电子屏幕上。"现场总指挥肖堃表示，这样的拍卖形式，所有的交易信息都是公开公正的。

本次首拍结束时，成交品种数十个，成交笔数 24 笔，成交总金额 141 425 元。

负责引进该项目的新加坡人陈学湘表示，目前国内的主要流通模式，是从一级批发市场，到二级甚至三级批发市场，最后才到零售市场，每个环节最少加价 10％。拍卖行就是直接减少流通环节，经销商进货价便宜了，零售价自然也会降下来。他透露说，拍卖当天就有超市采购人员到场竞拍。他告诉新闻记者，上海的这个农产品拍卖中心，还将与欧洲比利时拍卖中心联网；此外，还将进一步择时在全国各大城市开设分中心。

知识框

## 农产品拍卖的程序

1. 供货商参与农产品拍卖的步骤

(1)拍卖人对产地供货商的供货资格进行考察,筛选出合格的产地供货商;

(2)拍卖人和具有供货条件的供货厂签订短期供货合同;

(3)供货商按照合同规定的供货品种到农产品拍卖市场按指定区域卸货;

(4)在理货员的组织下对拍卖品种进行分级、分品种理货、挂标注明产地、数量、代码编号;

(5)领取理货员开具的《委托拍卖合同书》,供货商与拍卖人协商制定拍卖底价;

(6)拍卖成交后,供货商凭《委托拍卖合同书》、《拍卖成交确认书》到财务结算处领取货款。

2. 承销商参与农产品拍卖的具体操作环节

从拍卖的委托、拍卖市场的理货,到拍卖后的结算一般都应控制在一天时间内。为了保证农产品拍卖顺利进行,承销商参与农产品拍卖一般要经过六个环节。

(1)凭身份证或有效证件办理竞买登记手续,交付拍卖人一定数额的拍卖保证金,领取竞买号牌或者席位资格证明;

(2)凭承销商资格证,在拍卖前1小时对拍卖的农产品的数量、质量、产地、品种进行了解,根据以往的每天销售情况,选定自己需要的品种和数量;

(3)在拍卖师的主持下,承销商按照加价幅度加价,参与农产品竞价购货;

(4)拍卖师对承销商或者竞买人的最高有效出价口头宣布成交。农产品的现货交易拍卖不用敲槌成交,由拍卖师口头宣布“成交”取而代之;在粮食拍卖市场,买方应价后根据要求报出要竞买的数量,所报数量必须等于或大于起点数量;

(5)开票员当场开具农产品《拍卖成交确认书》,交付承销商,承销商签字后作为销售凭证,以此作为财务结算的依据;

(6)承销商到财务结算中心付款结算,在理货员的协助下,完成交割、提货,搬运工把承销商当天购买的农产品运送到承销商指定档口或者铺位。

所有这些环节、手续都应在当天完成,保证供货商当天就可以拿到自己的货款。拍卖时间的选择上,要根据农产品批发市场的运行特点和批发商的经营时间适时调整。

由于市场供求的原因，每天的农产品拍卖结束后，都会或多或少剩余部分没有拍卖出去的农产品。在拍卖人或农产品拍卖市场的协助下，供货商根据供货品种的情况可以选择把剩余部分存放农产品拍卖市场里的冷库或保鲜库储存，第二天再次拍卖；供货商也可以把剩余部分运往其他农产品批发市场自行销售。

**(二)资料准备**

(1)利用图书馆或资料室以及报刊，查找有关农产品销售渠道的信息资料；
(2)收集本地农产品营销渠道的相关资料与案例。

## 二、任务设计与实施

【任务设计】

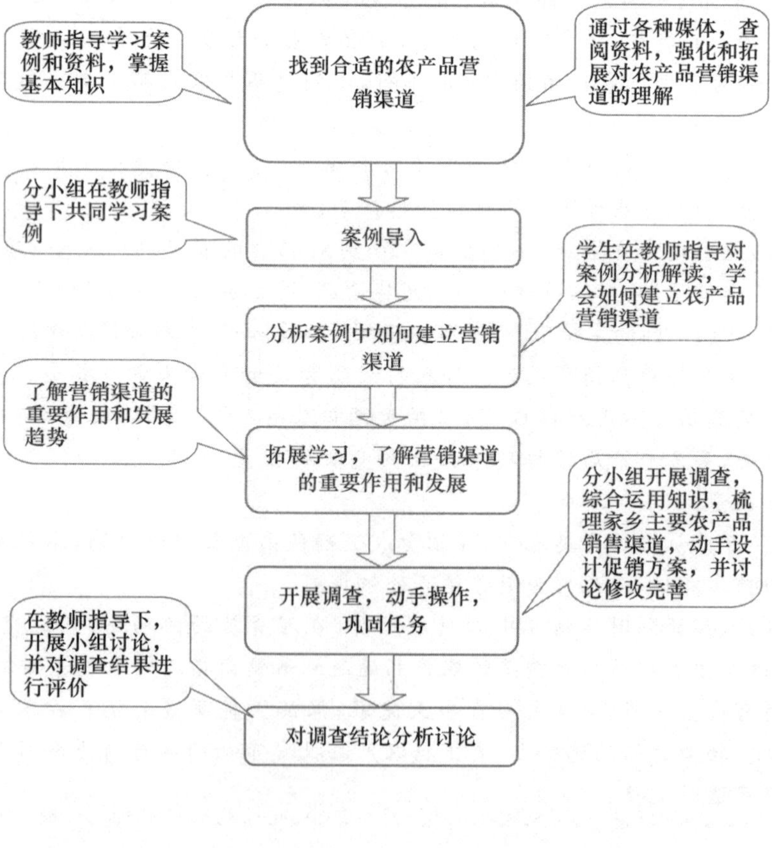

【任务实施】

**(一)案例导入**

**【案例七】** 铁岭供销社多渠道帮农民销售农副产品超10亿元(中国铁岭网2015.02.11)

铁岭市供销社不断增强为农服务功能,主动为农副产品销售当“红娘”,2014年,全市供销系统共帮助农民推销农副产品11.84亿元。

去年以来,市供销社加快农产品流通网络建设,积极培育农业产业化龙头企业。引导农产品基地开展标准化建设,改造建设农产品批发交易市场和集贸市场,全市涌现出了鑫隆冷链、昌图金丰、开原鸿浩、辽宁方兴、银州阿永等龙头企业,开原和辽北黄牛2家交易额亿元以上农产品批发市场。目前,全市有农产品企业65家,批发交易市场13家,带动农户46 336户。目前,全市供销系统有日用品连锁企业11家,拥有连锁超市、配送中心、便民店等各类经营网点364个,其中直营网点70个,日用品连锁销售额达到4亿元,网络覆盖全市各乡镇。

为了更好地为农民服务,市供销社通过将农业专业合作社、农产品基地与超市对接等办法,整合农产品流通和购销网络,为农民提供市场,大大方便了农民及时销售农副产品。全市各县级供销社还积极发展各类涉农协会,主动为农民找市场,提供农业科技、劳务信息等各类服务,指导农民真正了解市场,受到了农民朋友的欢迎。

目前,银州区亿家农蔬菜合作社与铁岭大商新玛特集团签订了长期供货合同,铁岭市海峰杂粮专业合作社在铁岭兴隆生活广场的年销售额达到了160万元,在沈阳各大超市销售杂粮单品60万件,文选葡萄与30多家超市开展对接,年销售额达360万元。“我们安心种菜,有‘红娘’帮着推销不愁卖不出去。”铁岭县熊官屯镇熊官屯村菜农郑宏仁高兴地说,由于供销社保证了销路,他们村周围200多户农民种植大棚蔬菜,每个大棚年收入在3万元以上。

**(二)分析案例中营销渠道是如何建立的**

铁岭供销社为建立与疏通农产品销售渠道主要采取以下措施。

1. 培育发展农业龙头企业,为农产品流通渠道修好“水库”

丰富多样的农产品是整个流通渠道的水库,只有水库水量充足,整个渠道才能有源源不断的“活水”。市供销社加快农产品流通网络建设,积极培育农业产业化龙头企业。引导农产品基地开展标准化建设,全市涌现出了昌图金丰、开原鸿浩、辽宁方兴、银州阿永等龙头企业。这些龙头企业为各级市场生产了丰富的农产品。

2. 大力建设与发展一级批发市场,夯实农产品流通渠道的“源头”

一级批发市场是整个营销渠道的源头。搞好了农产品一级批发市场的建设,等于修好水库的闸门，以下各级市场的农产品才能有序地流通。铁岭供销社共改建与新建批发交易市场 13 家，其中开原和辽北黄牛 2 家交易额都超过亿元。“源头”活了，整个农产品的销售与流通渠道就畅通了。

3. 狠抓农产品营销网点建设，为农产品营销铺好“毛细血管”

有了产品丰富的水库，有了设施健全的主渠道，但如果没有连接每家每户的“毛细血管”，整个渠道同样也会堵塞。很多农产品是每家每户的生产必需品，所以“毛细血管”要延伸到每个居民角落。为做到这一点，供销系统成立 11 家连锁企业，这些企业拥有连锁超市、配送中心、便民店等各类经营网点 364 个，其中直营网点 70 个，使农产品营销网络覆盖全市各居民小区和所有乡镇。

4. 牵线搭桥，尽量缩短农产品营销渠道长度

鲜活农产品营销渠道越短，产品质量越高，消费者满意度越高，生产者的收益越高。市供销社通过将农业专业合作社、农产品基地与超市对接等办法，尽量缩短农产品营销渠道长度，取得良好的社会效益与经济效益。如银州区亿家农蔬菜合作社与铁岭大商新玛特集团签订了长期供货合同，铁岭市海峰杂粮专业合作社在铁岭兴隆生活广场的年销售额达到了 160 万元，在沈阳各大超市销售杂粮单品 60 万件，文选葡萄与 30 多家超市开展对接，年销售额达 360 万元。

### (三)任务的组织实施

(1)通过教师讲解分析，让学生掌握常见营销渠道的特点。

(2)教师通过对导入案例的分析，让学生掌握选择营销渠道的基本方法。

(3)以组为单位查阅资料，搜集典型案例和相关知识，讨论分析在选择营销渠道时需要注意哪些问题，并写成学习体会。

(4)每组选一名同学在班级演讲学习体会，小组成员补充，全班讨论。

(5)完成拓展学习时要结合当地市场实际，认真领会营销渠道的最新发展趋势。

(6)按组对本地主要农产品销售渠道进行调查，并写出调查报告。

(7)教师组织对每组调查报告的评比，选出优秀作品在全班评讲。

## 三、任务拓展

认识农产品营销渠道的重要作用并掌握发展趋势。

### (一)农产品营销渠道的重要作用

1. 促进生产，引导消费

农产品只有通过市场交换，才能实现其价值和使用价值，企业才能盈利。农产品营销渠道连接生产和消费，既是生产的排水渠，又是消费的引水渠。排水渠不

通，农产品就不能及时销售出去，资金周转困难，农业再生产就无法顺利进行。引水渠不畅，农产品就不能及时顺利地到达消费者手中，消费需求就得不到满足。因此，对于生产者来说，不仅要生产满足消费者需要的农产品，还要正确地选择自己的营销渠道，做到货畅其流，发挥促进生产，引导消费的作用。

2. 吞吐商品，平衡供求

农产品营销渠道是由一系列商业中间人共同构建的。这些商业中间人类似于大大小小的蓄水池，在农产品供过于求的地区或季节，将农产品蓄积起来，在供不应求的地区或季节销售出去，起到吞吐商品、平衡供求的作用。由于农产品市场具有明显的地区性和季节性供求矛盾，营销渠道上的商业中间人可以使这种矛盾得到缓和。

3. 加速商品流通，节省流通费用

选择合适的营销渠道，利用商业中间人的力量销售产品，至少可以带来两方面的好处，一是可以缩短流通时间，相应地缩短再生产周期，直接促进生产的发展；二是可以减少在流通领域中占压的农产品和资金，加速资金周转，节省农产品流通费用。

4. 扩大销售范围，提高产品竞争能力

农业生产者仅仅依靠自己的力量直接向消费者出售产品，其销售范围和销售数量是非常有限的。如果选择合适的营销渠道，可扩大产品的销售范围。同时，一些商业中间人为了自身的利益也乐于为产品做广告，这样可以提高产品的市场竞争能力，增加销售数量。

### (二)农产品营销渠道发展趋势

随着市场经济的发展，农产品营销渠道的发展呈现出新的趋势。

1. 农产品渠道结构短化

随着农产品市场化程度的加深，消费者对农产品营销渠道过程参入程度越来越高，信息与网络技术为异地交易提供了平台，便利的运输大大提高了农产品物流的速度。这些因素对缩短农产品营销渠道，加快农产品流通速度起到了促进作用。如美国78.5%的农产品通过“生产地—配送中心—超市、连锁店—消费者”渠道通路完成其分销过程，只有20%的农产品通过“生产者—批发市场”的传统农产品营销渠道，农民的集贸市场只占1.5%。这种渠道环节少，物流快、成本低、效率高的渠道结构已在全球形成发展趋势。

2. 渠道系统的一体化

渠道系统的一体化分为垂直一体化、水平一体化和渠道集成化。垂直一体化是由生产者和中间商组成的一种合体，如在当前农村较为普遍的“公司＋基地＋农户”生产经营模式，是一种典型以生产者为中心的垂直一体化。水平一体化是由两个或两个以上渠道成员利用各自优势联合开拓农产品市场，如农产品经纪人与农产品生鲜超市的结合。渠道集成化，也称多渠道化，是指同时运用两个或两个以上的营销渠道联合进入某一细分市场，如农业综合商社等。

3. 渠道内部关系从交易关系向合作联盟关系发展

传统的农产品营销渠道成员间因是相对独立的交易关系，相互之间各自考虑自身的经济利益，容易产生经济纠纷，从而影响到整个渠道的畅通。近年来，农产品营销渠道内各成员逐渐建立起在交易关系基础上的合作关系、在合作关系基础上的伙伴关系和在伙伴关系基础上的联盟关系。

### 四、任务巩固

（1）对你家乡的主要农产品的销售渠道进行认真梳理，看看各种主要农产品运用了哪些销售渠道？不同的渠道对农产品的销售情况有什么影响？

（2）对各种主要农产品销售渠道进行认真分析，看看存在哪些问题或不足，针对你家乡的主要农产品设计一套促销方案。

（3）讨论：根据农产品营销渠道知识、案例、小资料以及你的体验，谈谈你对农产品营销渠道的认识。

## 任务六　农产品的合理包装与安全运输

### 一、学习准备

#### （一）知识准备

**【案例一】** 该不该在农产品包装上下功夫？（中国包装印刷机械 2014.03.28）

2013 年 10 月 30 日，记者在省城某大型超市看到，散卖的胡萝卜每千克 1.9 元，而一旁冷柜橱窗里贴着商标、稍加包饰的“品牌”胡萝卜，每千克的售价达到 5.38 元，包装后农产品的身价是没有包装产品的 2.83 倍。虽然两者之间的差价有品种、品质、品牌等方面的因素影响，但包装是其中的重要影响因素。

这种现象似乎越来越普遍：过去一“蛇皮袋”几十元钱的苹果，如今在果品上印上字画，装进精美的箱子，十几棵苹果树就能卖到上百元；看上去一模一样的小米，散卖和盒装的价格相去甚远……面对这种现象，消费者的态度一分为二，有人认为“东西不好才卖个包装！”更多人相信经过包装之后的农产品才更卫生安全。

究竟该不该对农产品进行包装？2013 年海南省农产品包装国际化研讨会上，与会学者提出：“新时代的农业从业者，其核心任务是把农产品变成商品，而包装是实现产品商品化、提升附加值和竞争力的重要媒介。”

包装的作用毋庸置疑，消费者缘何对其看法不一？记者调查发现，是现今的特色农产品包装自己走入了误区。目前市场上不少农产品的包装走向两个极端——不是过分讲究，就是过于粗糙。有的农产品一味追求包装材质的高档，强调外表的绚丽，文字图案对产品的实际品质过分夸大，消费者打开包装之后，换来的是对这种农产品的失望和反感。有的农产品则“低调”得过了头，虽然品质很好，但外包装毫无视觉冲击力，文字图案杂乱无章，所谓“一等质量，三等包装”，难以建立鲜明的品牌形象。

1. 农产品的合理包装是成功销售的重要因素

农产品包装是对即将进入或已经进入流通领域的农产品或农产品加工品采用一定的容器或材料加以保护和装饰。农产品包装是农产品商品流通的重要条件，在流通过程中，粮食、肉类、蛋类、水果、茶叶、蜂蜜等农产品，不加包装则无法运输、贮存、保管、销售。根据现代市场营销观念，农产品包装应按照目标顾客需求、包装原则和包装技术要求进行，以保护农产品，保持农产品卫生，便于消费者识别和选购，提高农产品市场营销效率。

**知识框**

**包装的种类**

由于运输、堆存、销售、陈列、保护商品等的不同要求，产品的包装有不同的种类和形式。有些包装只供生产记数和装运、堆存之用，并不一定都与消费者见面。有些包装则附随产品一起卖给消费者。由于作用与用途的不同，根据我国贸易实践和国际贸易的统一规定，我们把包装划分为运输包装和销售包装两大类。

1. 运输包装。生产部门为了方便记数、仓储、堆存、装卸和运输，必须把单体的商品集中起来，装成大箱，这就是运输包装。它包括外包装和中包装。外包装又称大包装，它要求坚固耐用，不使商品受损，并要求提高使用率，在一定的体积内合理地装更多的产品。由于它一般不和消费者见面，故较少考虑它的外表设计。为方便计数及标明内在物，只以文字标记货号、品名、数量、规格、体积，以及用图形标出防潮、防火、防倒、防倾斜等要求就可以了。外包装的材料最常用的是瓦楞纸箱、麻包、竹篓、塑料筐、化纤袋、铁皮等。中包装也属运输包装一部分，它是为了有利于推销、计数和保护内包装而设计的。它一般设计比较简要、单纯，这要根据是否与消费者直接见面来确定设计，但在包装本身的制作上必须做到结实耐用。随着带有中包装的产品进入超级市场销售，对于中包装的设计也越来越受到重视，它起到的作用往往与小包装是同等的，它的外形、图形、色彩、标记和符号同样构成了产品的外貌，代表着某种特定的商品，成为直接与消费者交流的桥梁。

2. 销售包装。俗称小包装或内包装，是紧贴产品的按一定的数量包装好的，直接进入市场与消费者见面的产品包装。它的特点是在市场上陈列展销，不需要重新包装、分配和衡量。销售包装种类很多，有盒、瓶、袋、筒、罐、听、帖、吊牌、包装纸、腰封等。可以用纸张、玻璃、塑料、铁皮、铅皮等不同材料制作，并且同一类型的包装还可以有方、圆、多角和不规则的变化及长、扁、高、矮等多种形式。

2. 选择合理的农产品包装策略

产品包装是产品整体的一个重要组成部分，绝大多数产品都要经过包装后生产过程才算完成。在现代市场营销中，对商品包装的要求越来越高，早已不再拘泥于过去的那种保护商品，方便携带的功能。心理学研究表明，在人类接受的信息总和中，由视觉器官获得的占 83%，听觉占 11%，嗅觉占 3.5%，触觉占 1.5%，味觉占 1%。因此，通过包装设计，激发顾客的购买欲望，提高农产品市场竞争力，是农产品营销者必须高度重视的问题。现在发达国家的农产品是一流的产品、一流的包装、一流的价格，而我国的农产品则是一流的产品、三流的包装、三流的价格。

包装设计的一项重要任务就是更好地符合消费者的生理与心理需要，要表现农产品自身的特点，让消费者清楚地了解包装内的产品。包装设计要体现出产品的自身形象，在设计上有的采用实物照片形式体现，这样会让消费者对产品有更直观地了解。从现代包装设计的发展趋势看，设计要求具有独特性和创新性，除产品实物照片外，可以考虑油画形式、速写形式、水彩形式等，设计前要深入了解产品的生物特点与市场特征。农产品包装策略主要有以下几种：

(1)突出农产品形象。突出农产品形象的包装策略是指在包装上通过多种表现方式突出该农产品是什么、有什么功能、内部成分、结构如何等形象要素。这一策略通过在包装上展现产品品质、功能、色彩、美感等，有助于商品充分地传达自身信息，给选购者直观印象，真实可信，以产品本身的魅力吸引消费者，缩短选择的过程。

(2)突出农产品用途和使用方法。突出农产品用途和用法的策略是通过包装的文字、图形及其组合告诉消费者，该农产品是什么样的产品，有什么特别之处，在哪种场合使用，如何使用最佳，使用后的效果是什么。这种包装给人们简明易懂的启示，让人一看就懂，一用就会，并有知识性和趣味性，比较受消费者欢迎。

**【案例二】** 农产品“精包装”卖相好更受欢迎(会商宝包装网 2013.09.11)

“这盒大米包装得真好看,而且还写着母婴专用,买来送给刚生完小孩的亲朋,应该挺适合的。”昨日,在本届东北亚博览会8号馆农产品展区,前来逛展会的王小姐发现,展出的农产品被包装得越来越精美。

记者采访了松原粮食集团有限公司的相关负责人,据他介绍,王小姐打算购买的大米,之所以被冠名“母婴专用”,是因为里面的大米是有机食品,本身的营养价值比较高。同时,记者发现,展台上摆放的农产品,大部分都是用真空礼盒包装的,而过去“编织袋”包装的农产品仅占了很小的部分。采访中,这位负责人表示,随着人们生活水平的不断提高,大家对购买商品的品相要求也越来越高,“最开始,精包装的产品我们只供应南方地区,因为南方天气潮,普通包装的大米到那里,保质期会缩短至1个月以内,采用真空包装,会使产品的保质期延长,口感也会更好。”他说,目前消费者更喜欢选择精包装的产品,厂家也更看好精包装产品的高附加值,所以主推这种产品。

(3)展示企业整体形象。企业形象对产品营销具有四两拨千斤的作用,因此,很多企业从产品经营之初就注重企业形象的展示与美誉度的积淀。运用这种包装策略的企业文化积淀比较深厚,有的企业挖掘企业文化透彻,并且能与开发的农产品有机地融合起来宣传,达到了既展示企业文化,介绍其产品,又有利于促销的目的。

**【案例三】** 厦门给农产品“换装”一看包装就知是谁产的(东南网 2014.03.28)

厦门的农产品将告别粗简的包装,全面进入“高端大气上档次”的正规包装时代。昨日,导报记者从厦门工商部门获悉,这些试点换装的农产品将被纳入流通食品监管系统,实现全程可追溯。

“我们农村有很多非常好的土特产,就因为包装不规范,一直都进入不了流通市场,很着急!”昨天,厦门妙高山野菊花专业合作社的宋天然感叹目前初级农产品销售的困境。

这也是工商部门目前关注的重点。一直以来,按照《农产品包装和标识管理办法》的规定,农产品的包装标识具备品名、产地、生产者等要素就可上市,但如今简单的包装已经无法满足农产品上市的需要。于是,厦门的杉品茶叶、妙高山野菊花、川祥名优特等部分农产品经营企业,试点参照预包装食品的监管模式。也就是说,这些产品的包装将全部按照最严格的标准制作,在包装上增加标注净含量、成分表、保质期、产品标准代号、贮存条件等要素。下一步,厦门市工商局将整合“生鲜系统”,鼓励有条件的农产品经营者规范包装、规范标识。

(4)突出农产品的特殊要素。很多农产品有一定的特殊背景,如历史、地理、人文习俗、神话传说或自然景观等。包装设计中恰如其分地运用这些特殊要素,能有效地区别同类产品,同时使消费者将产品与背景进行有效链接,迅速建立概念。这种包装策略运作得好,给人以联想的感觉,有利于增强人们购买欲望,扩大销路。

**【案例四】** 特色农产品该如何进行包装(中国包装印刷机械网 2014.03.28)

山西特色农产品打造品牌、开拓市场,该如何进行包装?

2013 年 10 月中旬,记者带着这个问题走进第三届特色农博会特色农产品品牌包装创意展厅,试图寻找答案。展览的组织策划者之一、山西国际文化交流中心首席设计大师阎旭晨就此解答。

阎旭晨说,产品是企业实现各种利益的载体,而产品的价值由两部分组成,一部分是产品的使用价值,这需要消费者使用后才能感知;另一部分是通过包装设计所传达的品牌与产品卖点价值,是通过图形暗示引导消费者的心理感受来实现的。因此好的包装设计不仅能最有效地传播产品信息,更能提升产品的品牌形象。所以一定要重视包装设计,并注重运用新的包装设计理念和方法。例如,注重利用好地域象征、人文文化、当代名人、品牌符号等与产品的关联。

阎旭晨曾获得由联合国世界包装组织(WPO)授予的全球设计业最高奖——“世界之星”包装设计大奖,他的得意之作包括我们耳熟能详的冠云平遥牛肉等品牌。他以包装设计帮助某红枣加工企业赢取市场的过程为人津津乐道。在包装设计时,他首先在产品名称上以“贡枣”二字强化产品的良好品质;在包装画面上,突出与‘贡’相关的主题,选择对称式的红黄构图,红色象征着宫墙,黄色象征着金顶,再通过画面的层次和构图,营造富于历史想象的皇室生活画卷,传递出“皇室御用”的气息。包装点缀英文,显示现代产品的时代特征。最终以一种文化内涵浓郁、视觉冲击强烈的包装设计,营造出产品尊贵、时尚、保健的品质。经过这样一番包装,这个原本濒临倒闭的小企业首次参加全国糖酒会就一举签订销售订单达 1 000 万元。

3. 农产品的安全快捷运输是成功销售的保证

农产品运输是指借助于运输工具,实现农产品在空间位置上的移动。农产品运输缘于农产品的生产、加工和消费在空间上的背离,是农产品营销不可缺少的过程。与工业品运输相比,农产品运输的时效性更强,运输质量要求更高。

由于农产品在运输过程中仍进行着各种生理活动,极易受到外界温、湿度的影响而损害品质,甚至被微生物侵蚀而致腐。由于运输所需的环境条件与储藏条件基本相同,因此运输又称为动态储藏。不过,这种动态储藏环境变化剧烈而迅速,所以在运输过程中必须采用必要的调控措施和技术处理,做到安全快捷,切实保证农产品的品质不降低，达到销售的目的。

4. 选择最佳的运输模式

**【案例五】** 农产品铁路运输优势多(国际商报 2013.06.08)

近期，南宁铁路局表示，百色将开行全国第一条果蔬绿色专列，争取将于今年10月份开行，每3天一趟，运往北京。接受本报记者采访的专家认为，开行果蔬专列，不仅可以缩短运输时间，提高运输效率，而且可以绕开车匪路霸和公路乱收费，使得运输道路更通畅，降低了运输成本，对于稳定市场价格也起到重要作用。

公路运输损耗成顽疾。百色是广西最大的商品果蔬基地，也是全国重要的“南菜北运”基地之一，中国“芒果之乡”。百色果蔬已成为缓解全国冬春淡季蔬菜供需矛盾，丰富果蔬品种，稳定鲜活农产品市场供应和价格的重要组成部分。据介绍，2012年，百色全市蔬菜种植面积16万公顷(含复种)，产量311.6万吨，水果种植面积10万公顷，产量74.64万吨。果蔬年产量达400万吨。可是，如此大量的蔬菜和水果目前是如何运向市场的呢？广西大学商学院农林经济管理系教授吕玲丽介绍，目前，广西的蔬菜既可以运到贵州、重庆、湖南以及广州等周边省市，也可以跨区域运到武汉、北京、上海等地，但无一例外都是通过高速公路运输。“汽车运输的弊端也很明显，很难满足广西蔬菜水果外运的要求。”吕玲丽说，在运送时间上，通过公路运输，日夜兼程需要4天时间才能到达北京，而且大多采用挂车等价格相对低廉的运输工具，冷柜车则相对很少。“这种运送方式，蔬菜和水果在途中很容易腐烂变质，增加了损耗。”吕玲丽说。确实如此，凌先生在广西百色市田阳县做芒果贩卖生意，主要品种有泰国芒、金煌芒等，生意常常往来于广西和上海、北京之间，他说：“最担心的问题是运送途中有腐烂，一车运过去需要3天，每次因为腐烂带来的损耗率有10%。”

北京工商大学经济学院、商业经济研究所所长洪涛说，开行果蔬专列，可以将蔬菜水果从产地直接运往市场，不仅可以节省将近一半的运输时间，提高了运输效率，而且可以绕开公路运输途中的乱收费、乱罚款以及车匪路霸等问题。洪涛表示，专列通过集中采用冷柜设备，集中运输，还可以带来规模效益，降低蔬菜的运输成本。蔬菜大量供应到北京、上海等需求较大的城市，也可以通过增加供给量，起到降低价格的作用。

“火车采用轨道运输，受到恶劣天气影响的概率要比公路小很多。”吕玲丽说。由于汽车的运力和运输效率有限，每逢蔬菜水果大量上市的季节，产生运力不足的问题，运输车一车难求，蔬果问题，火车运输至少可以保证旺季的运输畅通。”吕玲丽表示：由于汽车需要大量的耗油，公路运输很容易受到油价波动的影响，如果运用电力为动力的火车，运输成本就相对稳定。而每逢淡季，又会发生运力相对过剩的问题。“这些都是汽车小批量运输的局限性所产生的后果”。

(1)合理选择运输方式、运输路线和运输工具。现阶段,我国交通运输的主要方式有铁路运输、公路运输、水路运输、航空运输、管道运输等。一般对于大宗农产品运输适宜采用铁路运输,因为火车具有运量大、运费低、安全性高、准确性等特点。对于中短途农产品运输,适宜选择公路运输。因为汽车运输具有装卸便利、机动灵活、可直达仓库,对性质不同的农产品适应性强等特点。对于鲜活农产品,可选择具有相应保养条件的运输工具和运输方式如冷藏车等。对于大宗耐储运农产品运输,有条件的情况下可采用船舶,因为轮船运输运量大,运费低,缺点是速度慢。对量少价高的农产品可利用飞机运输,以保证高质量与高速度,缺点是费用高。

运输路线是指交通运输的地理途径,就是在组织农产品运输时,按照农产品运输的特点、要求及合理化原则,采用合适的运输路线,就其运输的时间、里程、环节、费用等方面进行综合对比计算,消除增大运输时间、里程、环节、费用的各种不合理因素和现象,选择最经济最合理运输路线。

运输工具是指运输承载物。运输工具主要有火车、汽车、轮船、飞机和管道。除了这些现代化交通运输方式及其运输工具外,还大量使用一些民间运输工具,如拖拉机、驳船、畜力车、牲畜等。这些运输方式和运输工具各有特点,能适应不同的自然地理条件、产品属性和产销状况。只有区别情况,因地制宜,才能合理选择。民间的各种运输工具数量多、分布广、使用灵活方便,在某些情况下,是其他现代化运输工具代替不了的。所以,在广大农村,特别是交通不便的边远地区,民间运输工具是不可缺少的,尤其适宜零星分散的小宗农产品的短途运输。

(2)实行分区产销平衡,确定农产品合理流向。对于产地集中、销地分散或产地分散、销地集中的运量大的农产品,可根据农产品的产销分布情况和交通运输条件,在产销平衡的基础上,按照近产近销的原则,规划农产品的调运区域,确定农产品合理流向,并用这种方法把产、供、销关系和合理运输路线相对固定下来,使农产品运输制度化、合理化。这对于加强产、供、运、销之间的相互衔接及其计划性,消除过远、迂回、倒流等不合理运输很有好处。

(3)采用直达、直线、直拨运输与中转运输。直达运输是指将农产品从产地或供应地直接运送到消费地区、销售单位或主要用户,中间不经过其他经营环节和转换运输工具的一种运输方式。这种运输方式运送农产品,能大大缩短商品待运和在途时间,减少在途损耗,节约运输费用。尤其是易腐易损农产品的运输,应尽可能采用这种运输方式。有些农产品,如粮食、棉花、麻、皮、烟叶等,虽然耐储运,但由于供销关系比较固定,而且一般购销数量多、运量大、品种单一,采用直达运输方式也很适宜。

直线运输是指在农产品运输过程中，从起运地至到达地有两条以上的运输路线时，应选择里程最短、运费最少的运输路线，以避免或减少迂回、绕道等不合理运输现象。

直拨运输是指调出农产品直接在产地组织分拨各地，调进农产品直接在调进地组织分拨调运。直拨运输一般适用于品种规格比较简单，可选择性不大的大宗农产品运输。

中转运输通常是指农产品集散地的批发机构，将农产品集中收购起来，然后再分运出去。中转运输也是组织农产品运输的一种必要方式，它可以把分散收购的农产品集中起来，再根据市场需要转运各地，有利于农产品经营单位按计划组织调拨。可以根据农产品的收购、储存情况和市场需求的缓急程度，科学编制运输计划，选择合理的运输方式、运输路线和运输工具，提高农产品运输的效率。

(4)联运。联运，是指运用两种以上的运输工具的换装衔接，联合完成农产品从发运地到收货地的运输全过程。联运的最大特点是农产品经营部门只办理一次手续即可完成全过程的托运。现阶段我国的联运主要有水陆、水水(江、河、湖、海)、陆陆(铁路、公路)联运和航空、铁路、公路三联运几种形式。开展农产品联运，既适应我国交通运输的客观条件和运输能力，也是农产品产销遍布全国、点多面广的特点所决定的。只要联运衔接合理，就可缩短待运时间，加速运输过程。组织联运是一项复杂工作，在组织农产品联运时，购销双方要和交通运输部门密切配合，加强协作，提高联运的计划性、合理性。要通过签订联运合同，落实保证联运顺利进行的措施和责任，提高联运效果。

(5)集装箱运输。集装箱是交通运输部门根据其运输工具的特点和要求特制的装载商品的货箱。我国铁路运输集装箱有多种不同规格。选用时，要根据农产品的重量和用以装载的车型来确定，以求装满载足，降低运输成本。集装箱运输过程机械化、自动化操作程度高，是现代高效运输形式。采用集装箱运输，有利于保证商品安全，简化节约包装，节约装载和搬运费，加快运输速度，便于开展直运和联运。集装箱运输适应农产品易腐易变的特点和运输要求，应大力发展这种运输方式。

(6)“冷藏链”运输。“冷藏链”运输是指对鲜活农产品从始发地运送到接收地，每一环节的转运或换装都保持在规定的低温条件下进行。“冷藏链”运输能抑制微生物繁殖和酶的活动，防止农产品腐变和减少在途损耗。如长距离运输蔬菜，采用一般设备运输，损耗率大于20%，有的高达50%，而采用“冷藏链”运输，损耗率可控制在3%～5%。同时，还能延长其储存期，有利于调节市场供求。可见，“冷藏链”运输对于保证农产品质量，减少农产品运输损耗，提高运输效益很有好处，应该积极推广，特别是对易腐变的鲜活农产品，更应该创造条件采用。

## 知识框

### 热起来的"冷链"遇发展瓶颈(农民日报 2014.08.04)

中国物流与采购联合会提供这样一组触目惊心的数字：我国果蔬冷链流通率仅为10%左右，造成果蔬损失率达30%。如果将果蔬损耗率降低到5%，每年可减少损失1 000多亿元，提供1.8亿人一年的口粮。

不仅如此，冷链物流还是确保农产品消费安全的重要环节。生鲜农产品要求全程运输、交接和储存始终在冷链环境下，才能保证安全及新鲜度。专家指出，控制易腐食品安全就要控制微生物生长速度，关键是控制温度，温度每升高6℃，细菌生长速度就会翻一倍，产品货架期缩短一半。

中国物流与采购联合会副会长崔忠付分析认为，如果产地有完善的产地预冷、冷库以及加工设施，就可以有效延长产品货架周期，拓展农产品销售区域，增加农产品的附加值，并且达到错季销售的效果，最终实现农民增收。比如，胡萝卜产后短期内如果不能卖掉就会质量下降，种植者在没有冷库的情况下往往着急出售，这时收购商就会压价，而有了冷库和冷链加工中心之后，原本1 400元/吨的胡萝卜，错过收购旺季后可以卖到2 000元/吨，甚至更高。

从出口来看，我国生鲜农产品具有较强的比较优势，但由于冷链发展滞后，蔬菜、水果出口量仅占总产量的1%～2%，其中80%是初级产品，在国际市场上缺乏竞争力。特别是随着近年来发达国家不断提高进口农产品准入标准，相关质量、技术和绿色壁垒已经成为制约我国农产品品牌打造和出口的重要障碍。加快发展农产品冷链物流，有助于提高出口农产品质量，突破贸易壁垒，增强国际竞争力。

这些年出现的"豆你玩"、"蒜你狠"等现象，一方面是流通环节过多，但另一方面也凸显了冷链物流体系缺失。由于冷链体系不完善，大部分农产品无法做到错季销售，而且农产品损耗严重。由于冷链基础设施落后，很多农产品在没有成熟的情况下被采摘，通过常温运输到消费地，这也是造成农产品品质下降的重要原因。

我国冷链物流进入快速发展期，但与发达国家相比仍有明显差距。其次，冷链基础设备、设施落后，而且功能失衡。中国物流与采购联合会提供的数据显示，目前我国冷藏保温车辆约有7万辆，而美国拥有20多万辆；冷库总量为2 673万吨，人均冷库容量不足20千克，美国是中国的5倍。

随着人民生活水平的提高，农产品冷链物流的市场潜力会逐渐显现。很多社会资本已经纷纷布局冷链物流，但冷链高成本始终是企业头疼的问题。顺丰优选是物流行业的领头羊，公司总裁崔晓琦告诉记者，他们非常看好巨大的冷链市场，但冷链物流成本居高不下，直接导致很多生鲜电商不赚钱。

**（二）资料准备**

（1）利用图书馆或资料室以及报刊，查找有关农产品包装和运输的案例资料；

（2）调查当地农产品生产加工企业，收集农产品包装与运输的第一手资料。

## 二、任务设计与实施

【任务设计】

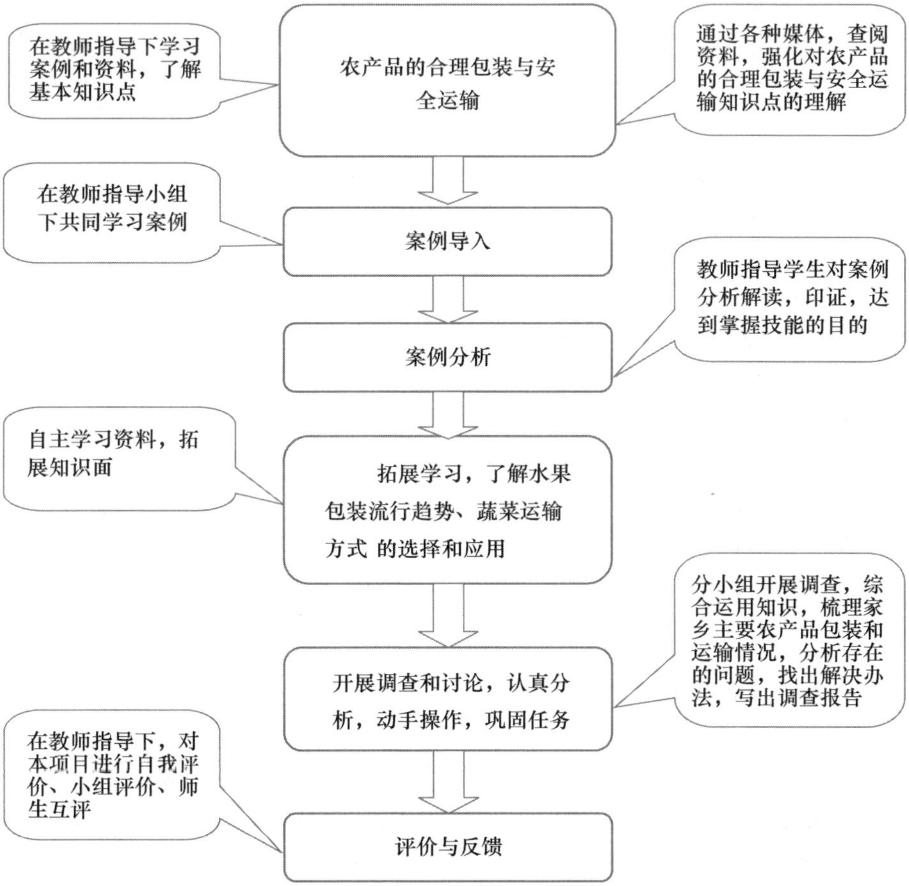

【任务实施】

**（一）导入案例**

**【案例六】** 农产品简陋包装亟待升级（重庆日报 2014.11.14）

“农产品要卖得好，还得靠包装。”近日，巫溪县尖山镇大包村种菌大户李晓燕感叹。在今年一个全国性农产品洽谈会上，她带着自家灵芝参展。不少客商告诉她：干灵芝品质不错，就是包装太“寒碜”——0.1 元的自封塑料袋加贴标签，难以引起消费者的购买欲。

记者在不少区县采访时发现，虽然重庆市农产品生产者已逐步认识到包装的重要性，但目前请专业公司设计包装的农产品不到 10%。

不少农产品使用“三无”包装。“我们的紫薯粉，原来每千克只能卖 30 元，现在能卖到 90 元。”万州区院子山蔬菜专业合作社理事长杨必军骄傲地说。以前，合作社的紫薯粉用塑料袋简包装，卖不起价。杨必军就找广告公司专门设计了包装盒，之后销售价格直线攀升，不少商家还根据包装上的联系方式找上门来，销售范围也扩大到市外。“在经历‘裸卖’时代后，越来越多的农产品生产者意识到包装的重要性，现在大多数已步入了‘简包装时代’。”市农委对外合作社有关负责人说。不过，记者在采访中发现，大多数生产者使用的是没有商标、没有生产者名字，没有联系方式的“三无”包装。据了解，目前我市已采用包装的农产品中，请专业公司设计的个性化精美包装不到 10%。

专家建议补助农产品包装设计。采访中，记者发现，包装精美的农产品往往比简包装的农产品价格要高 20%以上。对此，有关专家建议，各农业企业和专业合作组织要进一步增强“包装也能增值”的观念，设计适应商品储藏、运输、销售以及方便开启的包装，并通过包装彰显自身产品的特性、特点，为产品创造更多附加值。其次，相关政府部门可加强对企业和合作组织在包装方面的引导，在农产品包装设计方面，给予一定补助，减少因资金因素带来的粗陋设计和制作。最后，进一步加快农产品的规模化生产。由于设计费用较高，由散户承担设计费用不现实，而新型农业经营主体规模化程度高，其产品包装设计的积极性也较一般农户更高，从而快速推动我市农产品卖得更远、更好。

**【案例七】** 快递费用高、缺乏冷链运输农产品触“网”遇冷（天津日报 2015.02.05）

眼下正是天津市民春节前集中购买年货的时节，为让优质地产肉蛋菜果直接进入市民厨房，相关部门采取了网上在线销售方式，让农产品触“网”销售。但令人遗憾的是，尽管这些农产品质量好，价格也便宜，但销售业绩并不佳，市民不愿意网购这些优质农产品，原因何在？

日前，记者在一家网店查询到一种冬天采收的大棚优质萝卜，每千克售价4元，比目前市场上销售的萝卜每千克要便宜1.3元左右。一位萝卜种植户告诉记者，尽管网店建立起来了，但是目前并没有网购者，销售还是传统方式。除了萝卜外，优质蔬菜、水果、杂粮等在线销售也不太尽如人意。一家网站负责人介绍，其根本原因是物流快递配送不给力。目前只有一家快递公司为其快递，所以要价较高，一箱苦瓜从郊县配送到市区价格是12～15元；时间较长，一般需要2～3天时间。时间长、快递费用高，市民自然不愿意网购。

除了快递公司少、快递费用高、快递时间长之外，地产生鲜农产品缺乏冷链运输也是一个重要的制约因素。比如一种优质“无抗”猪肉，采用苜蓿、玉米等纯天然饲料喂养，绿色无公害，该产品上线10多天了，但是一斤也没有卖出去。原因是很多市民担心在缺乏冷链运输的情况下，猪肉在常温下配送会变质，所以没有市民敢轻易下订单。

记者采访中了解到，一些快递公司不愿意开拓农产品快递的原因是农产品本身分量重，路况不佳，路途较为遥远，快递成本较高。另外，跟工业产品不同的是，农产品生产基地都是散落在各个乡村，地点分散。

市农产品流通协会专家建议，要解决这个问题，还需要农产品种养殖大户、电商、快递公司、主管部门共同努力。一是快递公司可以和政府部门开通的“农产品直通车”结合起来；二是电商和种养殖大户联合开展团购促销，增加网购订单数量采取集中配送，以减少物流配送成本。对于冷链运输问题，可采取一些保温箱加冰瓶的土办法；农产品主产区主管部门也要继续加大对冷藏设施的投资扶持力度。

### (二)结合导入案例，分析农产品合理包装的作用与农产品触“网”遇冷的原因

1. 在案例六中，农产品生产者已逐步认识到现代市场经济条件下包装的重要性和必要性，农产品合理包装的作用主要有以下几个方面

(1)保护商品。保护商品是包装最基本和最重要的功能，在产品运输储存过程中，难免会受到一定的冲击、震动及受潮、虫害等外部环境的侵袭，如包装不好，产品就会在运输储存过程中受损。农产品的特殊性使其对包装的保护功能要求更为严格，农产品包装还必须要保护农产品的品质和新鲜度。

(2)方便物流。农产品在流通过程中，要经历无数次的运输、装卸搬运、储存，好的包装可以很好地保护好商品，提高仓库的利用率，提高运输工具的装载能力，还可方便消费者携带、消费。

（3）促进销售。包装是产品的无声推销员，能够促进商品销售。在农产品质量相同的情况下，精致、美观、大方的包装可以激发消费者的购买欲望。当前果蔬产品的包装开始趋向精美化。

（4）增值作用。包装精美的农产品往往比简包装的农产品价格要高 20%以上，针对这一特点，农产品生产者要进一步增强“包装也能增值”的观念，精心设计适应商品储藏、运输、销售以及方便开启的包装，并通过包装彰显自身产品的特性、特点，为产品创造更多附加值。

2. 在案例七中，分析农产品为什么触“网”遇冷的原因

（1）农产品生产地大多远离市区，运输时间长，市民担心农产品的质量能否得到保证。

（2）农产品生产地分散，快递成本高。农产品本身分量重，路况不佳，路途遥远，容易损坏变质，快递成本较高，此外，农产品生产基地分布在各个乡村，快递的效率低。综合以上原因，一些快递公司不愿意开拓农产品快递，有的开通了，但覆盖面又很小。

（3）地产生鲜农产品缺乏冷链运输。由于鲜活农产品极易变质，消费者担心在缺乏冷链运输的情况下，产品品质没有保障，所以不敢轻易下订单。

（4）由农产品本身特点所决定的。农产品在储存和运输期间由于受到内在因素和外界因素的相互作用，不断发生物理、化学和生物变化，损害其使用价值与价值。所以很多消费者不愿在网上购买农产品。

**（三）任务的组织实施**

（1）通过自主学习、提问、讲解，以及对导入案例的分析，让学生掌握如何选择农产品包装策略和最佳运输模式。

（2）以组为单位查阅资料，搜集典型案例和相关知识，讨论分析在农产品包装和农产品运输方面有哪些借鉴的地方，有哪些需要改进的地方。

（3）分组讨论案例，每组选择一个案件，写出分析报告。

（4）每组选一个代表在全班讲解分析报告，小组其他同学补充，全班讨论。

（5）认真完成拓展学习，掌握水果包装与蔬菜运输的新趋势。

（6）对你家乡的主要农产品的包装和运输情况进行认真调查，看看哪些方面做得比较好，存在哪些突出问题，怎样去有效解决，写一篇调查报告。

（7）教师组织对调查报告的评比，选出优秀的作品在全班展示并评讲。

（8）组织完成本项目师生评价与反馈。

## 三、任务拓展

把握最新水果、蔬菜包装与运输方法与趋势

### (一)水果包装的五大流行趋势(来源:中国包装网 2014.07.08)

目前,反对水果过度包装的呼声越来越猛,人们对水果包装的关注度也日渐升级,那么水果究竟该如何包装才能迎合市场需求呢,中国包装网编辑为大家支招来了,其实现在的水果包装主要是朝以下趋势发展:

1. 小型化

目前城乡水果消费一改过去成箱购买的习惯,出现买新吃鲜、少量多次的特点。现在市场上果品大部分仍为箱装,且包装多在10千克以上,而市场急需的是3~5千克小包装。

2. 精品化

讲究质量、追求美观是现代人的共识,精美、新颖的包装能促进人们的消费欲望。目前洋水果频频冲击国内市场,往往是在包装上找到突破口。国内的一些精品水果,其外观、形、色及内在品质完全可与洋货抗衡,特别是近年来出现的印象、印图、特殊造型等高品质水果,只要包装精美完全可以占领国内精品市场,甚至走出国门得到外国朋友的青睐。

3. 透明化

据抽样调查显示,95%以上的消费者买箱装水果时都要开箱察看。如果在包装时采用部分透明材料,既可增加美感提高购买者欲望,又增加可信度,可谓两全其美。

4. 组合化

人们不论是馈赠亲友还是自己食用,都喜欢多样化。如果我们能按某种规律组合包装,一定大有可为。比如把不同形状的圆苹果、长香蕉、串葡萄进行组合包装就大有新意,促销效果非常明显。另外,还可按不同颜色、不同性质、不同产地的水果进行组合包装。从另外一个角度来看,还可把一种水果按多样品种组合包装。例如,一箱苹果,内装富士、秦冠、国光、元帅等多品种,让消费者获得一品多味的尝试。

5. 多样化

当前水果包装多采用纸箱,能否改试塑料箱、木箱、泡沫箱呢?再从形状上看,不一定非得长方形箱、圆形、扇形、筒形、连体形等都可以考虑。或从制作工艺着眼,可变机制包装物为手工艺品包装物。还可以从用途上分自用廉价型、馈赠祝福型、旅游方便型、产地纪念型等。总之,每一个新变化都给人一种新鲜感,刺激一种新欲望，都能达到扩大销售的目的。

### (二)蔬菜运输方式的选择和应用

蔬菜运输方式需根据蔬菜种类品种的特性而定。一般选择有利于保护商品、运输效率高且成本低廉，受季节、环境变化影响小的运输方式。目前我国铁路、公路、水路、空运等各种运输方式均已被广泛采用，它们优势互补，已逐渐形成较完整的运输网络，这为全国性的蔬菜流通开创了前所未有的优越条件。

1. 运输方式

(1)铁路运输动载量大、成本低、受季节变化影响小，虽中间环节多，灵活性和性应性差，但仍然是目前蔬菜运输的主要方式。适用于大宗蔬菜的中、长距离运输。

(2)公路运输成本较高、运输量小，路面不平时振动大，产品易受损伤，但具有较强的灵活性和适应性；它无须换包装即可直送销地，甚至可实现“门对门”地运输；还可深入到非铁路沿线的偏远城镇或工矿企业。这是其他运输方式所不能替代的。随着国道的不断扩建、新建以及“绿色通道”的开通，公路中短途及长途运输日趋发展。

(3)水路(包括内陆和海上)运输成本低、较平稳、运载量大，但水运连续性差、速度慢，联运中要中转、装卸，也会增加货损。因而它只适用于近距离运输以及耐贮运蔬菜或蔬菜加工制品的远距离运输。

(4)航空运输速度快、保质好、受损小，但运输成本高、运量少。空运特别适于新鲜柔嫩、易受机械伤害而变质的高档蔬菜，如新鲜特产食用菌等。

(5)集装箱运输可实现整件吊装，不仅会极大地提高装卸效率，更重要的是便于不同运输方式之间的联运，发展前景广阔。

2. 运输工具

因地制宜地选择蔬菜运输工具是实现经济、高效运输的关键。如在江河、湖泊沿岸或沿海地区，可采用水路运输。短途调运销售一般选择木船、小艇、拖驳船等。鉴于在自然环境的常温条件下运输，产品质量下降快，要求快运快销。远途运输需采用大型船舶或远洋货轮等，但装货船舱应有保温或控温设施，以保持在适宜的温湿度条件下运输。我国目前主要以公路、铁路运输为主。

(1)公路运输。短途运输工具可选择用人力或畜力拖车和拖拉机。中长途运输应选用汽车，有普通货运大卡车和冷藏汽车。长途调运不仅需要包装还要合理装码，如用普通卡车则要有防冷防热的措施，最理想的是选用冷藏汽车。应先预冷，散去田间热和部分呼吸热；装车后要调控到适宜的温度并保持其稳定。只有科学实施蔬菜保鲜运输方案，才能达到最佳的贮运效果。

(2)铁路运输。蔬菜铁路运输具有悠久历史，运输工具很多，下面重点推荐几种铁路运输工具：

①普通棚车。它是一种常温运输工具，车厢内无温湿度调控装置，因受自然气候影响大，仅能靠自然通风(或夹放冰块降温)，加盖草帘或棉被保温。虽然运费低廉，但品质下降快，损耗大，只能用于对温度要求不严格的蔬菜。

②冷藏车。车体气密性较好或设有保温层，它能隔热并有冷却装置，可实现控温运输，但费用较高。它可分为加冰冷藏车和机械制冷冷藏车两种，前者费用低于后者。

③隔热通风车。属保温运输设施。车体四周有很好的隔热装置，但无制冷和调控湿度的设备，只有可控制的通风孔。良好的隔热性能可以减少车内外的热交换，使车内温度波动不大、呼吸代谢相对稳定。这种车辆的造价低、能耗少、管理简便，适合快速、中距离运输，并可取得很好的经济效益。现在发达国家已广泛应用，我国也已试用并取得较好的效果。

④冷藏集装箱。它是在集装箱的基础上增加隔热层以及制冷和加温设备而成的，可随时调控箱内适宜的温、湿度条件，借以保持其鲜嫩品质。它省力、省时，还可与汽车联运，方便快捷，是发展的方向。

## 四、任务巩固

(1)对你家乡的主要农产品的包装和运输情况进行认真梳理，看看哪些方面做得比较好，存在哪些突出问题？

(2)针对存在的突出问题，试拿出有效解决方案。

## 五、评价与反馈

### (一)自我评价

(1)你对本项目的学习都做了哪些知识准备？

(2)本项目包含了市场营销最基本的品牌、价格、促销、渠道、包装与运输的方法与策略，内容非常丰富，你觉得掌握的怎么样？

(3)本项目的案例很多，很自主分析吗？

### (二)小组评价

从学习态度、学习方法、讨论发言和学习能力的提升等方面评价。

| 序号 | 评价项目 | 评价情况 |
| --- | --- | --- |
| 1 | 能否熟练掌握农产品的品牌、价格、促销、渠道、包装与运输策略 | |
| 2 | 能否在生产实践中灵活运用各种营销策略 | |
| 3 | 本项目的调查任务很多,你在调查中与社会沟通的表现怎样 | |
| 4 | 本项目案例分析很多,你能否科学分析相关的农产品营销案例 | |
| 5 | 本项目每个任务都安排有学生演讲,机会很多,你参加没有？效果如何？ | |
| 6 | 是否服从教师的教学安排 | |
| 7 | 学习中的自主性怎样？能否主动与老师、同学、企业、农民沟通？ | |
| 8 | 对本项目学习整体效果怎样 | |

### (三)综合评价

1. 教师评价

(1)对整个学习内容的小结归纳。

(2)对教学过程的总体评价。

教师签名________

2. 学生评价

(1)对教师授课效果的评价。

(2)对学习效果的评价。

学生签名________

# 模块三　新经济形势下的农产品营销技能

项目五　农产品电子商务

项目六　新经济形势下的农产品营销策略

# 项目五　农产品电子商务

【学习目标】

完成本项目的学习任务后，你应该能

1. 了解农产品电子商务的基本特点
2. 运用电子商务平台开展农产品营销活动
3. 掌握农产品电子商务的安全技巧
4. 在电子商务实践中正确运用各种安全措施

【项目描述】

通过本项目的学习，学员要了解电子商务的基本知识，掌握开展电子商务的一般手段，学习电子商务的安全知识，为农产品电子商务的开展打下知识和能力基础，并以淘宝网为例，学习如何申请开通网店的方法和流程。

【思维导图】

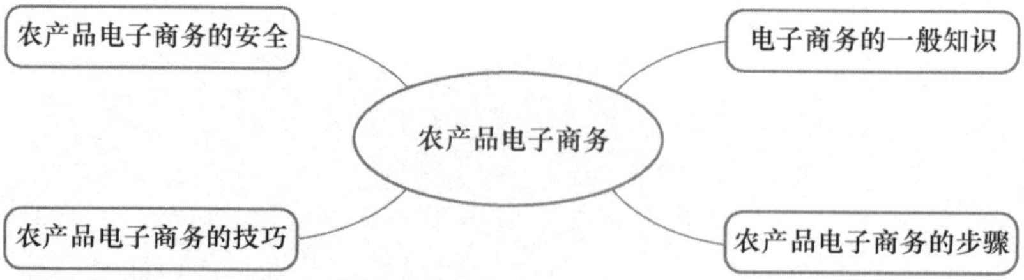

# 任务一　正确认识农产品电子商务

## 一、学习准备

### (一)知识准备

1. 什么是电子商务

简单地说,电子商务是利用电子网络进行的商务活动,具体指通过使用互联网等电子工具(这些工具包括电报、电话、广播、电视、传真、计算机、计算机网络、移动通信等)在全球范围内进行的商务贸易活动。

2. 什么是农产品电子商务

农产品电子商务指的是在农产品的生产、加工及配送销售过程中全面导入电子商务系统,利用信息网络技术,在网上进行信息的发布和收集,同时依托生产基地与物流配送系统,在网上完成产品或服务的购买、销售和电子支付等业务的过程。

3. 农产品电子商务的优点

农产品电子商务消除了传统商务活动中信息传递与交流的时空障碍,减少了农产品流通环节,大大降低了农户进行广告宣传、信息搜寻、贸易洽谈等商务活动的成本费用;而且电子商务依托全国或国际互联网的交易网络,使企业能够冲破条块分割的市场格局,摆脱区域性市场的限制。因此,发展农产品电子商务打破了农产品营销中地域和时间的限制,使农产品的销售空间更为广阔,有利于农产品生产经营树立市场全球化和产品标准化的观念。

表 3-1　农产品电子商务和传统农产品交易方式主要区别

| | 社会成本 | 交易过程费用 | 交易设施费用 | 信息交流费用 |
|---|---|---|---|---|
| 农产品传统营销方式 | 流通环节多,交易量小,参与人数多,社会成本高 | 多次买卖,反复讨价还价,交易量小,现场交易,费用高 | 设施简单,但需要在集贸市场、超市等交易场所内进行 | 经纪人数量多,费用高 |

续表3-1

| | 社会成本 | 交易过程费用 | 交易设施费用 | 信息交流费用 |
|---|---|---|---|---|
| 农产品电子商务 | 流通环节少，规模大，以法制和诚信为基础，社会成本低 | 交易过程简单，手续单一，网上磋商交易，费用低廉 | 无须专门场所与交易设施，需要少量签约费 | 网上信息费，电话、电传费等，费用低 |

4. 农产品电子商务的形式

农产品生产经营者开展电子商务可以采用自建网站、入驻第三方平台等多种方式。通过电子商务业务，农产品生产经营者可以在网上发布电子商情、进行网上蹉商并开展电子交易。电子商务按照交易的对象，可以分为企业对企业(B2B)企业对消费者(B2C)，消费者对消费者(C2C)，政府对企业(G2B)，政府对个人(G2C)，政府电子采购(B2G)，以消费者为导向的各种电子商务(B2B2C)等多种交易形式。

**知识框**

**农村电子商务迎来快速发展**

2014年10月13日，阿里巴巴在杭州总部举办的浙江县域电商峰会上宣布，集团将启动千县万村计划，在三至五年内投资100亿元，建立1 000个县级运营中心和10万个村级服务站。这意味着，阿里巴巴要将供应链深入下沉到农村市场，在今后几年以线下服务实体的形式，大力推动其电子商务在农村的拓展。无独有偶，早在上半年，京东、当当这些知名电商就纷纷到农村刷墙，一时间，“老乡见老乡，购物去当当”、“发家致富靠劳动，勤俭持家靠京东”这些富有中国特色的标语，成为农村墙壁上的一景。知名电商集体下乡体现了农村电商市场蕴含着巨大的潜力，根据阿里巴巴研究院发布的《农村电子商务消费报告》数据显示，过去三年，淘宝农村消费占比不断提升，从2012年第二季度的7.11%提升到了2014年第一季度的9.11%，预测2014年全国农村网购市场规模达到1 800亿元，2016年有可能突破4 600亿元。可以预见，农村电子商务在今后几年有望迎来快速发展。

**(二)资料准备**

(1)利用报纸、杂志、图书等；搜集相关电子商务的相关案例及知识。

(2)走访当地农户及农产品加工企业，了解电子商务的相关发展情况。

(3)教师准备关于农产品电子商务的相关案例与分析资料。

## 二、任务设计与实施

【任务设计】

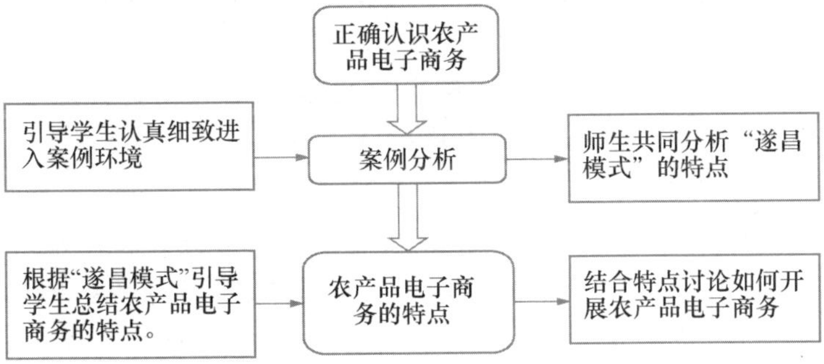


【任务实施】

### (一)导入案例

**【案例】**　大山农产品搭上电商快车遂昌土猪肉“聚划算”上卖(文汇报2013.1.8)

浙江遂昌县政府首次尝试生鲜产品网络叫卖。3 000 家农户养的土猪肉，近日在“聚划算”面向江浙沪地区销售。对此次尝试，遂昌县主管领导寄予厚望，“希望让老百姓吃上健康放心的土猪肉，同时也希望借这次活动打响‘遂昌土猪’的品牌，并且总结出生鲜类食品的网络销售经验。”而市场给予的回应亦令其欣喜：两天卖了 7 500 千克肉，整个活动期间，有超过 100 万用户关注。

登录“聚划算”可发现，猪肉售卖方式跟线下类似，也是按照猪腿、五花肉、肋排、里脊肉、蹄髈分类。土猪肉的价格向来比较金贵，而且，以前遂昌土猪以批发商预订为主，不零卖，在浙江省内就消化掉了。这次“聚划算”团购价是市场价的七折，并享受顺丰包邮优惠。从购买记录看，短短 10 分钟就卖出 500 千克。为了保证肉质新鲜，这次团购土猪肉没有现货，而是根据下单情况定量屠宰。

据悉，团购的土猪来自遂昌 3 000 家农户散养猪以及具有丰富养殖管理经验的专业生态农场。遂昌土猪生长在非常适合原生态养殖的小高山气候中，每天傍晚都在高达 500 米以上的竹林里自由运动，只喝当地优质的山泉、吃野生猪草和杂粮，肉质很鲜美。

网络售卖生鲜类食品对保鲜、物流、配送都有严格的要求，此次土猪肉如何操作？此次土猪肉的售卖有一套严格快速的供应链和物流配送流程。每一头猪都是当日屠宰当日切割、包装，并用顺丰快递发货，次日就能送达到消费者手中。在这过程中，采用国外 MAP 技术，利用顺丰的鲜品泡沫盒冰袋保证猪肉新鲜品质。其中 MAP 包装指对新鲜猪肉进行排酸、换气后，在包装袋内填充 $CO_2+O_2$ 的混合气体。这种新的保鲜技术，可以达到 7 天保质期，哪怕在最炎热的夏季也没有问题。

那么，这种包装和快递合计费用多少？“聚划算”工作人员告诉记者，每份的物流成本约为 20 多元，此次活动全由商家和“聚划算”承担。

遂昌被外界称为“淘宝县”，以销售当地农产品闻名。根据当地网店协会统计，2012 年，遂昌农产品的网上销售额突破 1 亿元，仅地瓜、竹笋就卖了 30 万千克。

“农产品电商化是未来的潮流和趋势，我们想大胆突破，把更多生鲜类产品搬上网，顺顺当当地交给消费者。”县主管领导说，如果这次猪肉卖成功了，遂昌还会尝试网上猪肉预订，当猪还是小猪崽的时候，消费者就能下单，等待猪自然成熟了以后再送到顾客手中。这种方式，类似于杭州等城市流行的“杀年猪”。

### （二）结合以上案例，分析当前我国农产品电子商务的现状、趋势、特点

1. 当前农产品电子商务的现状与趋势

我国农产品电子商务发展迅猛，据报道，仅 2013 年，全国农产品电子商务交易额已超过 500 亿元。全国涉农网站已达 4 万多家，全国农产品电商平台已经超过 3 000 家。截至 2013 年底，3G 无线网络已覆盖全国所有乡镇，宽带覆盖 91%的行政村，农村宽带接入用户超过 4 700 万户，农村有 1.77 亿网民。

另外，各大电商平台纷纷推出农产品特色频道，2012 年，顺丰快递旗下的电商食品商城“顺丰优先”宣布上线。亚马逊中国推出主营海鲜食品的生鲜频道，淘宝则上线以有机农产品交易为主的生态农业频道，还包括蔬菜水果、肉禽蛋类和粮油副食等；京东等各大电商也纷纷推出相关频道。2013 年，全国依托淘宝网、1 号店、京东等第三方平台以及个体之间的电子商务平台，实现农产品网络零售近 700 亿元。

以目前发展情况而言，当前电子商务最火爆的领域就是农产品电子商务。在政府的推动下，电子商务网站平台的建设飞速发展，农产品经营信息化、现代化步伐不断加快，农产品电子商务将迎来新一轮的爆发式发展。

2. 农产品电子商务的特点

农产品电子商务作为电子商务的一个部分，与其他产品的电子商务有很大不同。主要体现在以下几个方面。

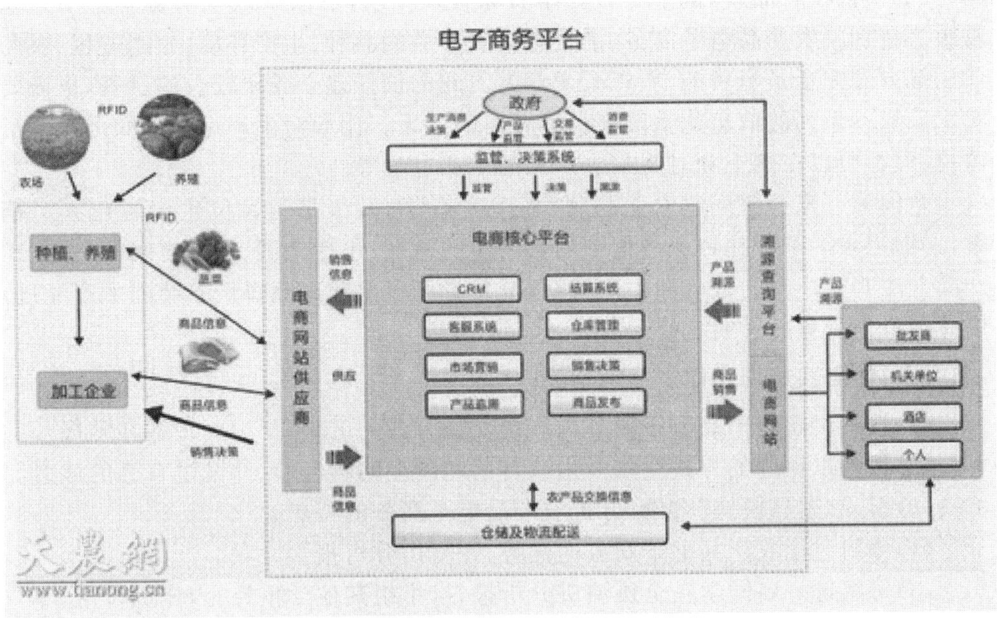


图 3-1　农产品电子商务示意图(图片来自天农网)

(1)农产品品类众多。农产品不像工业产品,用同样的原材料和工艺,即可做出同样的产品。生产上,农产品生产具有季节性、地域性、周期长等特点。即使同一种农产品,也会因为品种、产地、季节、生长气候、加工等各种条件的不同,出现完全不同的品质,所以,农产品标准化的问题一直很难解决。

另外,农产品的地方特色也带来了不同的产品定位和客户定位。譬如电视纪录片《舌尖上的中国》推红了一大批地方农产品,如香格里拉的松茸、贵州黎平米粉等,很多产品已经在一些电商平台上推出。再如湖北省武汉市创建国家地理标志保护产品,分别创建了洪山菜薹、梁子湖大河蟹、蔡甸莲藕、涨渡湖黄颡鱼等几个品牌农产品,这些地方特色品牌的创建给当地农产品带来巨大的增值效应。

(2)农产品电子商务对物流的要求很高。农产品天然的生物属性,使其具有易腐性等特点。从物流特性看,农产品的物流具有相对独立性,对技术要求高、专业性强、难度大,同时又具有季节性和地域性特点;从消费特性看,农产品的消费具有小批量、多品种、快变换、经常性、需求刚性和习惯性等特点。特别是农产品中的生鲜类型,对仓储和物流要求极高,对商品的周转率、占用的资金量等各方面都是很大的考验。

(3)农产品电子商务在交易中的买卖双方信任建立较难。农产品与工业品不同，大部分都没有品牌，也很难有具体的标准来控制，所以难以在消费者心中站稳脚跟。特别是农产品电子商务，消费者对农产品的品种、生产环境、生产过程、农药使用等方面完全是盲目的，所以买卖双方之间的信任建立需要较长的过程，也需要卖家采取一系列的信息化手段来打消顾客的疑虑。比如对生产过程采取全程电子监控，顾客可以在网上随时观察农产品的生产过程等。

中国第一家透明溯源农业品牌“乡土乡亲”的做法是为每位生产者建立了档案，详细记录了茶叶在种植过程中的每一步的情况，包括施肥、采摘时间等，并且在产品上注明生产者的姓名和生产日期，消费者可以由此追溯每份茶叶的生产经过，以此进行全流程的透明化管理。

### (三)任务实施的组织

(1)教师讲解农产品电子商务与传统交易方式的区别，学生要理解并掌握。

(2)教师以提问的方式要求学生谈自己的网上购物经验，并说说自己的体会。

(3)引入“遂昌模式”案例，分析农产品电子商务的特点。

(4)分组讨论农产品电子商务的优势，并写出分析报告。

(5)每组选一名同学在全班演讲分析报告，小组其他学生补充，全班讨论。

(6)组织好对“支付宝”拓展学习，学会安全使用“支付宝”。

(7)每名学生尝试开展一次小金额的电子商务交易，在交易过程中加深对电子商务的理解。

## 三、学习拓展

正确认识支付宝。

支付宝(中国)网络技术有限公司是国内领先的独立第三方支付平台，由阿里巴巴集团创办。支付宝致力于为中国电子商务提供“简单、安全、快速”的在线支付解决方案。“支付宝账户”是为了实现“支付宝”服务而推出的交易工具。其作用如下：

(1)可以为买卖双方完成安全、快速的网上支付业务，并为买卖双方提供了交易资金记录的查询和管理。

(2)为用户提供在“银行账户”和“支付宝账户”之间的资金划转业务，并提供相应资金往来记录的查询和管理。

(3)为你解决后顾之忧。钱没有直接交付到卖家手里。如果货物出问题，钱很容易就回来，不会出现交钱后就万事难的问题。

(4)支付宝其实就相当于担保中介，在买家和卖家之间建立起资金互通的桥梁，如果买家直接把钱打到卖家的银行账户，买家不放心，如果卖家直接发货了，还怕收不到款，所以支付宝就在这种情况下产生的，买家买东西的时候先把钱打到中介“支付宝公司”等买家收到货后，再由支付宝打转入卖家账户，这样一来，双方放心了！

(5)支付宝的存在既维护了消费者的切身利益，又有力的完善了网购的安全性和规范性。

### 四、任务巩固

(1)在一个电子商务网站上申请一个账号，尝试进行一次交易。

(2)学员分组讨论一下，当前电子商务交易的流程中，存在哪些风险和问题?

(3)遂昌县通过网上卖猪肉有哪些优势?

(4)“遂昌模式”可以被推广吗? 还需要解决哪些问题?

## 任务二 怎样利用电子商务开展农产品营销

### 一、学习准备

#### (一)知识准备

1. 农产品电子商务要遵循的原则

**【案例一】** 安徽三只松鼠电子商务有限公司成立于2012年，是一家以坚果、干果、茶叶等森林食品的研发、分装及网络自有B2C品牌销售的现代化新型企业。先后获得IDG的150万美金A轮天使投资和今日资本的600万美元B轮投资。其发展速度之快创造了中国电子商务历史上的一个奇迹。在2012年天猫“双十一”大促销中，成立刚刚4个多月的“三只松鼠”当日成交近800万元，一举夺得坚果零食类目冠军宝座，2013年的坚果销售额超过3亿元，三只松鼠正在成为一家实力雄厚的互联网电商食品领导品牌。

分析以上案例，我们发现了农产品电子商务营销的成功需要遵循以下一些原则：

(1)正确的定位。淘宝上的同类型产品多如牛毛，商户要对自己的产品进行精准定位，上面的案例讲的“三只松鼠”品牌定位于做中国网络坚果第一品牌，紧紧围绕此点做文章，最后取得成功。“三宝”合作社(本任务案例三)的蜂产品可以参考网上众多蜂产品，结合自己的独特性，进行正确的定位。

(2)互联网思维。就是在互联网、大数据、云计算等科技不断发展的背景下，对市场、用户、产品、企业价值链乃至整个商业生态进行重新审视的思考方式。农产品生产经营者的互联网思维需要对自己的产品从电子商务角度全新定位，充分发挥互联网的优势，利用电商平台，开展产品广告、营销推广、产品推销、品牌建设等工作。

(3)重视宣传和反馈。互联网最大的魅力就是可以实时沟通与反馈，农产品电子商务更加要注重与消费者的及时沟通，这是由于农产品的市场特点所决定的。同一品牌的农产品，由于环境、气候、保管、运输、包装等原因，可能出现完全不同的品质，所以农产品电商要与顾客建立密切的沟通渠道，随时收集顾客的意见反馈，及时调整生产、包装、运输、保管等方案，努力保持自身产品的高品质。

2. 最常用的农产品电子商务营销方式

(1)无站点农产品网络营销。是指农产品生产经营者没有建立自己的网站，而是利用互联网上的资源(如电子邮件、邮件列表和各种论坛等)，开展初步的网络营销活动，属于初级的网络营销。对于缺少资金实力和互联网知识的农户和小企业来说，主要是利用无站点网络营销方式。采取这种方式，只要拥有上网的条件，学会一般上网的方法就可以。无站点网络营销在农产品营销中的应用主要包括：通过互联网调查市场情况、免费发布农产品信息、网上拍卖、加入专业经贸信息网和行业信息网、发布网络广告等。

(2)基于企业网站的网络营销。有一定规模的农业企业、农民合作组织以及乡镇村社区组织可以根据自身的需要建立网站，通过网站进行农产品营销。建设企业(社区)网站有以下几点作用：

①增加客户的忠诚度。通过网站可以在第一时间收到顾客使用产品后的反馈意见，建立起与客户交流的便捷渠道，了解顾客的心声；还可以加强企业与顾客间的联系，为建立良好的互信关系打下基础。

②有利于改善售后服务。互联网的特点在于突破地域限制，可以服务于所有用户。同时，网站一天 24 小时不间断地呈现在顾客面前，比咨询热线和服务电话更能准确及时地服务于消费者。

③有利于产品在线推广。通过网站全面展示农产品生产经营者的所有产品，互联网可以让企业产品与品牌更加形象立体地呈现在用户面前，比传统的宣传模式更加丰富多彩、更加全面，更易于发布与传播。

④产品推广成本大大降低。与传统销售行业相比，通过自建网站营销可以减少很多环节，产品通过网站直接到达客户手中，省去了所有的中间环节，不但大大

减少了人力、物力、财力的投入,降低了营销成本,提高了营销效率。

⑤网站是自身的电子名片。网站内容随时更新,可以反映最新的企业与产品动态。一个企业连网站都没有,就像营销员没有名片一样,怎么能让顾客放心呢?

**【案例二】** 门头沟区创新特色农产品销售方式《京西时报》　2015.02.03)

如今,打开门头沟特色农产品网,各种特色果品信息便跃然于眼前:纸皮核桃、精品黄芩茶、雁翅红苹果,以及蝶翅画、文玩核桃、紫石砚等工艺品……只要你想得到的门头沟特色农产品,几乎在这里都能够买得到。近年来,门头沟区通过不断拓宽和新建销售渠道,充分利用网络营销,同时加大品牌宣传等方式,提升农产品品牌效应,促进农产品销售,助力农民增收。

去年4月份,门头沟区雁翅镇泗家水村红头有机香椿通过"京合农品"网站、《北京旅游》杂志、微信营销等多种销售渠道,共销售香椿800余箱。其中仅从"京合农品"网上就订购了200箱,再次刷新了销售记录。然而,这还并不是一枝独秀。当前,门头沟区通过不断拓宽和新建销售渠道,以加大自主品牌宣传力度的企业还有很多。实际上,门头沟区灵之秀、瓷茗缘等农产品加工龙头企业、星级园区等30余家单位早已加入了"中国网库"这一专业联盟网站宣传销售农产品。此外,为进一步加强农产品网络销售,区农委也与"京东商城"、"京合农品"等B2C网站积极联系,筹备将樱桃、京白梨、黄芩茶、香椿等20余种农产品进行网络销售。

近期,"门头沟区特色农产品网"与区政府网、专业网和基层网点连接,为全区农产品销售搭建了更为广阔的销售平台。

3. 农产品电子商务营销技巧

(1)站内推广。站内推广是利用电商平台的一些方法进行推广。淘宝网为入驻商户准备了一系列的推广方法,具体有:

淘宝客推广:它是后付费业务,推广展示和点击推广全都免费,只有在交易完成之后才支付佣金,并能随时调整佣金比例灵活控制支出成本,虽然赚的少了,但总比不赚强吧,这种推广方式值得推荐。

直通车推广:这是提升店铺流量最直接的推广方式,你只需选择你认为比较有优势和竞争力的宝贝,然后挂上直通车即可,由于这是付费推广,而且不能保证有交易,所以在宝贝选择上、价格控制、悬挂频道和方式都是很有讲究的,详细注意事项可以参考直通车的推广攻略。

淘宝社区推广:由于网络购物流行,随之兴起了不少淘宝社区,不管是买家还是卖家都喜欢泡社区。买家希望找到自己需要的商品,卖家则在此推广自己的商品,每一个人都有可能成为你的潜在客户,不过推广的时候需要注意一些社区规则。

(2)站外推广。

①问答平台推广:例如百度、搜搜、天涯等大型网站都有问答系统,你可以去那里搜索与你经营的店面有关系的产品,然后回答相关问题,当然你还可以组建问答团队,专门回答一些和你产品相关的信息,一旦团队做起来了,对产品销售的帮助就会非常明显。做问答的时候一定要注意,不要广告意图太明显,会被封号处理。

②论坛推广:论坛是目前最具人气的地方,像是天涯论坛被誉为华人最大的交流社区,人气之旺可见一斑,这里是营销推广的理想之地,当然像是天涯这种论坛是禁止广告的,所以我们发帖要有技巧,论坛签名也能起到推广的效果。

③QQ 群推广:QQ 作为我们最常使用的聊天工具,自然是一个不可多得的推广工具,我们可以加入一些淘宝买家或者卖家的交流群,通过聊天的方式推销自己的产品,当然不要做得太过了,这样很可能被群主踢出群去。

④博客推广:现在的博客营销比较流行,像是我们广为熟知的韩寒等知名博客作者都挂有网店的链接,如果你能把一个博客做起来得话,在你的博客中挂个网店的链接,那人流量将猛增。

⑤礼品推广:这也是一个不错的推广方式,在购买商品的时候达到一定金额就赠送小礼物,很多人都喜欢"送"的东西,虽然礼物本身并不值钱,因此礼品推广能吸引部分消费者。

⑥微信推广:现在最流行的推广方式,在微信好友里面推广。充分发挥微信的及时传播功能,利用微信群、微信好友、微信相册等各种功能进行产品推销。

知识框

**农产品网络营销**

农产品网络营销是指在农产品销售过程中全面导入电子商务系统,利用信息技术,进行需求、价格等的发布与收集,以网络为媒介,依托农产品生产基地与物流配送系统,为地方农产品提高品牌形象、增进顾客关系、改善对顾客的服务、开拓网上销售渠道并最终扩大销售。我国各地方政府都建立了本地的农业信息网,从农业部到各地方也都开通了网上展厅,用多种文字展示各地名优特新农产品,有很多地方利用网络平台进行了网络营销的尝试,均取得了很好的效果。

### (二)资料准备

(1)查阅资料,收集几个知名的电子商务平台的相关信息。

(2)在网上开店,要准备哪些材料,请在网上查询了解,并做好准备。

## 二、任务设计与实施

【任务设计】

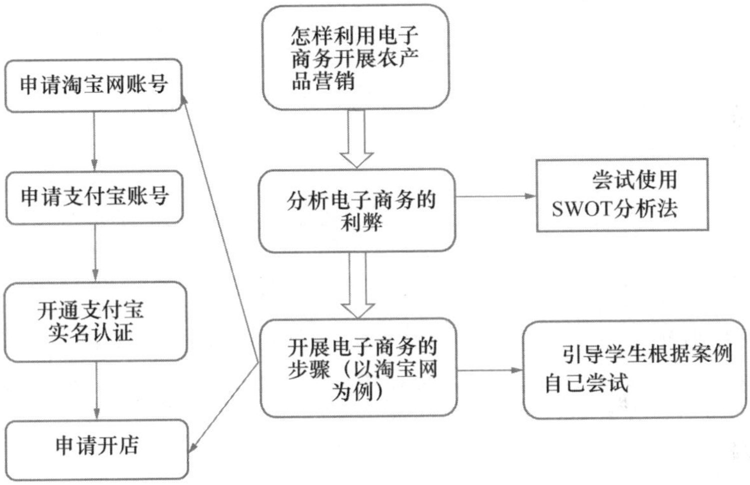


【任务实施】

### (一)导入案例

**【案例三】** 武汉市东西湖区的小王,在外打工回来,决定回家创业,他继承父业,从事蜜蜂养殖及相关产品的生产,在政府的支持下,小王投入30万元买了一台专业养蜂车,牵头与周围15家养殖户成立"三宝"蜂产品合作社,在街道上租下一间门面。

但是一段时间之后,小王发现,他们的产品卖得并不很好,每个月赚的钱,只够付房租、水、电等成本,经过一番调查后,原来蜂产品市场鱼目混珠,良莠不齐。许多假冒伪劣产品充斥市场,这些产品价格很低,使得小王他们的"三宝"牌蜂产品价格也上不来,销量一般。

其他的蜂农让小王想想办法,小王想来想去,决定借助电子商务,扩大产品市场。

## (二)结合导入案例,学习并掌握开展电子商务的步骤

1. 开展电子商务的利弊分析

"三宝合作社"召开会员会议,大家讨论开展电子商务的利弊,小王采用SWOT分析法进行分析。见表3-2。

表3-2 构建SWOT分析矩阵

| | |
|---|---|
| 优势:<br>产品优势:原生态产品,无污染<br>渠道优势:直接面对消费者,没有中间环节<br>成本优势:自产自销,不需要实体商铺<br>经营优势:方式灵活,时间自由 | 机会:<br>政府扶持:政府支持农产品电商化,可以争取到一定的政府资金扶持<br>营销手段:可以运用电子商务的各种营销手段<br>市场范围:市场面向全国潜在消费者数量猛增 |
| 劣势:<br>产品特色:非品牌产品,没有鲜明特色,在网络上有不少类似产品<br>产品标准:自产自销,没有相关产品质量标准<br>运输:没有冷藏运输条件,蜂王浆等产品不宜远距离销售 | 挑战:<br>竞争者:网上竞争者更多<br>价格:网上价格竞争激烈<br>安全:网上交易安全问题较多<br>生产:如果订货量大,生产速度跟不上 |

经过分析后,小王合作社的成员认识到,开展网络电子营销有利有弊,机会与挑战并存,为打开市场局面,他们决定进行网络营销,那么采用哪种电子商务模式呢?

第一,自建网络平台可行吗?自建网络平台需要投入一定的财力、人力和物力,还需要有专业知识的人来维护,对于一个业务量并不大的"三宝"蜂产品合作社来说,这一方案显然不现实。

第二,是采用B2C还是C2C,即在哪种类型的平台上开展电子商务,B2C的平台有天猫、京东、1号店等,很多地方城市还有自己的B2C网络平台,如武汉的家事易等。

2. 淘宝网上开店的主要步骤

"三宝"合作社经过一番考虑比较后,决定采用C2C方式,选择淘宝网,先在上面开店,再一步一步地深入下去。合作社通过商量,决定由小王来主持这件事。

在淘宝网上开店,主要有以下四大步骤:

第一步:必要准备

(1)准备好电脑、网线等上网工具,以及数码相机,打印机等办公设备,然后申请开通网络。

(2)学习了解网络基本知识，学习数码相机使用方法，掌握一般的图片处理、上传方法。

(3)开通网银。选择至少一家银行开通网上银行业务，携带证件到银行网点签订协议，开能相关业务。为保证资金安全，可以在开通网银时限制每天或每月的交易额。

第二步：会员注册申请

(1)申请电子邮箱，电子信箱是后面开展商务活动的重要工具，包括申请淘宝会员、与客户沟通等，都需要电子邮箱，如果没有，就要申请一个。可以申请电子邮箱的网站很多，各大网站均提供此服务，以网易为例：

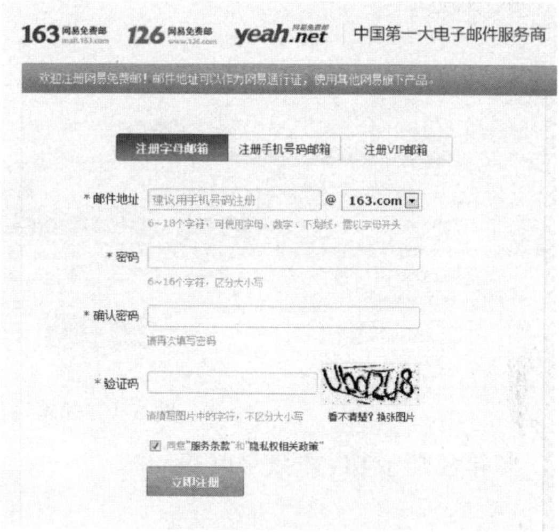


图 3-2　邮箱注册

进入网易(http://www.163.com/)，在网站首页的上面点击注册免费邮箱，进入注册程序。

网易邮箱可以使用字母注册，也可使用手机号注册，我们选择字母邮箱，按照提示一步一步操作。

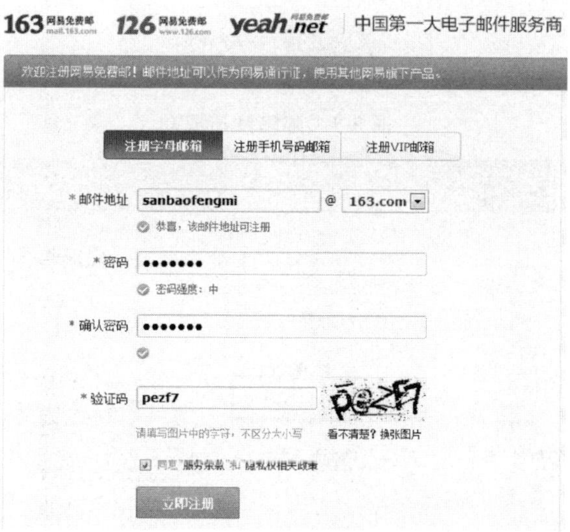


图 3-3　邮箱注册

网站验证：

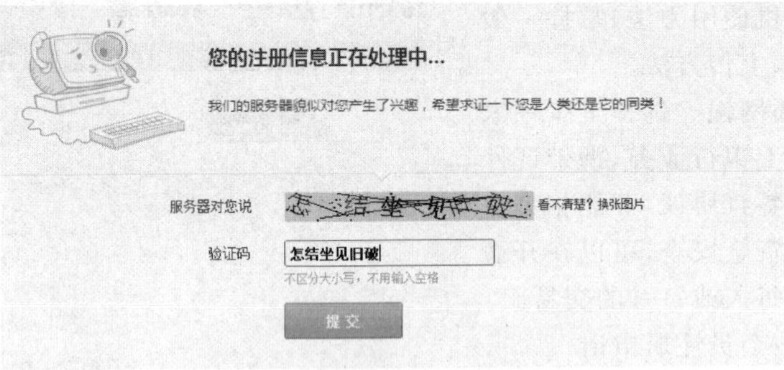


图 3-4 邮箱注册验证

邮箱注册成功，并登录邮箱。

图 3-5 邮箱注册成功

图 3-6 邮箱登录

(2)申请成为淘宝会员。

图 3-7 淘宝首页

淘宝会员注册,可以用邮箱、也可以用手机注册。我们选择邮箱注册,用刚才申请的网易邮箱进行注册。

图 3-8 淘宝会员注册

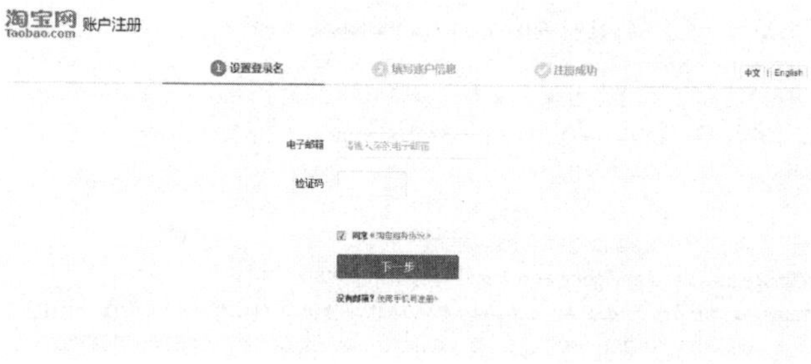


图 3-9 邮箱注册

图 3-10　验证码填写

按照要求填写后，点击下一步，最后得到以下提示：

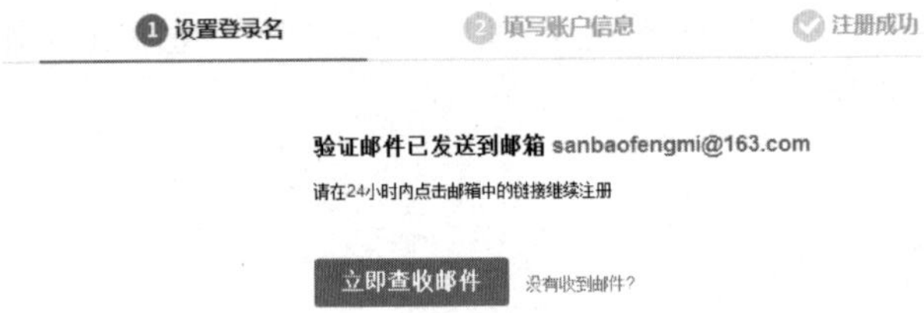


图 3-11　验证码发送

进入网易邮箱，打开邮件。

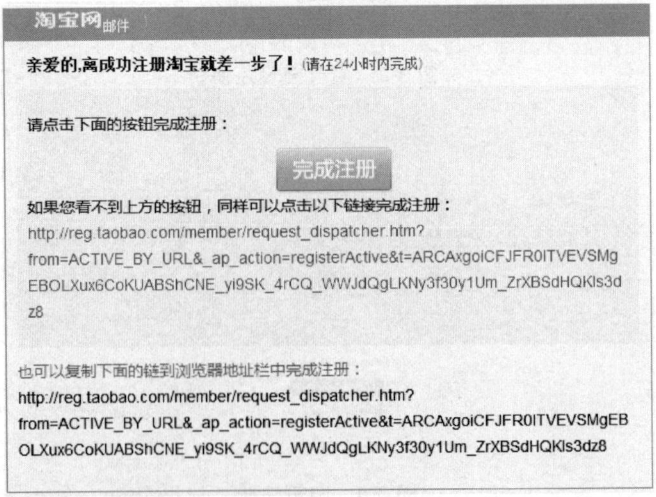


图 3-12　邮箱验证

回到淘宝，用注册的邮箱完成后面的信息。

图 3-13　完善注册信息

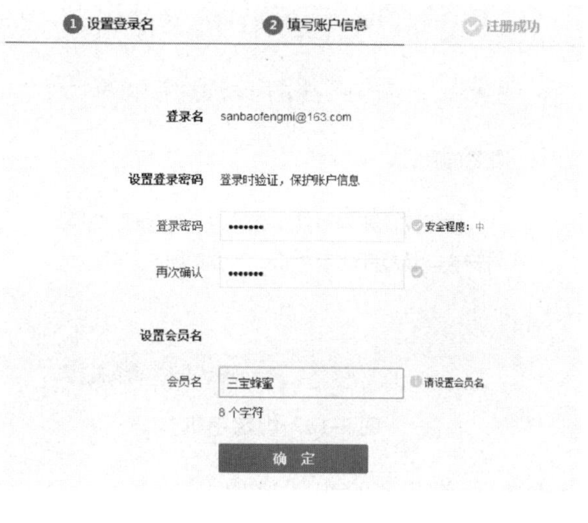


图 3-14　设置密码

注册成功后，淘宝网会提示要求完成绑定手机等安全设置，以提高账户的安全性。

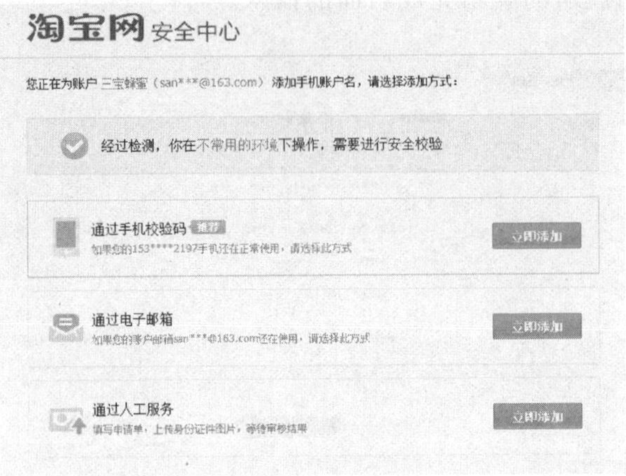


图 3-15　安全设置

注册成功之后，即可用申请到的用户名和设置的密码登录淘宝网。特别是要求绑定手机号。

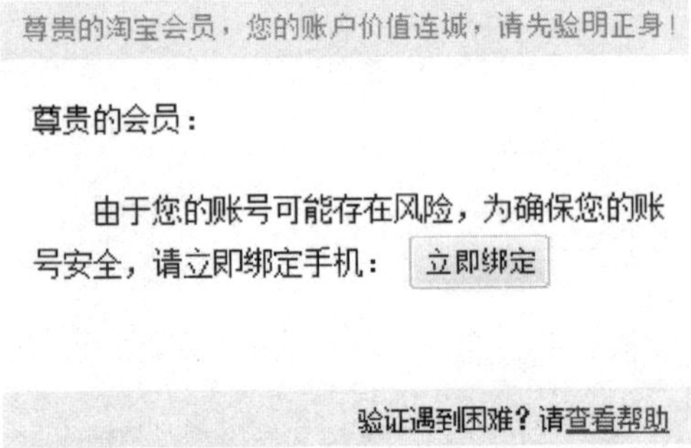


图 3-16　绑定手机

按照提示绑定成功后，淘宝账户申请成功。

图 3-17　淘宝登录

登录后,即可到达自己的主页。

图 3-18　会员主页

点击右上角的卖家中心,可以进入以下页面。

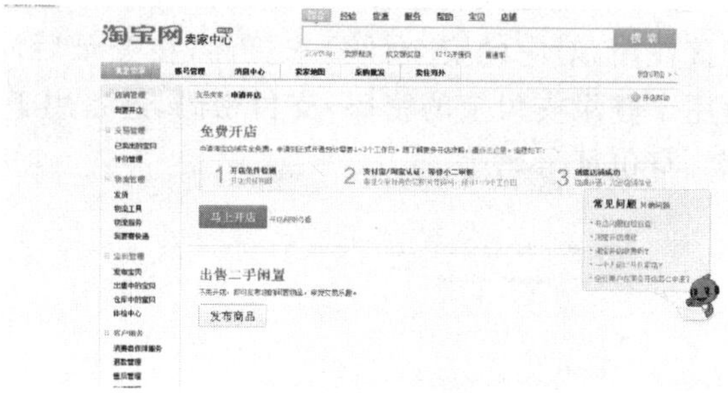


图 3-19　卖家中心

第三步:开通支付宝账户及申请支付宝实名认证。

图 3-20　支付宝账户开通

(1)通过支付宝交易的流程。买家在淘宝网买下商品并支付货款,系统将货款暂时保存在支付宝里,并提醒卖家发货,卖家根据买家提供的姓名、地址等信息发货;买家收到货物后在网上确认收货,卖家收到支付宝支付的货款。在支付宝的这种支付流程中,如果买家支付货款后,卖家不发货,或者买家对收到的货物不满意,买家可以通过淘宝网申请退货,并与卖家协商退款,支付宝会将货款退还买家的账户里去。另外,如果买家收到货物后,不确认收货、支付货款,支付宝也会在一定时间后将货款支付给卖家,这样,买卖双方都不必担心受到不必要的经济损失。

图 3-21　支付宝登录

支付宝解除买卖双方的后顾之忧,同时,它也相当于买卖双方的私人银行,在里面可以支付货款、提款、设置商品红包等。

登录支付宝。

申请淘宝账号后,会自动创建支付宝账号,但支付宝账户可以在淘宝网外直接使用,对它的安全性要求更高,在登录后,要完善相应的信息,如登录密码,这是用于登录支付宝的密码;支付密码,这是用于从支付宝里付款的密码;还有真实姓名、身份证号码等。

图 3-22　支付宝信息完善

(2)如果要开店,则需要进行支付宝实名认证。在淘宝网或支付宝网站上点击"申请支付宝个人实名认证",进入"支付宝实名认证页面"。

支付宝实名认证是由支付宝(中国)网络技术有限公司提供的一项身份识别服务。实名认证会核实会员身份信息和银行账户信息。

支付宝实名认证流程如下：

①在支付宝网站登录，点击实名认证申请。

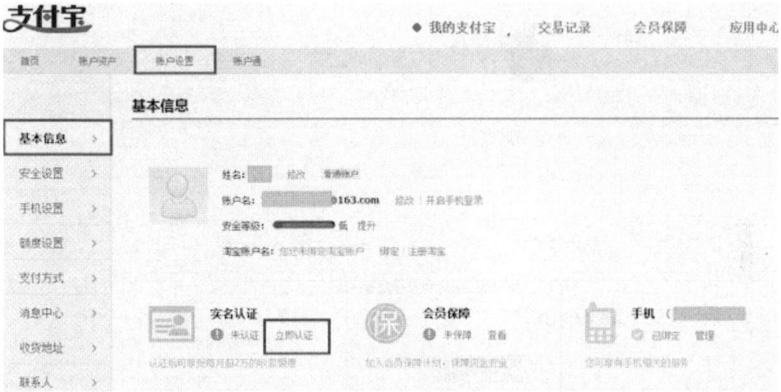


图 3-23　支付宝实名认证

②有两种实名认证的方式供选择，一种是通过“支付宝卡通”，一种是通过确认银行汇款来进认证。

图 3-24　认证方式选择

③选择通过银行汇款金额方式认证，点击立即申请。实名认证需要填写个人信息和上传身份证图片，填写银行卡信息并提交，1～2 天后支付宝会给银行账户打入一笔 1 元以下的确认金额。

按要求填写相关银行卡信息。

图 3-25 认证信息填写

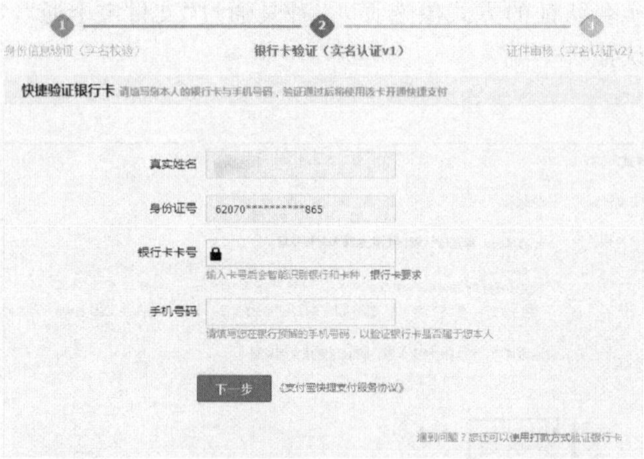


图 3-26 银行卡信息填写

收到打款金额，登录支付宝账户，点击“实名认证”，点击“输入打款金额”，输入的金额正确后，即时审核填写的身份信息，请耐心等待 2 秒钟；如审核通过，即认证申请成功。

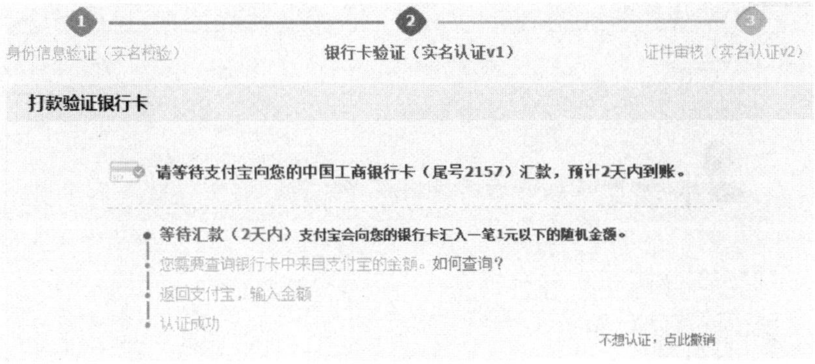


图 3-27　等待认证

上传身份证图片，进行验证。

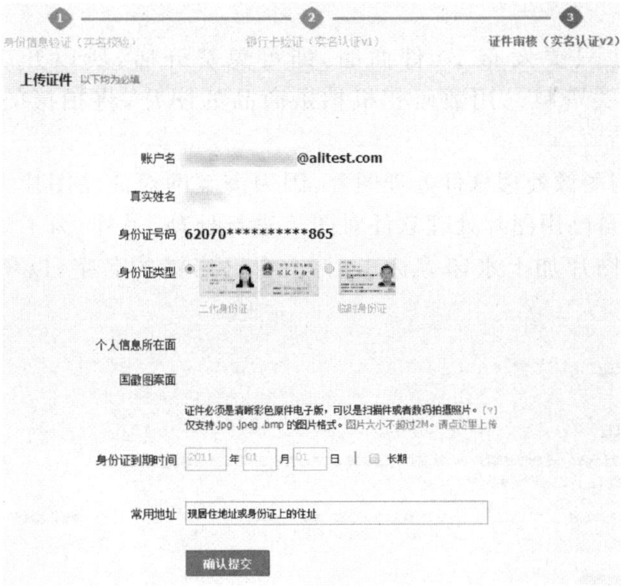


图 3-28　上传身份证

④申请成功。若身份信息未通过审核，您可以点击“提交人工审核”，提供相关信息给支付宝客服审核。

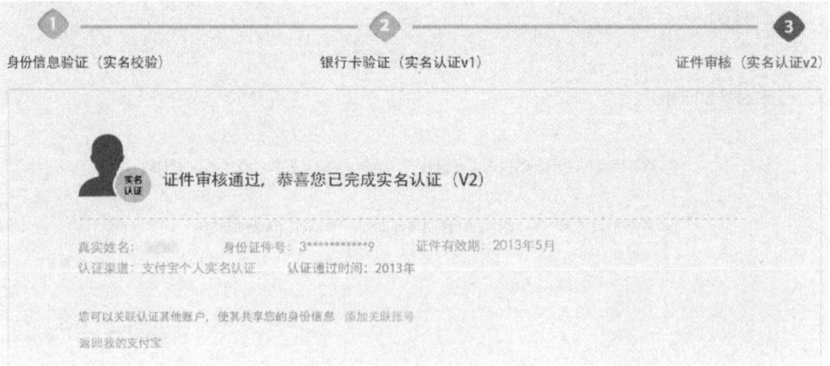


**图 3-29 实名认证成功**

第四步：申请开店

(1)登录进入淘宝网，点击卖家中心，即可申请开店，按照淘宝网的提示操作。

在淘宝网上只要发布 10 件商品，即可免费开店，所以开店之前，要准备 10 件商品的相关资料。用数码相机拍摄商品的图片，将拍摄的图片传送到电脑中。

一般需要用图像处理软件处理图片，因为淘宝网对商品图片大小等有一定的要求，用户需要自己用图片处理软件对图片进行处理，另外，为了防止别人盗用图片，店主最好给图片加上水印等标志，打上自己店铺的名字，以免被人直接复制使用。

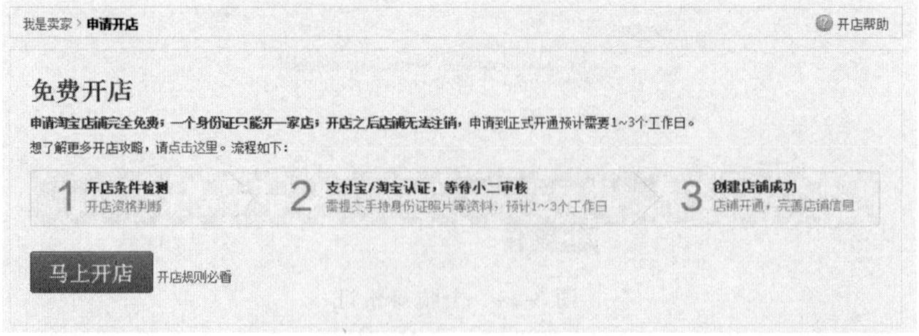


**图 3-30 开店申请**

(2)在淘宝网开店，除了支付宝实名认证外，还要进行开店认证。

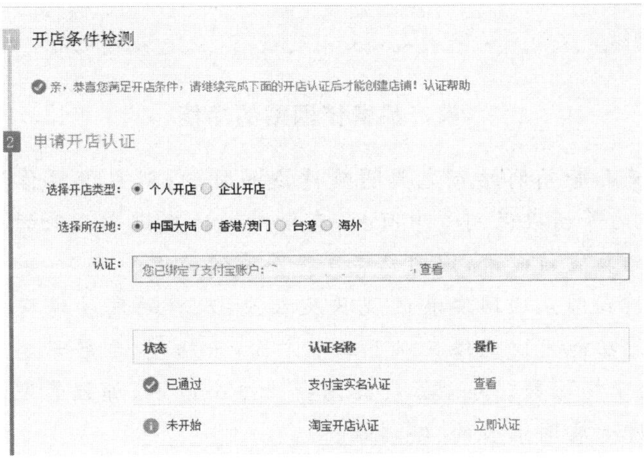


图 3-31　开店认证

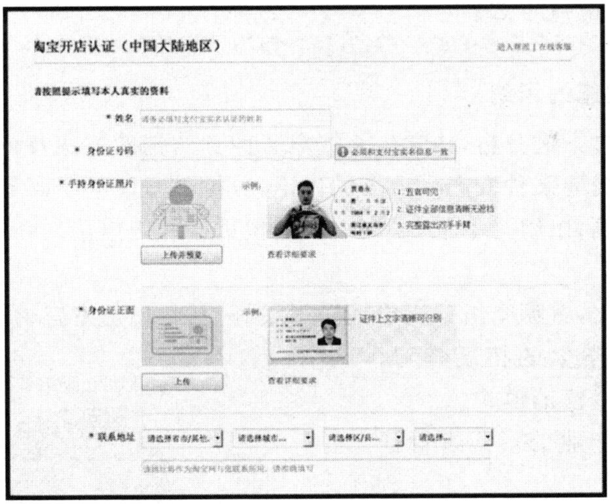


图 3-32　开店认证

发布商品有 3 种方式，即一口价方式、拍卖方式和团购方式。可以使用“淘宝助理”发布。

(3)完成以上步骤后，你的淘宝网店就可以正常营业了。

知识框

**农产品营销网站的功能**

建立农产品营销网站首先要明确建设的目的，对目标群体的消费习惯、爱好、购买能力等情况做到心中有数，有针对性地建设本企业的网站，并采取措施提高网站的宣传效果，使网站能发挥应有的作用。

根据目前我国互联网发展的现状及农业、农村的发展现状，农产品企业建立的网站的功能可以定位在以下三个方面：市场型，即展示企业形象、产品及服务、扩大市场份额；办公型，即提高企业办公效率，加强管理，降低管理成本；服务型，即开展网上咨询、培训等。

要实现商品交易型功能，目前各方面条件都不太成熟。当前，农村通信的基础设施落后，农村计算机的普及率还不高，更主要的是缺乏与网络营销相匹配的物流配送中心。

**(三)任务实施的组织**

(1)老师通过案例分析，让学生掌握电子商务营销的方法及特点。

(2)组织对当地某种农产品市场的讨论，分析其开展电子商务的利弊。

(3)参照案例，以组为单位，在淘宝网模拟进行开店申请，并对全部过程写成文字材料。

(4)组织评比，看哪个组开店申请做得最好，并在班上发言，介绍经验。

(5)安排好学生的拓展学习，让学生了解 O2O 营销模式。

(6)以课后作业的形式进行任务巩固。

## 三、学习拓展

掌握 O2O 营销模式。

O2O(online2office)营销模式又称离线商务模式，是指线上营销线上购买带动线下经营和线下消费。O2O 通过打折、提供信息、服务预订等方式，把线下商店的消息

图 3-33 O2O 模式

推送给互联网用户，从而将他们转换为自己的线下客户，这就特别适合必须到店消费的商品和服务，比如餐饮、健身、看电影和演出、美容美发等。

移动互联网的出现，令 PC 端的电子商务，变成了“传统电子商务”。似乎在一夜之间，连电子商务这么前卫的词，都有了“传统”与“新锐”之分。得益于移动互联网的发展成熟，商界多年一直得不到真正落地的 O2O 模式，终于看到走向更光明未来的曙光。

### 四、任务巩固

(1)如果由你来负责“三宝”蜂蜜合作社的网上推广活动，你会采用哪些办法？

(2)通过模拟开店的方式，熟练掌握在淘宝网上开店的过程与技巧。

## 任务三　电子商务活动中的安全问题

### 一、学习准备

#### (一)知识准备

知识链接：个人信息又见裸奔！两千支付宝转账信息被谷歌抓取(2013.03.29 金羊网)

2013 年 3 月，支付宝转账信息被谷歌抓取，输入关键词就能直接搜索到相关转账信息，数量超过 2 000 条。2013 年 11 月份，国内知名漏洞网站乌云网曝光称，腾讯 QQ 群关系数据被泄露，在迅雷上很容易就能找到数据下载链接。据测试，该数据包括 QQ 号、用户备注的真实姓名、年龄、社交关系网甚至从业经历等大量个人隐私。随后腾讯公司回应称，此次 QQ 群泄露的只是 2011 年之前的数据，黑客攻击的漏洞也已经修复。不过这么大规模数据在网上公开，由此引发的后遗症很难消除。

1. 加强电子商务安全的重要性

安全性是影响电子商务健康发展的关键问题，也是电子商务运作中最核心的问题。从传统商务活动的角度来看，人们对电子商务最大的顾虑是安全问题；从现实的角度来看，近年来频频产生的网络安全问题，也显示出加强电子商务安全性的重要性与必要性。如果不能确保电子商务中的资金和信息安全，电子商务的发展会受到很大的制约。

在电子商务活动中,交易双方或多方的支付信息、订货信息、谈判信息、机密文件等重要信息在计算机系统中存放,并通过网络传输和处理。这一现状对电子商务的安全性提出非常严苛的要求。电子商务交易现实中,计算机恶意程序、病毒等造成的商务信息被窃、篡改和破坏;机器失效、程序错误、误操作、传输错误等造成的信息失误或失效等现象时有发生,严重危害着电子商务系统的安全。所以说,安全问题是影响电子商务健康发展的核心问题。

2. 安全性是电子商务得以顺利进行的保障

电子商务安全包括有效保障通信网络、信息系统的安全,确保信息的真实性、保密性、完整性、不可否认性和不可更改性等。安全性的主要内容涉到安全电子商务的体系结构、现代密码技术、数字签名技术、身份和信息认证技术、防火墙技术等一系列技术,这些技术是确保电子商务顺利进行的保障。

**(二)资料准备**

(1)通过电视、报纸、网络等媒体收集有关网络安全的案例。

(2)教师准备有关网络安全知识的视频。

## 二、任务设计与实施

【任务设计】

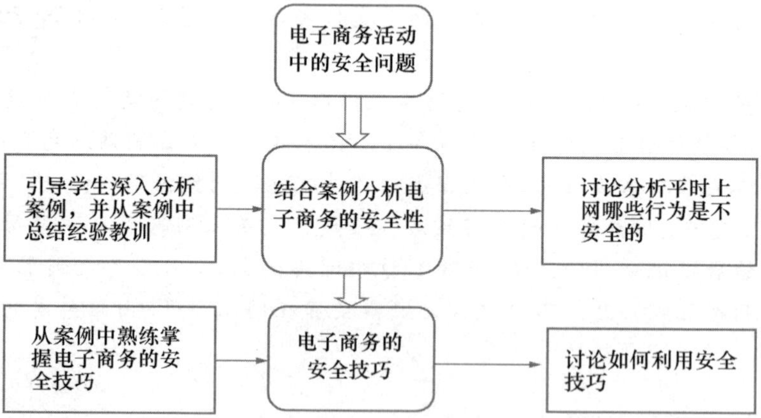


【任务实施】

**(一)导入案例**

**【案例一】** 沪台警方破特大诈骗案电商平台信息疑泄露(http://sohu.com

2014.11.24)

2014年11月23日，上海警方召开新闻发布会披露：沪台两地警方经过近9个月的侦查，捣毁了一个特大电讯诈骗团伙，并首次抓获了该团伙幕后的最高操盘者。

值得警惕的是，这个特大电讯诈骗团伙所掌握的信息，包括受害人姓名、在电商平台注册的账号，乃至3个月内的购物信息等。上海警方因此怀疑一些电商平台的用户信息遭泄露，“可能是内部泄露，也不排除系统被黑客入侵”。

另据上海警方通报，今年以来，上海警方共接报电讯诈骗案件9 080起，同比上升13.4%，案值4.35亿元人民币，同比上升0.9%。

今年年初以来，上海各区公安机关连续接到假冒电商、银行客服系列电讯诈骗报案50余起，涉案金额百余万元。江苏、浙江、广东等地也相继接报200余起。涉案总值370余万元。上海市公安局刑侦总队随即成立专案组，与技侦总队、网安总队、黄浦分局联手侦查。

警方进一步调查发现，发生在上海的50余起诈骗案，网银转账目的地和取款地均在台湾。上海市公安局利用沪台警方协作机制，请台湾警方协助对网银转账、取款、洗钱等作案环节以及主要犯罪嫌疑人展开侦查。

11月12日，上海、广东、台湾等地同步开展抓捕行动，包括主犯萧某在内的全部团伙成员在东莞被捕。

### (二)结合案例认识电子商务活动的安全问题

电子商务的安全是一个社会综合问题，它涉及计算机、手机、电信网、移动网、互联网、局域网、无线网以及相关社会组织如银行等。一般来说，电子商务活动主要面临以下一些安全问题：

1. 信息泄露

包含几种情况：

(1)网站泄密。如2011年12月份，中国最大的程序技术社区CSDN的600万用户数据被泄露，2014年5月份，800万小米论坛注册用户信息被泄露。可以想象，一旦商户所在的平台出现泄密事件，将会造成比较严重的后果，威胁到电子商务的安全。

(2)交易双方的泄密。交易的内容或记录被第三方窃取，隐私泄露等。

2. 篡改

电子商务的交易信息在网络中传播的时候，可能会被他人非法截取、修改、删除或重放，使得信息失去真实性和完整性。

3. 身份识别

电子商务需要进行身份识别，以避免可能出现的交易者身份被假冒事件。身份识别也是防止交易双方出现交易纠纷的重要手段。交易工具如手机、手提电脑遗失或感染病毒，有可能被不法分子冒充身份进行交易，从而给交易双方造成损失。

4. 信息破坏

这涉及多方面的内容，一方面是网络的可靠性，交易双方使用的网络是否存在安全隐患；另一方面是交易终端的安全性，如计算机或智能手机、平板等的安全性，是否存在病毒、蠕虫、木马等。一旦出现安全事故，其必然后果是相关信息被破坏，电子商务参与者受损失。

### (三)电子商务的安全技巧

针对频频出现的网络安全事件，作为电子商务的参与者，需要尽量做好安全防范工作，力争做到有备无患。

1. 密码设置不能太简单

不要在所有平台上用一个账户和密码，一旦出现泄密，则全部面临风险。不要设置太过简单的密码，如出生年月、电话号码、身份证号码等等。大多数电商平台都会对密码安全进行提示，不能设置安全性太弱的密码。

2. 注意账号和密码的安全

不要和人分享账号和密码，也不能在公共场所的电脑上使用网银等，对使用的电脑要安装杀毒软件并定期更新、杀毒，使用手机、平板电脑也要注意安全，不要随便下载安装来源不明的应用软件，防止被恶意程序侵入。

3. 注意邮箱和手机的安全性

当前的密码保护很多采用电子邮箱认证或手机认证，在交易中也发送邮件或短信进行认证，为了交易的安全，要注意邮箱和手机的安全，一旦手机遗失，要马上办理停机，并暂时关闭电话银行业务。

### (四)任务实施的组织

(1)课前提问，要求举手发言，讲解自己在网络中碰到的一些安全事件。

(2)引入案例，讲解电子商务中安全问题的严峻性和重要性。

(3)结合自身的实际经历，写一篇关于电子商务安全的认识体会。

(4)选择部分同学，在全班交流学习体会，全班同学参与讨论。

(5)引导学生认识如何防范网络欺诈、密码被盗等安全事故。

(6)组织学生做好拓展学习。

(7)布置好本项目的评价与反馈。

## 三、学习拓展

网购非法外之地,第三方平台要负责。

**【案例二】** (解放日报 2015.03.10)在今天举行的十二届全国人大三次会议记者会上,国家工商总局局长张茅回答记者提问。

针对公众关心的网购假货问题,张茅说,网络交易不是法外之地,第三方交易平台要对网店切实负起责任,加强自律和内部的监管。

张茅说,我们日常消费中有10%是通过网购来的。但同时也出现了夸大宣传、假冒产品较多、商品退货较难等问题。要积极推进电子商务立法。同时完善监管方式,也要和电商、互联网企业更好地沟通,既听取他们的意见,也要求他们自律。假冒伪劣涉及每个人利益,也涉及保护知识产权。解决这个问题最根本的办法是增强企业诚信意识、建立企业信用体系。"如果卖了假货、侵犯了知识产权,就要有记录,就会进入企业信用档案,企业经营活动就要受到限制。"

他认为,必须增加企业违法成本。让卖假货的企业无法经营,甚至被罚得倾家荡产,我们的市场秩序才能根本好转,假冒伪劣产品才能逐步消失,侵犯知识产权的现象才能减少。

通过以上案例的学习,我们要深刻地认识到:在现代市场经济条件下,不管任何形式的市场,也不管什么样的交易方式,参与各方都要严格遵守相关法律法规,否则,违法企业、交易平台和个人都将受到惩罚。

## 四、任务巩固

(1)当你接到有关中奖、推销等电话时,试想一下,你的信息是通过哪些途径被泄露的?

(2)在网上找出与"三宝"合作社相近的网店,分析比较它们的电子商务特点。

## 五、评价与反馈

### (一)自我评价

(1)为了完成农产品电子商务安全的学习任务,你都做了哪些准备?

(2)能安全利用电脑开展电子商务吗?

### (二)小组评价

从学习态度、学习方法、团队合作和学习能力的提升等方面评价。

| 序号 | 评价项目 | 评价情况 |
| --- | --- | --- |
| 1 | 你是否熟练掌握了农产品电子商务的理论知识与实践操作过程 | |
| 2 | 能否在实践中熟练进行农产品网上营销 | |
| 3 | 本项目对计算机基础有一定的要求，你觉得自己的计算机应用水平怎样 | |
| 4 | 本项目对信息、资金的安全性要求很高，你是否掌握了电子商务的安全知识 | |
| 5 | 你参加学生演讲的效果如何 | |
| 6 | 是否服从教师的教学安排 | |
| 7 | 能否主动参与电子商务的实践活动 | |
| 8 | 对本项目学习整体效果怎样 | |

参与评价的同学签名________________________________

**(三)综合评价**

1. 教师评价

(1)对整个学习内容的小结归纳。

(2)对教学过程的总体评价。

教师签名________

2. 学生评价

(1)对教师授课效果的评价

(2)对学习效果的评价

学生签名________

# 项目六　新经济形势下的农产品营销策略

【学习目标】

完成本项目的学习任务后，你应该能

1. 理解家庭农场、农民专业合作社等新型经济体的特色，并能运用农产品营销理论制定相应的营销策略
2. 掌握现代都市农业环境下的产品营销组合策略
3. 熟练运用农产品经纪人应具备的各种营销技巧

【项目描述】

本项目以案例为主线，了解新型家庭农场、农民专业合作社、现代都市农业等的市场特点，启发学生运用学过的农产品营销理论制定相应的产品营销组合策略，并掌握农产品经纪人应具备的营销技巧。

【思维导图】

# 任务一 家庭农场农产品营销实战

## 一、学习准备

### (一)知识准备

1. 家庭农场的概念与认定标准

家庭农场,是一个起源于欧美的舶来名词,在中国,它类似于种养大户的升级版。通常定义为:以家庭成员为主要劳动力,从事农业规模化、集约化、商品化生产经营,并以农业收入为家庭主要收入来源的新型农业经营主体。在 2013 年中央一号文件提出:鼓励和支持承包土地向专业大户、家庭农场、农民合作社流转。这是"家庭农场"概念首次出现在中央一号文件中。

2013 年 3 月份,农业部提出了家庭农场认定的七项条件,即:

(1)家庭农场经营者应具有农村户籍(非城镇居民)。

(2)以家庭成员为主要劳动力,无常年雇工或常年雇工数量不超过家庭务农人员数量。

(3)家庭农场收入应以农业收入为主,农业净收入占家庭农场总收益的 80%以上。

(4)经营规模达到一定标准并相对稳定,从事粮食作物的,租期或承包期在 5 年以上的土地经营面积达到 3.33 公顷(一年两熟制地区)或 6.67 公顷(一年一熟制地区)以上,从事经济作物、养殖业或种养结合的,应达到当地县级以上农业部门确定的规模标准。

(5)家庭农场经营者应接受过农业技能培训。

(6)家庭农场经营活动有比较完整的财务收支记录。

(7)对其他农户开展农业生产有示范带动作用。

2. 家庭农场的特征及发展现状

综合定义及农业部的规定,可以看出,家庭农场有三大最重要的特征:

(1)家庭农场是以"家庭"为生产经营单位。家庭农场在生产作业、要素投入、产品销售、成本核算、收益分配等环节,都以家庭为基本单位,继承和体现了家庭经营产权清晰、目标一致、决策迅速、劳动成本低等诸多优势。家庭成员劳动力可以是户籍意义上的核心家庭成员。家庭农场不排斥雇工,但雇工一般不超过家庭务农劳动力数量,主要为农忙时临时性雇工。

(2)家庭农场是以“农”为主业。家庭农场的专业化生产程度和农产品商品率较高,主要从事种植业、养殖业生产,实行一业为主或种养结合的农业生产模式,满足市场需求、获得市场认可是其生存和发展的基础。家庭成员可能会在农闲时出外打工,但其主要劳动场所在农场,以农业生产经营为主要收入来源,这使其区别于以非农收入为主的兼业农户,他们是新时期职业农民的主要构成部分。

(3)家庭农场是以适度规模经营为基础。主要体现在两个方面:一是经营规模应与家庭成员的劳动能力相匹配,确保既充分发挥全体成员的潜力,又避免因雇工过多而降低劳动生产效率;二是家庭农场人均收入要达到甚至超过当地城镇居民的收入水平。当然,这种“适度规模”因从事行业、种植品种等不同而有所差异,并且,随着农田基础条件、农业生产技术和农业机械的改善,家庭农场经营的“适度规模”也会随之提高。

据农业部统计,中国家庭农场已初具规模。截至 2012 年底,全国共有家庭农场 87.7 万个。根据调查,家庭农场以种养业为主,在生产经营规模方面,家庭农场平均经营规模达 13.3 公顷,是全国承包农户平均经营耕地面积的近 27 倍。在全部家庭农场中,已被有关部门认定或注册的共有 3.32 万个,其中农业部门认定 1.79 万个,工商部门注册 1.53 万个。

**(二)资料准备**

(1)利用报纸、杂志、图书等,搜集家庭农场的相关知识。

(2)利用互联网,搜索家庭农场经营成功的案例。

(3)走访家庭农场,了解其发展历程。

(4)教师准家庭农场的相关案例与视频。

## 二、任务设计与实施

【任务设计】

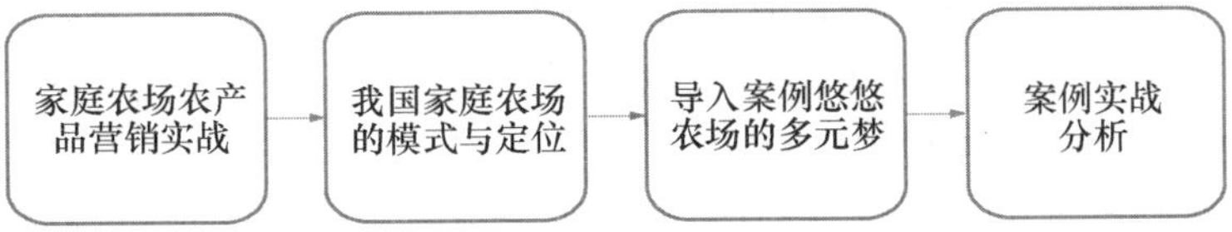


【任务实施】

**(一)我国家庭农场的模式与定位**

我国幅员辽阔,各地自然气候、环境资源、经济发展状况差异很大。我们从地理环境、大农业资源和经营方式等经营角度，对今后在国内可能会发展起来的“家庭农场”的一些主要类型进行简单的盘点和说明。

1. 根据地理环境的差异

(1)都市型家庭农场。位于都市边缘的“家庭休闲农场”，其区位好、交通便利；农场主有较为专业的能力；自然条件优异，基础设施完备，主要满足城市居民休闲放松，提供养生、生态教育、欣赏田园风光的服务。

(2)过渡型家庭农场。位于城市“卫星”的乡镇，以设施农业为主要经营业态；区位好、投资大、希望和风险并存、可以建立新的经营模式、可以培育消费者新的消费理念，不会受限于传统农业的旧观念，吸引消费者以更高的价格购买新理念农产品。

(3)乡村型家庭农场。更趋向于传统农业文化，属于体验型的农业；着重展示乡村的传统文化、乡村独有的特色农业、乡村的传统节庆等；基于繁荣乡村经济、传播农耕文化的同时，承载着建立特色乡村、提升农民社会地位的任务。

(4)偏远型家庭农场。一般远离城市、交通不便、人口稀少；农业资源结构较单一，农业用地成规模，污染少、生态资源保护较好。适合发展较大规模、单一品种、集约化、机械化的“家庭农场”；发展突破口是：基础设施建设(道路、水利等)、品种改良等。

2. 根据大农业资源的区别

可分为五种类型：家庭农场、家庭林场、家庭牧场、家庭渔场及其他类型，如：家庭果园、家庭菜园、家庭茶园、家庭咖啡园、家庭药材园、家庭菌园、家庭花园、家庭桑蚕园、家庭苗圃、家庭养殖园等。

3. 根据经营方式的不同

(1)单纯生产型。单纯生产型的“家庭农场”，以农产品的种植、养殖为核心，以出售初级农产品为主要经济来源。

(2)参与互动型。参与互动型的“家庭农场”，利用农业景观、自然生态和环境资源，结合农村生产、农业活动、农业文化及农业生活，提供农产品以外的互动参与，结合农业生产、农村生活和农产品加工于一体的家庭农场。如：家庭观光农场、家庭教育农场、家庭休闲农场、家庭加工农场等。

总之，无论哪种家庭农场，均具有明确的边界范围、良好的农业景观、较为便利的交通，都具备向旅游休闲延伸的基本属性。

如何确定家庭农场的定位和模式，需要考量土地所在地域的土壤及气候条件、空间位置、劳动力成本、农业技术及配套条件、投资者意愿、政府补贴及保障政策等因素。

以上不同类型的家庭农场，由于提供的产品或服务不同，都有不同的侧重点和营销策略。

**(二)导入案例**

**【案例】** 悠悠农场的多元梦(http://finance.sina.com.cn/)

**最年轻的农场主**

悠悠农场在当地的名气很响。记者从余姚市出发，20分钟之后便能到达悠悠农场所在的三七市镇，往石布村方向行进不到5分钟，便可看到一块树立在路边的招牌，“悠悠农场”几个大字分外醒目。

不到30岁的叶佳男自称是村里的第一个年轻农民。不过这个农民很不简单，通过自己的努力，去年悠悠农场的收入达到200多万元。同时，由于悠悠农场强大的影响力，已经带动周边的水果销售。

成为一个家庭农场主，曾是叶佳男儿时的梦想。叶佳男告诉本刊记者，读小学的时候，有一次老师让大家写下自己的梦想，同学中有的要当警察，有的要做工程师，有的要当官，但叶佳男写下的是“农场主”。不过大学毕业之后他进入当地一家工厂上班，直到2009年的秋天，他向父亲提出要回家种地，才算是实现了儿时的梦想。

叶佳男也算是子承父业。其父早在1992年就开始承包土地，种植水果。但父亲的经营思路比较传统，按照常规方式，把自己的产品全部批发给中间商。因此这完全受制于中间商，无定价权不说，种植规模也受到极大限制，在很长一段时间里，叶家经营的土地里只有杨梅、水蜜桃、雷笋等少数品种，家庭年收入在30多万元左右。

**打造农场品牌**

虽说叶佳男没有经营过农场，但是注重打造品牌的经营思路，让他很快就超越了父辈所取得的成就。叶佳男首先想到的是想要发展四季采摘项目。其时，父亲种植的杨梅林已经成为周边旅游公司定点光顾的地方，经常会有旅行团开着大巴车过来采摘。但由于杨梅采摘时间很短，持续时间不长，所以他想要发展一个一年四季都有采摘项目的农场，以满足不同季节的市场需求。

于是在2010年初，叶佳男一次性流转了27公顷土地，用来种植草莓、葡萄和樱桃。之所以选择种植草莓，主要是填补冬季水果市场需求，而且采摘期可达5个月时间，从元旦开始，一直可以持续到5月份；另外当时草莓采摘在上海等地已经兴起，但在余姚却并不多见，有市场发展空间。人们常说，机会只给有准备的人，当叶佳男把一切都准备好之后，恰逢余姚市提出发展彩色农业模式，于是悠悠农场便自然成为当地媒体的重点宣传对象。慢慢地，悠悠农场成为当地家喻户晓的知名家庭农场品牌。

叶佳男的品牌意识非常强，而这体现在对品质的追求，几乎达到了苛刻的程度。在他的农场里，全部采用无公害种植技术。他说："我宁愿草莓全部烂掉，也不会喷洒一滴农药，就是要让消费者百分之百地放心。"也正是因为如此，悠悠农场在当地的口碑极好，很多人都是听到熟人介绍之后过来采摘。

目前门票收入是悠悠农场主要的利润来源。成人门票为 100 元，进入农场之后可以免费吃草莓，还可以带走一箱约 2.5 千克重的草莓。每天接待的人数可以稳定在 60 人左右，订购额超过 5 000 元。在节假日人数会增加数倍，如刚刚过去的"三八"妇女节前后，每天的接待量就超过了 200 人。

善于保护品牌，也是叶佳男注重品牌的另一个体现。他在 2010 年的夏天为悠悠农场进行工商登记注册，成为余姚第一家登记注册的家庭农场。目前，整个农场规模已经达到 40 公顷，除了草莓、葡萄、水蜜桃等，现在新种蓝莓、枇杷、石榴、猕猴桃、樱桃、桑果等，都是适合采摘的一年四季果。"这可能是宁波市品种最齐全的家庭农场。"叶佳男自豪地说。

## 走多元化之路

之所以取名为悠悠农场，叶佳男表示灵感来自自己的女儿。他希望自己的女儿在未来能够无忧无虑地长大，因此在她的名字里面放进了一个"悠"字。在给自家农场取名的时候，他突然想到了"悠悠"这个字眼。他说："我想让消费者在我这个农场能够度过一段悠闲、轻松的时光，而'悠悠'这两个字能够比较准确传达这个意境，因此我当时就选择了这个名字。"

虽然悠悠农场前后陆陆续续投入十几万元，利用农场自身条件，建成了一个供游客观光休闲健身的小公园，正在向着休闲农业品牌挺进，但叶佳男认为这还不够。在他的设想中，他要把当地的民俗、农家饮食、休闲娱乐等元素整合起来，发展多种业态经营模式，而不只是依赖当前的瓜果采摘这种比较单一的模式。当然，要完成这样一个宏伟目标，最起码也得千万元的投入。

眼下，叶佳男初步投资计划是先建一个儿童娱乐中心，能够满足小朋友的娱乐需求。紧接着还会建一个垂钓中心，以及配备一家农家菜餐馆，基本实现瓜果采摘、娱乐休闲一条龙服务。

当然，悠悠农场的立命之本还是水果种植。目前他已经花 50 多万元建了一套自动喷灌系统，这让他在草莓、葡萄种植上更是得心应手。下一步他还想聘请技术人才做自己的顾问，以便种出更多好吃的水果。

**(三)案例实战分析**

中央一号文件首提“家庭农场”概念,这让不少人看到了新的投资机会。那么,怎样才能把握住这种机会?

市场监测结果显示,投资农业项目风险不小。清科资本创立于2000年,是中国成立最早的新型投资银行,中国投资银行服务的领先者。2006—2011年,机构和投资人陆续投资了有200多个农业项目,其成功的比例远远低于其他行业,这意味着农业投资的风险很大。

由此看来,投资家庭农场,除了需要有资金之外,还必须掌握更多的东西,比如准确把握市场需求,掌握农业技术,控制土地流转中的风险等。这样,才能把投资家庭农场的美好前景转化为“钱景”,并获得理想投资回报。

分析以上案例,发现在家庭农场经营实战中主要注意以下几个方面的问题:

1. 细分市场、把握需求、选准项目

由于家庭农场是以“家庭”为生产经营单位,因而有着自主决策的优点。如何选准适合自己发展的项目,其关键点在于细致调研、科学分析、理智决策,把握消费需求,凸显有别于竞争对手的产品或服务特色。

河南郑州“萝卜哥”韩洪刚,2012年承包了4公顷地种萝卜,经过精心栽培与管理,喜获丰收,但市场上萝卜太多,价钱太低,导致他增产不增收。他的遭遇或许能给经营者一些启示,即选择项目时一定要做到准确,而不能随大流。

因竞争对手少,产品相对稀缺,特色农场及带有文化色彩的家庭农场将会有更多的发展机会,在不久的将来,一定会出现有特色的农场连锁品牌。另外,建议经营者在选择项目时多关注政策的变化,尽量选择受政策扶持的项目,这样容易得到更多的资金和技术方面的支持。

2. 避开堡垒、适度规模、集约生产

经营家庭农场,最大的壁垒是土地面积,按要求,从事粮食作物的,租期或承包期在5年以上的土地经营面积达到3.33公顷(一年两熟制地区)或6.67公顷(一年一熟制地区)以上。如何避开土地面积壁垒?有业内人士建议,可以通过土地流转方式或农民专业合作社形式达到规模。

当然,也有个别地区已经突破了这种限制,比如温州市就已经在试点将流转成功的地块公开向社会招标,只要自己有好的项目,便可跟当地农业部门签订土地租赁合同,支付租金之后开始经营。

3. 确保土地流转的合法性

土地流转过程中一定要严格遵守国家的相关法律政策。在目前农村,很多农场主手中土地在流转过程中都只是口头约定,这种方式让农场主们感到不安,因为他们害怕对方会突然收回土地。针对这种情况，建议在土地流转过程中，一定要规范操作，双方签订书面合同，并约定详细的违约责任。

当然，如果是向村集体组织租赁土地，则不存在这种情况。有不少村集体组织会保留部分耕地，其使用权归村集体所有，因而不存在向村民流转问题，可以降低其中的风险。

4. 熟练的专业技术是家庭农场成功的重要保证

经营家庭农场，必须熟练掌握相关的农业技术。很多人在家庭农场经营上表现得盲目，认为种草莓赚钱，就一哄而上，殊不知自身根本不懂草莓的种植技术；或者认为农家乐有前途，便修建农庄，也不管自己是否有经营管理的水平与能力。因此，要涉足家庭农场，还必须具备相应的农业技术和经营管理水平。

5. 合理利用政策支持，取得效益的最大化

投资农业风险大，资金回收周期长，这是大多数家庭农场经营者所共同面临的难题。如安徽某瓜农在河南信阳承包土地种植无公害西瓜，瓜园里的大棚设施、灌溉设备等等，加上地租，每个大棚投入近万元，6 个大棚需要 6 万元，这对一个普通农户来说，是难以承受的，如果争取不到贷款，自己筹资显然很困难。“家庭农场”概念刚提出不久，国家和地方政府纷纷出台一系列支持政策。因此经营者可以做到合理利用政策，除了争取政府扶持资金之外，还可以在税收优惠、低息贷款、基础设施建设投入、农业技术支持、市场信息等各个方面获得更多的帮助，以便能够缩短投资回收期，尽快实现盈利。

**表 3-3　各地扶持家庭农场政策及动态一览表**

| 地区 | 主要政策 |
|---|---|
| 上海松江 | 现金补贴<br>1. 农资综合直补 1 140 元/公顷；2. 水稻种植补贴 2 250 元/公顷；3. 土地流转费补贴 1 500 元/公顷，面积以 5.33～13.33 公顷为标准；4. 家庭农场生产管理考核补贴 1 500 元/公顷，全年分两次考核，根据考核结果确定补贴标准；5. 绿肥种植补贴 3 000 元/公顷<br>物化补贴<br>1. 药剂补贴 337.5 元/公顷；2. 水稻良种补贴常规稻 240 元/公顷、杂交稻 375 元/公顷；3. 二麦种子补贴小麦 525 元/公顷，大麦 525 元/公顷；4. 绿肥种子补贴(以实物形式发放) |

续表3-3

| 地区 | 主要政策 |
|---|---|
| 吉林延边 | 1. 对家庭农场贷款贴息；2. 注册登记的家庭农场可享受到各项国家农业财政补贴政策；3. 对水田、蔬菜和经济作物种植面积50公顷以上、旱田100公顷以上的家庭农场，扩大到一次性享受5台农机购置补贴；4. 对家庭农场农作物保险给予补贴；5. 加大资金支持力度；6. 实施税收优惠政策；7. 家庭农场经营者可以使用集体土地建设生产经营用临时建筑物 |
| 武汉 | 可获财政补贴4万元，采用先建后补形式发放 |
| 浙江余姚 | 余姚正研究培育发展家庭农场的方式，将在宁波率先建立家庭农场注册登记制度，并制定专门的财政、税收、用地、金融、保险等扶持政策 |

注：根据公开资料整理，将原单位“亩”转换为标准单位“公顷”

6. 多方良好的合作才能取得成功

一根篱笆三个桩，一个好汉三个帮。要发展一定规模的家庭农场，受资金、技术、土地等因素的限制，单个家庭经营面临很多困难，合作经营是一个有效途径。通过这种方式，让一方提供资金，另一方提供土地以及种植技术，双方共同管理，这不失为一条稳健的发展道路。当然，采用这种模式必须注意的是，要明确好双方的权益和义务，各自所占有股份比例等，并以书面形式保存。

**（四）任务实施的组织**

（1）通过讲解、提问、分析的方法，让学生掌握我国家庭农场的模式与类型。

（2）通过对导入案例的分析，让学生掌握进行家庭农场定位的SWOT分析法。

（3）以组为单位，查阅资料，搜集家庭农场定位与规划的案例，按SWOT分析法进行分析讨论，共同写出分析报告。

（4）每组选一名同学，在全班讲述分析报告，其他同学补充。全班讨论。

（5）安排一次社会调查，每组选择一个当地的家庭农场，进行深入分析，并写出调查报告，教师对每组报告进行评比，选出优秀的作品，并在全班讲评。

（6）安排好每组学生的拓展学习，让学生了解国际上先进的家庭农场发展模式。

（7）用课后思考题与课前提问的方法完成知识巩固。

## 三、学习拓展

掌握当今国际上先进的家庭农场发展模式。

### (一)美国:大中型家庭农场

美国的农业以家庭农场为主,由于许多合伙农场和公司农场也以家庭农场为依托,因此美国的农场几乎都是家庭农场。可以说美国的农业是在农户家庭经营基础上进行的,具有如下特点。

1. 经营规模化和组织方式多样化

从经营规模来看,其发展与趋势表现为农场数目的减少和经营规模的扩大。20世纪以来,美国家庭农场在数量上上升至89%,拥有81%的耕地面积、83%的谷物收获量、77%的农场销售额。

2. 生产经营专业化

美国把全国分为10个“农业生产区域”,每个区域主要生产一两种农产品。北部平原是小麦带,中部平原是玉米带,南部平原和西北部山区主要饲养牛、羊,大湖地区主要生产乳制品,太平洋沿岸地区盛产水果和蔬菜。就是在这种区域化布局的基础上,建立和发展了生产经营的专业化。

3. 土地所有权私有化

美国经过几十年的探索,于1820年建立了将共有土地以低价出售给农户、建立家庭农场的农业经济制度,正是这种制度的建立,促进了美国开发西部的热潮。

### (二)法国:中型家庭农场

法国作为欧盟第一农业生产国,世界第二大农业和食品出口国,世界食品加工产品第一大出口国,其家庭农场的发展功不可没。

法国有各类家庭农场66万个,平均经营耕地42公顷,其中60%的农场经营粮食、11%的农场经营花卉、8%的农场经营蔬菜、5%的农场经营养殖业和水果,其余为多种经营。75%以上的家庭农场劳力由经营者家庭自行承担,仅11%的农场需雇佣劳动力进行生产。由于农产品市场竞争日趋激烈,加上用工成本的不断提高,法国的家庭农场出现了以兼并的形式不断扩大规模和发展农工商综合经营的产业化趋势。

法国农场专业化程度很高,按照经营内容大体可以分为畜牧农场、谷物农场、葡萄农场、水果农场、蔬菜农场等,专业农场大部分经营一种产品,以突出各自产品的特点为主。

### (三)日本:小型家庭农场

1946—1950年,日本政府采取强硬措施购买地主的土地转卖给无地、少地的农户,自耕农在总农户中的比重占到了88%,耕地占到了90%,并且把农户土地规模限制在3公顷以内。于1952年制定了《土地法》,把以上规定用法律形式固定下来，从此形成了以小规模家庭经营为特征的农业经营方式。20世纪70年代开始，日本政府连续出台了几个有关农地改革与调整的法律法规，鼓励农田以租赁和作业委托等形式协作生产，以避开土地集中的困难和分散的土地占有给农业发展带来的障碍因素。以土地租佃为中心，促进土地经营权流动，促进农地的集中连片经营和共同基础设施的建设。以农协为主，帮助核心农户和生产合作组织妥善经营农户出租或委托作业的耕地。这种以租赁为主要方式的规模经营战略获得了成功。

### 四、任务巩固

(1)悠悠农场定位于哪一类型的农场？根据案例提供的素材，用SWOT分析法，分析这样定位的机会、威胁、优势与劣势。

(2)从4P要素中的产品的角度分析，悠悠农场的产品与服务各有什么特色与优势？

(3)从农产品品牌创建的角度分析，悠悠农场走多元发展之路时应注意规避哪些风险？

## 任务二　农民专业合作社农产品营销方略

### 一、学习准备

#### (一)知识准备

1. 农民专业合作社的概念及发展现状

2007年7月1日起，我国开始施行《中华人民共和国农民专业合作社法》，在第一章第二条中，对农民专业合作社进行了简要的定义。包括两个方面的内容：一方面，从概念上规定合作社的定义，即“农民专业合作社是在农村家庭承包经营基础上，同类农产品的生产经营者或者同类农业生产经营服务的提供者、利用者，自愿联合、民主管理的互助性经济组织”；另一方面，从服务对象上规定了合作社的定义，即“农民专业合作社以其成员为主要服务对象，提供农业生产资料的购买，农产品的销售、加工、运输、贮藏以及与农业生产经营有关的技术、信息等服务”。

自愿、自治和民主管理是合作社制度最基本的特征。合作社作为一种独特的经济组织形式，其内部制度与公司型企业相比有着本质区别：股份公司制度的本质特征是建立在企业利润基础上的资本联合，目的是追求利润的最大化，“资本量”的多寡直接决定盈余分配情况。在合作社内部，起决定作用的不是成员在合作社中“股金”，而是“交易”，合作社的主要功能是为社员提供交易上所需的服务，合作社与社员的交易不以营利为目的。合作社的盈余，除了一小部分留作公共积累外，大部分要根据社员与合作社发生的交易额的多少进行分配。实行按股分红与按交易额分红相结合，以按交易额分红为主，是合作社分配制度的基本特征。当然，合作社与其他经济主体的交易也是以营利为目的，这是合作社存在的基本前提。

2. 农民专业合作社的特征

(1)在组织构成上，合作社以农民作为经济主体，主要由进行同类农产品生产、销售等环节的公民、企业、事业单位联合而成，农民至少占成员总人数的80%，从而构建了新的组织形式。

(2)在所有制结构上，合作社在不改变家庭承包经营的基础上，实现了劳动和资本的联合，从而形成了新的所有制结构。

(3)在收益分配上，合作社对内部成员不以营利为目的，将利润返还给成员，从而形成了新的收益分配制度。

(4)在管理机制上，合作社实行入社自愿，退社自由，民主选举，民主决策等原则，建构了新的经营管理体制。

我国农民专业合作社已进入快速发展新阶段，截至2013年底，全国农民合作社已达98.24万个，比去年增长42.60%，出资总额1.89万亿元，增长71.85%。经过多年努力，合作社在经营规模、标准化生产、品牌化经营和带动农户致富的能力都有很大发展，已经成为农民进入市场的一个重要载体。

3. 现阶段农民专业合作社存在的问题

随着农村经济改革的深入，我国农业合作社数量快速增长。但由于业主的专业素质、社会综合环境等因素的影响，合作社在生产经营中出现了很多问题。营销作为合作社经营效益的重要影响因素，关乎合作社产品流通的成本和效率，且最终影响社员的经济效益与生活水平，而其在实践运营中却面临着营销渠道狭窄、分散的特点，致使农民合作社经营效益普遍较差。从营销的角度来分析，目前大多数农民专业合作社存在如下问题：

(1)生产标准化程度低，产品质量不高。大多数由农户组成的专业合作社，只提供一些基本服务，这种经营方式所引起的土地集约度不高，难以保证质量和产量；一些合作社农产品生产总量规模大，但标准化程度低，质量安全体系建设落后，产品质量差异大，缺乏整理分级包装等；在市场上缺乏竞争力，产品增值能力差。

(2)合作社基础设施不够完善，储运销售以及加工能力不足。很多农民合作社大多数规模小，组织松散，经济实力弱，联系不紧密，服务范围小；农产品难以进入中高端市场以及大型超市，无法实现生产、加工、销售一体化经营，难以形成规模；在农产品营销投入不足的基础上，主要农产品的储存，运输和保鲜技术跟不上，导致农产品保管、运输损失严重；此外，产品是在精深加工，营销渠道等方面也存在很多问题。

（3）市场营销观念淡薄，品牌意识滞后。大多数农民合作社的合作生产者和管理者就是本地农民，受传统农业生产方法和思路限制，缺乏现代营销理念和品牌意识，很少注册商标，品牌知名度又不高。有的想申请一个商标，往往由于缺乏专业知识和品牌支持等原因而无法实现；农产品没有品牌，很难与同类产品区隔开来，竞争优势不能凸显，不利于合作社的长期稳定发展。

（4）营销渠道狭窄，销售手段落后。一方面，由于产品缺乏特色，很多专业合作社只是利用其规模优势，生产大路货的农产品，与普通农户一样，其销售渠道仍然以农产品批发市场为主，有销量却没有利润。另一方面，合作社的生产及营销人员大多缺乏专业的营销理念与技巧，合作社内能将农产品生产、营销策划、销售实施融为一体的复合人才更是难寻。因此，大多数合作社表现为营销规划不科学，销售手段落后。

**（二）资料准备**

（1）利用报纸、杂志、图书等，搜集农业合作社的相关知识。

（2）利用互联网，搜索农业合作社的成功案例。

（3）走访农民专业合作社，了解并分析其经营策略。

（4）教师准备关于农业合作社的相关案例与视频。

## 二、任务设计与实施

【任务设计】

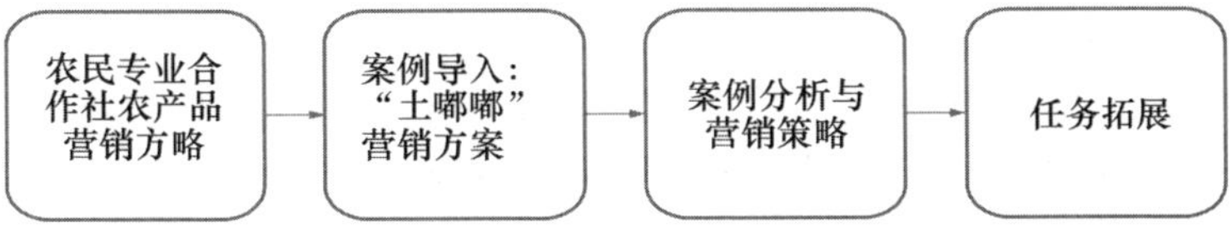


【任务实施】

**（一）案例导入**

**【案例】**“土嘟嘟”营销方案

金顺源农产品专业合作社位于广东省韶关市武江区，合作社采取先进的管理模式，与本地农户和相关机构合作，形成“公司＋基地＋生产联合会”的发展模式。合作社倡导绿色环保农产品理念，积极推进“放心农产品工程”；经过几年的发展，目前产品已经销往华南、东南及海外市场，正逐步形成一个辐射珠三角和华东、东南、中南等地区，并向海外拓展的集商流、物流、信息流为一体的重要物流平台和农产品中心。小香猪是金顺源品牌旗下的一个产品，为了开拓小香猪的市场，我们提出有效的市场方案提升其产品的知名度，拓展金顺源小香猪的市场占有率。针对金顺源农产品商行小香猪的市场情况，我们对市场进行分析以及提出有效推广的方法和落实计划等。

### (二)分析案例制定营销策略

1. 目标分析

策划的要点主要是通过对韶关市金顺源农产品合作社的产品——小香猪进行推广，让消费者及各分销商熟悉了解该绿色环保农产品。金顺源会严把质量关，为消费者提供符合相关质量标准的放心肉。通过 SWOT 分析，营销战略的制定及计划实施，力争在最短的时间内赢得广大消费者的信任。

2. 环境分析

(1)特征。众所周知，目前我国肉类加工生产市场还是处于发展时期，厂家很多，鱼龙混杂，法律环境不成熟，市场秩序不同程度地受到影响；行业虽然正处于高速发展时期，但是，整个行业已经进入激烈竞争阶段。

(2)企业竞争分析。行业同质化现象严重。由于肉食品业进入门槛不高，企业固定资产投入相对较小，使得众多资本进入肉食品行业，加剧了行业的竞争；同时，各类肉食品严重同质化，“价格战”此起彼伏，促销手段五花八门，加上肉食品品种越来越丰富，消费者的选择余地越来越大，企业竞争压力很大。

(3)对手分析。当地的两家香猪养殖场拥有相对较长的养殖、销售经验。创办早，客源广(目标市场为珠三角地区)，客户忠诚度较高。对香猪的养殖标准跟我们相同。不过，价钱方面相对较高，且养殖场距离市区、居民区较远。

(4)消费者分析。韶关人口众多，有 300 多万人，猪肉总消费量巨大，现阶段无品牌肉占韶关市中低档市场的大部分份额。随着韶关市经济的迅速发展，人民的消费水平逐渐升高，肉类产品需求结构发生了变化。以中青年为主体的消费群体追求绿色和健康消费理念，对高档产品如黑猪肉的需求越来越旺盛。韶关始兴县金顺源农产品专业合作社的“土嘟嘟”刚好能满足消费者的需求，有广阔的市场前景。

3. SWOT 分析

(1)优势。

①自然资源优势:香猪产于贵州与广西接壤的中低山区地带,海拔 800 米左右,属亚热带气候,年均气温 15～30℃,年降水量 1 100～1 700 毫米,无霜期多在 280～302 天,气候适宜、野草繁多、交通闭塞、经济比较落后。产品品种是经过历代自然封锁繁育和人工选择而形成的一个耐粗饲、粗放型矮小品种。

②产品安全优势:合作社倡导绿色环保农产品消费,积极推进"放心农产品工程",饲养香猪以喂青绿饲料为主,以保证猪肉香味纯正。香猪的饲料以粗料为主,粉碎后的秸秆、花生壳、花生秧、干红薯秧等都可作为主料,菜藤、红萝卜、嫩草、树叶等都可作为青绿饲料。常用猪饲料有玉米、小麦、稻谷、麦麸、米糠、豆饼、花生饼等。在环境无污染的原产地,香猪表现出耐粗放管理、抗病力强等优点。

③产品独特优势:肉质特点有皮薄肉细、胴体瘦肉多、肌肉鲜红、肌纤维细嫩、脂肪洁白;肉味特点有清香甘甜、营养丰富,烹调时不添加任何佐料也香气扑鼻,尤其独特的是,乳猪在哺乳期任何日龄阶段屠宰食用绝无奶、腥、膻等异味。

④成本优势:相比普通的生猪养殖,香猪的养殖成本低得多,经济效益比较高。

(2)劣势。

①资金局限:合作社刚刚发展起来,而且发展速度不快,在资金方面不具有优势,所以在广告、营销渠道拓展、营业推广等方面要精打细算。

②人员紧缺:由于该合作社兴办不久,懂经营管理与市场营销的人员很少,而合作社在生产、推销、管理、财务等方面都需要比较专业的人才。

③信任缺乏:合作社现在是起步阶段,规模较小,生产水平较低,本身市场开拓不够,对产品的宣传力度也不够,导致广大消费者对合作社的品牌及产品不够了解,所以难赢得消费者的信任。

④品牌脆弱:品牌刚刚进入市场,抗风险的能力很差。一旦新产品在市场上不能站稳脚跟或者生产经营某个环节受挫都可能使合作社遭受重大打击。

⑤价格偏高:合作社的小香猪价格虽然比竞争对手较低,但是比市场上普通猪肉的价格高很多,这样的价格或许会令那些不了解小香猪这个产品的消费者难以接受。

(3)机会。

①全球绿色消费趋势带来机遇:绿色农产品满足了人们的消费欲望,顺应了时代的消费潮流,因此备受消费者青睐。近年来,人们对食品安全健康更为关注,相比传统猪肉,小香猪这类绿色食品的价值就更为明显。

②国家加大对畜牧业的支持力度:国家对专业大户、家庭农场和农民合作社等

新型农业经营主体的支持力度在不断加大，实行了新增补贴向专业大户、家庭农场和农民合作社倾斜政策。鼓励和支持承包土地向专业大户、家庭农场、农民合作社流转，发展多种形式的适度规模经营。推动相关部门采取奖励补助等多种办法，扶持家庭农场健康发展。

(4)威胁。

①相当部分消费者对绿色食品的高价格难以承受：现在普遍存在的现象是绿色农产品价格偏高，市场不认可，不得不降低价格，使其与普通农产品之间难以形成合理差价，优质优价的市场原则发生扭曲，从而对绿色农产品生产、流通产生不利影响。

②市场的虚假现象普遍：绿色农产品和普通农产品对消费者身心的影响在短期内表现不出，所以一部分绿色农产品生产者只追求产量忽视质量，使消费者对所有绿色产品产生信任危机。

图 3-34 “土嘟嘟”的生态鸡

4. 市场选择与定位

(1)目标市场选择。小香猪的价格比普通的生猪价格高很多，所以小香猪的销售方向主要还是面向中、高消费者，及一些星级餐饮酒店。经过市场调查，发现旅游景区周边的旅店餐饮消费档次比较高，特别是在节假日时期的人流量是最多的。消费者借着放假时期，好好地放松自己，在他们游玩的同时，为他们提供了味道鲜美又营养丰富的小香猪食品，会给他们的旅游留下深刻的印象。

(2)市场定位。合作社定位于韶关地区的知名旅游区周边的酒店，为该地区的餐饮企业提供高质量的产品，让前来消费的顾客都能享受金顺源小香猪的美味。合作社将秉承着“绿色、原生态、自然、健康”的产品理念，去赢得消费者的青睐。特别是节假日，旅游区游客很多，是推广与宣传小香猪产品的大好时机。

5. 营销战略和目标

(1)营销战略的选择。金顺源小香猪采取的是市场定位战略,主要针对各大餐饮企业以及高消费群体。在与其他对手竞争的同时,金顺源小香猪必须要建立一个良好的产品形象,确立市场主要消费者群体的情况,通过市场定位战略引领着金顺源小香猪走向更广阔的市场,提高其品牌的知名度。

(2)战略目标的确定。

①短期目标。通过市场分析,合作社要在半年内加大宣传与推广力度,让金顺源小香猪产品在市场上达到一定的知名度,在生产、推销、市场份额等方面达到与竞争对手同样的高度。

②中期目标。短期目标达到后,合作社应继续保持金顺源小香猪这个产品在市场上的位置,并在一年内加深与餐饮行业的关系,拓展新的市场,用产品与服务加强品牌在市场上的信誉,使金顺源小香猪市场份额超过竞争对手,处于相对领先的位置。

③长期目标。当小香猪已广为人知时,合作社将保持金顺源品牌市场的领先性,在两到三年内形成产品的专业化与定位方向的准确性,建立良好的客户关系网并且进一步向其他地区的市场拓展,形成一个知名度高市场信誉好的一个品牌产品,成为本地区行业的领头羊。

6. 营销策略

(1)产品策略。合作社倡导绿色环保农产品消费,积极推进"放心农产品工程",保证产品质量,提高消费者对小香猪这个肉质产品的信心,明确"绿色、原生态、自然、健康"的产品策略。我们将借着小香猪具有皮薄肉细,胴体瘦肉多、肌肉鲜红、肌纤维细嫩、脂肪洁白的特点及它味道的清香甘甜、营养丰富,大力宣传并让它深入人心,使品尝过它的人都能成为产品稳定的客户及义务宣传员。

(2)价格策略。金顺源小香猪现在猪肉的价格是 45 元/500 g,相对于其他两家竞争者来说,金顺源小香猪产品的价格更具竞争力,在此基础上,合作社可以根据经营业绩状况,对各大餐饮业及中、高消费者以更大的优惠。

对于长期大批量订购小香猪的客户,将会享受九折优惠。

对于中、高消费者的优惠措施主要有:贵宾卡、免费送货上门服务;提供专业烹饪书籍《美食食谱—小香猪做法》等。

(3)促销策略。

①在节假日或周末在中高端市场上进行促销活动,店面有金顺源品牌小香猪的特色设计,工作者有统一的服装,给顾客一种强烈的视觉影响,在促销活动中做好宣传。

②为了使消费者在第一时间、最近距离的接触并品尝我们的产品，不定期开展试吃活动，让顾客体验小香猪与普通猪肉的差异性，重点宣传小香猪肉质对人体的营养性。很多消费者均是通过免费试吃后购买产品，然后成为老顾客的。

③为了把促销活动做得更好，可以利用网络宣传的方式，还可以派发精美的传单来进行广告宣传活动，从而增进消费者进一步购买的欲望。

(4)服务策略。

①开通服务热线，耐心与咨询者讲解产品的优质性。

②建立客户档案，了解客户的需求。

③定时询问新老顾客建议，提高金顺源小香猪的美誉度，增强顾客的忠诚度。

④重视售前和售中服务工作，提高交易成功率，妥善处理售后出现的问题。

(5)渠道策略。

①拓宽金顺源小香猪的销售渠道，进一步寻找中间商并洽谈合作事宜，利用中间商或者直销的模式进行营销渠道的拓展。

②开展网络营销。目前，网上市场正处于开发期和培育期的起步阶段，因此可以通过开展网络营销来占领市场，以求生存和发展的机会。网络营销有利于提高企业营销信息传播的效率，增强企业营销信息传播的效果，降低企业营销信息传播的成本，且能实现产品直销，能帮助企业减轻库存压力，降低经营成本。

③与周边知名景点的餐饮行业合作。选择跟旅游区周边的餐饮行业合作，提供清香甘甜、营养丰富的小香猪产品，让更多的消费者品尝，不仅可以增加周边知名景点的餐饮行业的收入，更加能为合作社带来可观的收益以及稳定的客户群体。

7. 产品推广手段

(1)微博(微信)。现阶段微博(微信)已经成为一个平台，不同年龄层次的人都有属于自己的一个微博(微信)账号。网络上可以看到很多的营销微博(微信)在疯转，里面所介绍的产品形形色色，合作社可以利用这一平台，宣传金顺源小香猪这一个特色产品，让更多的消费者知道这个品牌产品的存在。可以通过抽奖、赠送产品、送红包等活动，吸引朋友圈顾客及其他有兴趣的消费者，以其达到宣传产品形象、品牌的目的，提高金顺源农产品合作社的知名度，增加产品的销售量。

(2)网站。金顺源农产品合作社在阿里巴巴有一个专属自己的网站。作为经营者，要建好自己品牌的网站。网站上对于本企业要有一个精简的介绍，对于小香猪产品的介绍要突出其特点；对于合作社的产品信息要及时更新；要精心设计重要页面介绍小香猪这个主打产品，并使该页面在网站上处于醒目位置，以吸引网上消费者的注意。

(3)论坛。在论坛宣传产品既不用花费钱财又可以达到一定的目的。首先经营者要在各大论坛注册多个账号,把签名设为自己的网站,发表自己企业产品的相关内容与图片。其次可以选择在各大论坛进行品牌宣传以及举行一些招商活动,宣传的时候突出自身产品的主要特色,重点介绍自身农产品的优点与长处,进一步在人们心中建立一定的信誉度。

(4)高速公路上的广告牌。相对其他广告形式,高速公路上的广告牌成本不高,而且可以给开车的司机以及乘客带来一定的视觉冲击。由于立于高速公路旁,营造出强烈的视觉效果,使观者无法视而不见。高速公路具有良好的广告媒体功能,而其发布价格的定位远低于电视、报刊、广播等其他媒体,投入产出效益相对较高,因此发布高速公路广告十分经济。

(5)车上广告(车身、车内、出租车 LED 广告)。

①高覆盖率。因为出租车的运营路线不固定,活动区域大,人们出行、居家、公务、购物均有机会接触高频次的广告冲击。

②高到达率。车身(内)广告是户外广告中到达率最高的媒体,强迫乘客接受广告信息,大大加强广告受众对产品及品牌的认知程度。

③高效低成本。出租车广告准确针对企业目标市场,其具有流动性大、范围广、灵活准确的传播品牌信息,出租车广告对应的是都市中最活跃最庞大的消费群体。相对于传统大众媒体而言,它的受众针对性更高,千人成本最低,性价比更为突出。

④出租车流动性大,不受区域限制,可以穿梭于城镇的每一个角落,其影响之深,范围之广,受众面之大,不受时间、线路限制,可随时随地向广大群众传递广告信息,是其他广告所无可比拟的。

⑤强视觉冲击力。车身广告的高度位置正好与行人视线持平,可以将广告信息近距离的传播给受众,达到最大的可视机会。同时,针对驾车者,广告特别醒目。

(6)赞助某些舞台活动、参与公益活动。

①通过赞助某些舞台活动来达到一定的宣传效果,设置咨询点以及制作品牌日历送给客户,便于大众咨询与认识本品牌的特色。

②参与某些公益活动,打响自己的品牌产品,树立良好的企业形象。围绕"绿色、原生态、自然、健康"的主题宣传。

**(三)任务实施的组织**

(1)通过讲解、提问、分析的方法,让学生重点掌握农民专业合作社农产品定位与市场分析的方法与要点。

(2)通过对导入案例的分析,让学生学会制定农民专业合作社的 4P 营销策略。

(3)以组为单位,查阅资料或实地调查,分析目前农民专业合作社产品营销中存在的问题,按以上方法进行分析讨论,共同写出对策报告。

(4)每组选一名同学,在全班讲述分析报告,其他同学补充,全班讨论。

(5)安排好每组学生的拓展学习,学会对农民专业合作社进行营销管理的方法与步骤。

(6)以组为单位,选择本地一个成功的专业合作社,进行深入分析,找出其成功的原因,分析其存在的问题,写出调查报告。

(7)教师组织对调查报告进行评比评价。

## 三、任务拓展

学会对农民专业合作社进行营销管理的方法与步骤。

### (一)实行标准化生产,提高产品品质

标准化生产是农民专业合作社产品品质的保证,而合作社的优质产品是其能够主动选择营销渠道的一个重要条件。所以合作社要在自己的条件范围内建立标准化生产基地以及标准化生产流程。大力发展无公害农产品、绿色产品和有机产品;在基地建设、产品认证、优质品牌等方面多下功夫,这样才能向市场提供优质,高效,安全的农产品,提高产品的单位价值从而提高合作社的产品竞争力。

### (二)提高市场营销意识,努力实现品牌营销

品牌的竞争,是当今市场竞争的主旋律,农民合作社要发展壮大,一定要有自己的品牌,这样才能提高自己的市场竞争力和市场占有率。要从传统的销售观念转变为以市场为中心的市场营销观念上来,按照市场需求以及市场规则进行产品生产、加工、包装,以求获得市场认可。合作社要结合当地特色,充分挖掘当地有利资源,打造能够自己的自主品牌,同时加大自创品牌的广告宣传推广力度,扩大知名度,提高市场占有率。这样才能从营销渠道中占据主动地位。

### (三)积极进行深加工,延伸产业链

农业产业链管理是将农业生产资料供应、农产品生产、加工、储运、销售额等环节链接成一个有机整体,并对其中人、财、物、信息、技术的等要素流动进行组织、协调和控制,以期获得农产品价值增值的活动过程。所以,合作社要努力在上游和下游拓展,农产品营销延伸到生产、加工、包装、运输和仓储等领域,积极开展存储、加工、运输等基础设施建设,形成一个完整的产业链。

### (四)积极引进培养专业人才,打造专业营销团队

高素质营销人才的短缺是制约农民专业合作社健康发展的重要因素。打造一支优秀的产品营销团队是农民合作社开展产品营销活动的人员保证。为此,合作

社应在自身条件允许的情况下，引进专门的营销人才，根据合作社实际情况来制定营销策略。并组建产品营销团队，通过外部和内部营销知识及能力培训来提高营销人员的整体素质，并且建立相关培训机制。

### （五）积极开展新的营销渠道模式，不断更新营销手段

市场是瞬息万变的，合作社所处发展阶段也是在不断变化的，同时信息时代和网络社会的到来，新的营销渠道、营销手段层出不穷。合作社要想保持其营销渠道的先进性和优越性，必须不断学习新的知识，加强对外交流，不断探索新的营销渠道模式，更新营销手段，这样才能使合作社立于不败之地。

营销渠道策略是整个营销系统的重要组成部分，它对降低合作社成本和提高合作社竞争力具有重要意义。

## 四、任务巩固

(1)“土嘟嘟”定位于哪一类型的合作社？根据案例提供的素材，分析这样定位的机会、威胁、优势与劣势。

(2)“土嘟嘟”的产品与服务各有什么特色与优势？

(3)“土嘟嘟”应注意规避哪些风险？

# 任务三　现代都市农业产品营销组合

## 一、学习准备

### （一）知识准备

1. 都市农业的概念

都市农业是指地处都市及其延伸地带，紧密依托城市的科技、人才、资金、市场优势，进行集约化农业生产，为国内外市场提供名、特、优、新农副产品和为城市居民提供良好的生态环境，并具有休闲娱乐、旅游观光、教育和创新功能的现代农业。

2. 都市农业的特点

(1)它所包括的范围是指都市城市化地区与周边间隙地带的农业，不同于一般城郊型农业。

(2)都市农业的生产、流通和消费，农业的空间布局和结构安排，农业与其他产

业的关系等，必须首先服从城市的需要并为其服务。这种由城市需要决定农业的发展，体现了都市对农业的依赖性，并进而实现相互依存、相互补充、相互促进的一体化关系。

(3)都市农业不仅是经济功能的开发，而且要进行生态、社会等功能的开发，并进而实现多功能性的大农业。

(4)农业生产经营明显的表现为高度集约化的经营方式，实现生产、加工、销售一体化经营，呈现出明显的现代农业发展形态。

3. 都市农业的主要类型

(1)农业公园。这种类型的特点是把公园与农业生产场所、消费场所和休闲场所结合起来建设，利用农业生产基地来吸引市民游览，主要是供观赏和旅游，面积比较大。一般选择依山傍水，有林草的地方，以地形和农产品种类而成自己的风格特色。农业公园分专业性农业公园和综合性农业公园。

(2)观光农园。这种类型的特点是开放农业园地，让市民观赏，采摘或购买农产品。有的主要是提供农村景观或生产过程供游客观赏，有的可以购买新鲜产品(如花卉)，有的还可以参加采摘果实。有的农户开放自家的花卉种植温室，有的观光农园集中区建立了展览室，让游人在观赏之余还能增长知识。

(3)市民农园。这种类型特点是，让没有土地所有权的市民承租农地，直接参与农业生产，亲身体验农业劳动过程。市民家园一般设在市区较近、交通、停车都便利的地方。农园经营者把整个园地划分若干块，分别租给不同的市民，供他们进行耕作体验。

(4)休闲农场。这是一种综合性休闲农业区，以吸引旅客住宿为特点。农场以生产果、菜、茶等农作物为主，经过规划设计，充分利用农场原有的多种自然景观资源，如溪流、山坡、水塘，以及植物、动物、昆虫，引进一些游乐项目，开发为休闲农场(或度假农庄)，把市民的观赏景观、采摘果实、体验耕作、住宿、餐饮和娱乐等多种活动结合在一起，适应他们度假游乐的需要。如武汉的“农耕年华”等。

(5)教育农园。这是兼顾农业生产与科普教育功能的农业经营形态，即利用农园中所栽植的作物、饲养的动物以及配备的设施，如特色植物、热带植物、栽培设施、传统农具展示等，进行农业科技示范、生态农业示范，传授游客农业知识。代表性的有法国的教育农场，日本的学童农园，台湾的自然生态教室，北京的少儿农庄等。

(6)高科技农业园区。这是采用最新技术、现代化生产手段和管理方式，形成集生产加工、营销、科研、推广、功能等于一体，高投入、高产出、高效益的农业种植区或养殖区。这些园区有的可以对外开放，接受游人的观赏，有的属于封闭型，不接待游客。

(7)森林公园。这是一个以林木为主,具有多变的地形,开阔的林地、山谷、奇石、溪流等多景观的大农业复合生态群体。以森林风光与其他自然景观为主体,在适当位置建设狩猎场、游泳池、垂钓区、露营地、野炊区等,是人们回归自然、休闲、度假、旅游、野营、避暑、科学考察和进行森林浴的理想场所。

(8)民俗观光园。选择具有地方或民族特色的村庄,稍加整修提供可住宿的农舍或乡村旅店之类的游憩场所,让游客充分享受农村浓郁的乡土风情和浓重的泥土气息,以及别具一格的民间文化和地方习俗。

(9)民宿农庄。主要是为已退休或将退休的城里人租住农村房屋,迁居农家。这些人中有高级知识分子、企业家、企业高管等高层次消费群体,也有普通的退休工人,他们在城里均有自己的住房,但非常向往农村的风光,游览田园景观,希望在林间散步,呼吸着农村新鲜空气,过着宁静淡泊、无噪声、无污染的世外桃源式生活。

**(二)资料准备**

(1)利用报纸、杂志、图书等,搜集现代都市农业的相关知识。

(2)利用互联网,搜索都市农业的成功案例。

(3)走访现代都市农业的典型,了解相关企业的发展历程。

(4)教师准备关于都市农业发展的相关案例与视频。

## 二、任务设计与实施

【任务设计】

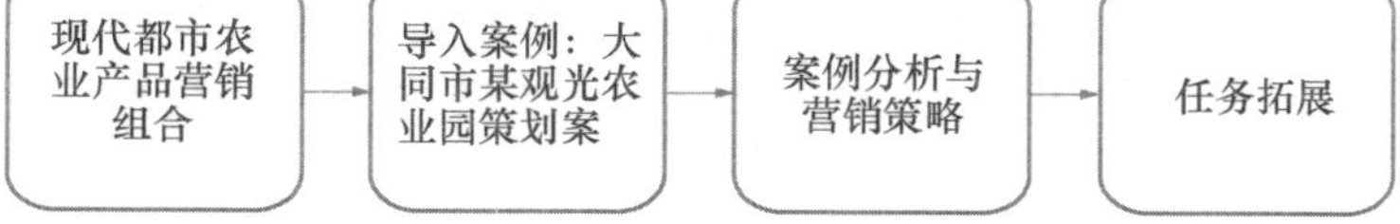


【任务实施】

**(一)导入案例**

**【案例】** 大同市某观光农业园策划方案

观光农业是一种以农业和农村为载体的新型生态旅游业。20世纪90年代,我国农业观光旅游在大中城市迅速兴起。休闲观光农业是顺应城乡消费需求,利用田园景观和农业资源,提供观赏、采摘、垂钓、游乐、餐饮等体验性休闲活动,是融合农业的经济功能、生态功能、社会功能于一体的新兴朝阳产业。2009年中央一号文件明确提出“农业不仅具有食品保障功能,而且具有原料供应、就业增收、生态保护、观光休闲、文化传承等功能,要开发农业多种功能,健全发展现代农业产业体系。”发展休闲观光农业,有利于优化农业结构,拓展农业发展空间,促进农旅互动发展,加快农民增收致富,推动社会主义新农村建设。现在我国江浙、东北等地农业观光园都已形成一定规模。

大同市阳高县三面环山,北为云门山,西为采凉山,南为六棱山,中部形成南北两个盆地。最高的六棱山,海拔2 420米。山区占全县总面积的31.7%,川区占36.5%,丘陵区占31.8%,近于三分天下。境内有桑干河、吾其河、白登河等多条河流,环境优美,农业资源丰富。阳高的生态旅游近年来已形成品牌,春日赏杏花、夏秋摘京杏,充满田园风情的阳高日益成为人们假日休闲的向往地。

当地农民把握时机,纷纷投资,兴建了多家农业观光园、采摘园,吸引了大量市民来观光旅游。

### (二)根据导入案例制定策划方案的方法与步骤

1. 做好市场调查,为策划打好基础

目前,观光农业在大同市方兴未艾,正成为备受人们青睐的绿色生态体验旅游项目。在大同市,兴起了众多以观光农业为主体的新型生态旅游项目。根据初步市场调查,在城市周边特别是在南郊区,已有多家生态旅游项目。

白马城农业生态观光园:位于同丰路边的白马村,距城区较近。这里有千亩葡萄园,还有梨园、杏园、李园、苹果园、核桃园和多种蔬菜示范园,以及野生植物保护园、牧草园、高科技示范园,供游人体验式种植、观赏、采摘并游览、休息、用餐等。

北村乡玉银河生态农业观光园:占地40公顷,有150多个日光大棚,配套建设有停车场、科技展厅、休闲广场、观光园、农家小院、农家饭舍、垂钓中心等服务设施。

民丰花卉种植示范园区:位于西韩岭乡冯庄村,是一个集花卉种植、农业观光和农作物新品种示范为一体的现代化生态农业景观产业化项目。占地近17公顷,是一个以现代精品农作物生产示范展示为主,以休闲观光为辅助功能的现代农业生态、花卉景观园区。

石家寨阳光特色生态农业采摘园区:一期工程占地近10公顷,形成了一个集休闲观光、实物采摘、风味品尝为一体的绿色园区。

2. 科学准确的市场分析是策划成功的前提

根据初步市场调查,可以看到,前述的众多农业生态旅游项目已形成一定规模，有一定市场影响力，较受市民喜爱。但同时，也可以看到，这些项目的季节性都较强，即只有夏季形成真正的客源高峰，其他季节则很难产生强烈的吸引力，显得门庭冷落。且由于配套服务设施和相关服务项目的不足，很难真正留住客人，市民及观光客们均是浅尝辄止，逗留短暂，多以采摘体验为主，较少留宿，难以产生更多的消费联动，具有产业链条单一的特点。而随着人们生活水平的提高以及对田园生态的更加向往，对农业生态游的心理要求与期望值也更高了，这就为生态园以全新定位、全新形象、全新服务来满足人们的更高要求提供了广阔的市场空间。

3. 市场优劣势分析是策划的重要依据

(1)劣势分析：该观光园位于阳高县，距市区 1 小时车程，相较前文所述的城市周边农业生态旅游项目路途较远。

农业生态旅游项目具有天然的季节性特点，这对农业观光园来说也是一个无法回避的事实。如何吸取其他项目的成功经验，并在充分分析其所存在的不足以及消费者的消费心理需求的基础上，以具有心理亲和力和市场号召力的特色服务来吸引消费者光顾，并如何以创意服务来规避季节性短板，把观光园打造成为一个四季常青的乐园，这些都是观光园创立之初需要认真研究的问题。

(2)优势分析：阳高的生态旅游近年来已形成品牌，春日赏杏花、夏秋摘京杏，充满田园风情的阳高日益成为人们假日休闲的向往地。在策划案中观光园的周边，业已形成众多较具影响力的以温泉浴为特色的休闲服务设施。

大同至阳高交通便利，大道通畅，一路绿意葱茏，景色优美，从市区至景区 1 小时的车程不会让人产生心理疲劳感，而从心理学的角度分析，这种彻底远离喧哗又不长途跋涉的距离感恰是一个最让人接受的心理适宜距离。

该观光园的服务项目周全，功能定位准确。既适合于普通市民绿色采摘体验需求，又能满足渴望回归田园人士寻求宁静的心理愿望，还能迎合商务人士求新求异追求雅趣的品位之需。

可以说，这样的项目是具有开拓性、引领性的，是全面提升大同市生态旅游服务水准与品位的全新项目，以良好的运营模式，准确的市场推广，必将能够取得可以预期的良好市场效应。

4. 宏观市场是决定策划成败的重要影响因素

通过改革开放 30 多年来的建设与发展，大同市软硬件环境大幅度改善，逐步开发出以云冈石窟、北岳恒山为龙头的六大旅游区及 63 处景点和 20 条精品线路。逐步建立起以观光旅游、度假旅游和专项旅游三大类产品为主体的旅游产品体系。大同市是一个资源型城市，人均消费水准较高，尤其在餐饮、娱乐、旅游等方面消费尤为突出。随着都市居民休闲旅游消费需求的不断增长，对休闲活动内容，质量的要求会不断提升。休闲观光农业依托城市、服务城市、受益于城市，是一种强调城乡经济有机融合、人与自然和谐发展的现代农业形态。在此时机推出阳高农业观光园的旅游概念，适时的满足消费者回归自然，享受自然的要求，认真做好园区硬件规划及服务品质，辅之以有效的市场培育、启动、推广手段，有望创造一片大众化、园林化、情趣化、体验式消费的观光旅游新天地。

5. 科学的功能定位是观光园成功的关键

综上所述，结合我国及大同市的农业旅游及消费特点，新建成的观光园应具备以下功能：

(1)观光旅游的功能。

(2)休闲、娱乐、聚会的功能。

(3)餐饮、洗浴、住宿的功能。

(4)商务洽谈、会务中心的功能。

(5)体验式自主消费的功能。

(6)青少年科普教育的功能。

(7)高科技、高附加值农产品培育、生产、销售的功能。

(8)提供园林化、休闲式住宅的功能。

(9)自然景观挖掘、民俗文化推广的功能。

(10)苗圃培育基地的功能。

(11)举办各式庙会，瓜果节，民俗节的功能。

6. 准确定位消费人群是开拓市场的重要手段

(1)学生群体。中小学生、幼儿园、大学等三部分学生群体，满足他们科普增智、课外辅导、观光娱乐、生日聚会、毕业聚会等方面的要求。

(2)未婚情侣。收入稳定的年轻男女，喜欢在游玩中加深感情，对园林风光充满向往的时尚一族，人均消费多在 500 元以上。

(3)小康家庭。家庭成员以三口居多，有时也带上父母。月收入较高，有自驾车，通过采摘、制作等自主性劳动增添家庭生活乐趣，多选择 2 天内的农庄郊游，总消费多在 1 000 元左右。

(4)单位团体。以经营效益较好的各类企业为主，这些企业每年定期安排优秀员工旅游，而观光农业园由于距离短、成本低、趣味性强、生态环保等优点，成为各企业首选旅游目的地。这样的团队一般人均消费在 300～500 元。

(5)商务接待。因商务来往需求，客人有时厌烦城市酒家的喧嚣，需要寻觅一个安静、别具特色的地方进餐，多以 3～10 人居多，总消费多在 2 000 元以上。

(6)美术、摄影爱好者写生或聚会。以美术协会、摄影学会为主,还有部分大学艺术系学生,集写生,摄影,娱乐,聚会为一体,多为自主式消费,注重服务品质及庄园规划设计。消费多在 200～500 元/人。

(7)网络式民间团体欢聚。大同市及周边城市有许多自发的网络社交团体,如大同市车友会,在会人数 800 人以上,多为 25～40 岁时尚一族,月收入在 3 500 元/人以上,多有私家车,通过网络开展形式多样的论坛、团体聚会、郊游等,AA 制消费,一般每人每次多在 200 元以上。

7. 科学对路的营销推广方案是保证观光园成功的重要保证

(1)战略式推广。主办并成立大同首个农业观光游协会,通过协会建立并稳固农业观光游发起者及领头者的地位。协会可以加强与大同市相关职能部门的联系,开辟协会网站,在网上宣导民俗文化观念,用论坛的形式征集更好的服务、营销方案等。

(2)合作式推广。主要有以下几种形式:

①与大同车友会的合作。该会是目前大同最大的一个以网络论坛,社交集会为主一个民间团体,成立已有三年之久,成员多为 30 岁左右时尚男女,有自驾车,月收入 3 500 元以上。负责人为大同市企划学会常务理事,可以让其在网上发帖介绍推荐农业观光园,如给予其一定优惠折扣,效果更好。

②与大同市摄影家协会的合作。参与者多为 45 岁以上的摄影家及摄影爱好者。在会人数 1 000 多人,平均每人每年在摄影方面消费多达 5 万元。可通过他们在摄影圈内进行有效宣传。

③与大同市文联、美协、书协合作。与市文联合作,开展笔会、书会、各种文化沙龙等活动,在扩大影响力的同时,提升农业观光园的文化品位。开展游农业观光园游记征文比赛、评选形象代言人等公关活动。

与以上这些团体建立合作关系,一是可以让其来观光园消费(用贵宾卡的形式给予一定的优惠),提高观光园自身的品位;二是通过这些在社会上有名望的人进行更有效的口碑宣传;三是可以吸引相关新闻媒体的关注,通过报道相关的活动,达到扩大知名度与市场推广的目的。

④与相关商企的合作。与大同百货业、首饰业、家电业、婚纱业、汽车业等大宗消费品行业联合推出捆绑式、联盟式、抽奖式销售方案,达到借船出海、互惠互利、各取所需的目的。

⑤与知名小学的联系。大同知名的小学如实验小、十四小、十八小等有在校生 1.8 万名之多,多来自较富裕家庭,有私家车的占 80%以上。这些家庭假期一般要安排小孩外出旅游,是一个不可小视的消费群体。可以通过开展奖励三

好生、绩优生，有针对性的策划公关、宣传、促销活动，让学生集游乐、学习、体验为一体，感受观光农庄的魅力。寒暑期间举办少儿夏令营，建立校外科普园地等系列一科普教育活动，紧密联系学生，合理稳妥的搞好学生、家长和校方的公关外联活动。

⑥与媒体单位的合作。与大同电视台都市新闻部，大同晚报专刊部，大同日报文体部，大同广播电台交通台，大同电视报等主流媒体合作开辟栏目，利用新闻传播手段打造文化品牌，制造新闻亮点，进行更可信有效的宣传。

⑦与旅游部门的合作。利用市政府与旅游局“大同人游大同”的概念，合力推出并启动“百万家庭游大同”的公关活动，力争将农业观光园与云冈、恒山、九龙壁、华严寺等著名景点抱团销售，以年票、套票的形式由旅游局、旅行社组织销售，形成借力打力的销售效果。

### (三)任务实施的组织

(1)通过讲解、案例分析的方法，让学生重点掌握现代都市农业的产品定位与市场分析的方法与要点。

(2)通过对导入案例的分析，让学生学会制定现代都市农业产品的4P营销策略。

(3)以组为单位，查阅资料或实地调查，分析目前现代都市农业产品营销中存在的问题，按以上方法进行分析讨论，共同写出对策报告。

(4)每组选一名同学，在全班讲述分析报告，其他同学补充，全班讨论。

(5)安排好每组学生的拓展学习，学会现代都市农业中旅游服务性产品的品牌整合营销策略分析。

(6)安排一次社会实践活动，以组为单位参观一处现代农庄，对其经营状况进行分析，并写成分析报告。

(7)教师对分析报告进行评比，对表现优异的小组与同学进行表扬。

## 三、任务拓展

现代都市农业中旅游服务性产品的品牌整合营销策略分析。

从现代都市农业的主要类型中，我们可以体会到，现代都市农业以服从城市的需要并为其服务为目的，目标顾客群是市民，除提供安全绿色的农产品外，主要产品是由休闲农业、观光农业提供的旅游服务性产品。

在旅游市场需求日趋个性化、多样化的背景下，旅游目的地营销进入品牌竞争时代，旅游营销理论与实践日益创新，传统的旅游营销手段已难以适应日趋激烈的市场竞争。整合营销传播作为目前市场营销领域内的一种新理论，得到了广泛重视。

品牌可以说是营销的核心和灵魂。作为吸引消费者购买的重要因素之一，它既是某种标志、符号，又是消费者消费某种产品的体验和感受。每个品牌的背后都有一种产品和服务支撑品牌的形象和理念，但同时品牌又必须超越这种产品或服务相对独立存在。品牌整合营销有许多成功先例，例如香港每过几年就推出一个主题，2008 年的主题定为“乐在璀璨香港，爱在马术盛事”，凸显了奥运协办城市的形象，2009 年以“香港购物节”为主题，2010 年则定为“香港节庆年”，既树立了自己的形象，又张扬了城市特点，成功地吸引了大量旅游者。因此，在当今激烈的旅游市场竞争中，形象塑造已成为旅游地占领市场的关键因素。旅游产品的不可移动性，决定了旅游产品要靠形象的传播，使其为潜在旅游者所认知，从而产生旅游动机，并最终实现出游计划。因此，如何塑造旅游品牌和形象，并向消费者充分有效地传播成为目前旅游企业亟待解决的问题之一。

**(一)品牌塑造**

1. 市场分析

市场分析是我们塑造一个旅游品牌的第一个步骤，通过对客源地市场状况、当地的历史文化、民俗、资源状况等进行深入的研究并对分析结果进行总结提炼，为品牌定位做准备。

2. 品牌定位

品牌定位是塑造品牌过程中的关键步骤和难点所在，在市场分析的基础上通过使用各种定位法提炼出特定旅游目的地的主题。主要的定位法有如下几种：

(1)比附定位法。也被称作“借光”定位法，借用著名景区的市场影响来突出抬高自己，比如把关山牧场誉为“中国的阿尔卑斯”，把安康瀛湖库誉为“陕西的千岛湖”，把三亚誉为“东方的夏威夷”等。

(2)心里逆向定位法。它打破了消费者的一般思维模式，以相反的内容和形式标新立异地塑造市场形象，例如河南林州市林滤山风景区就以“暑天山上看冰锥，冬天峡谷观桃花”的奇特景观征服了市场。

(3)差异共生定位法。例如，桂林和柳州区位紧邻，同属于桂北旅游经济区。桂林旅游以山水甲天下，柳州旅游则以风情而卓越。因此，柳州应充分发挥自己的优势，以风情感受为体验之源，构建以风情为核心，以互动体验为主导的复合产品体系，促进柳州发展成为体验性与人文性的互动休闲旅游目的地。实现与桂林旅游的差异定位，柳州才能与桂林优势互补，良性竞争，在桂北旅游大系统中共生共荣。

3. 产品的提升和城市风貌打造

(1)完成品牌定位后，对原有产品进行提升和打造同样是品牌塑造过程中的重要环节。以“西安大唐芙蓉园”为例，在确定了“盛唐主题天下第一园”的主题后，特邀了中国唐代文学学会的十多位唐史、唐诗、唐画、唐建专家、博士生导师以及旅游专家组成的专家小组对大唐芙蓉园的历史文化内容进行重新挖掘和整理，对全园景观进行了重新规划和定位，划分出了十二个景观文化表现区域(外交文化、茶文化、诗歌文化、民间文化、歌舞文化等等)，并以此形成了以大雁塔为中心，包括大雁塔南北广场、大唐不夜城、唐城墙遗址公园在内的盛唐文化区，强有力地支撑了西安旅游的发展。

(2)围绕旅游目的地的定位对城市景观进行打造。城市风貌的打造就像一个舞台背景和氛围的制造者，而贴合主题定位的城市风貌将更好地烘托我们所要塑造的主题。例如，大连，中国北方著名的港口城市，从 1993 年就开始了整体城市规划，大规模的旧城改造和拆迁使大连在城市建设方面很快就走在全国主要城市的前面，欧式建筑与现代建筑交相辉映、星罗棋布的城市广场、女骑警风采、花园式绿化、规范的城市管理、服装节、足球，这些新的形象和标识构成了大连的新名片。

**(二)品牌包装**

提到品牌包装，近几年，成都、大连、武汉都在树立自身品牌形象方面进行了尝试。其中成都的“休闲之都”、大连的“浪漫之都”、武汉的“学府之都”等已有一定影响，连一些中小城市也要进行区域形象策划，比如商洛的“秦岭最美是商洛”，品牌形象已不再是单个的企业或景区形象，而是演化为整合的区域形象。除此之外，吸引人的宣传口号，如“乐山乐水乐逍遥”把四川乐山市的形象就展现得淋漓尽致，对乐山市旅游发展起到了极佳的宣传效果，听觉包装如《我想去桂林》、《坐着火车去拉萨》等旅游歌曲在客观上令所涉及的景区获益匪浅。味觉包装如“没吃羊肉泡馍就不算来过西安”等更突出了其独有的饮食特点等。这些成功的品牌包装手段使旅游产品和旅游者之间建立起更加密切的关系，实现了一种精神和物质层面的融合。

**(三)品牌传播**

品牌传播的方式多种多样，节事活动、媒体宣传、广告、公关活动、口碑、网络等无不可以拓宽营销渠道，增加游客量，建立良好的口碑。

随着区域旅游市场竞争的加剧，各地方政府、旅游局品牌意识逐渐增强，纷纷牵手央视，大力加强旅游资源的宣传，以占据更大的市场份额，不但为城市品牌形象提供了理想的展示窗口和广阔舞台，还使得许多城市从这里走向了全国观众的视野，甚至把影响力扩展到了全世界。例如观众所喜爱的《美丽中国》，全方位地记录、表现中国珍奇野生动植物和自然人文景观，不但为各国旅游者近距离认识中国创造了条件，而且对推进建设中国旅游业的整体形象具有重要意义。此外，各中小城市也不甘落后。湖北道教名山武当山，充分利用重要媒体，高起点进行品牌宣传，大力发布武当山主题宣传广告，全面推介武当山旅游，通过举办世界传统武术节、国际旅游节、全国少儿艺术节、TOP 跑酷中国训练营等高规格赛事、节会，不断提升武当山在全国范围的知名度、美誉度，这种品牌已深入人心，不失为一种很好的借鉴。

现代都市农业是朝阳产业，需要不断地创新。虽然我国拥有丰富的农业旅游资源，在很多方面有着得天独厚的优势，但就目前的情况来看，多数农业企业的品牌意识不够强，在品牌推广方面投入不足。想要在今后有更大的发展，休闲农业、观光农业等领域相关的企业，要树立强烈的企业形象建设意识，把握顾客需求，打造企业特色，实施创品牌与塑形象联动战略，加强农业企业形象宣传，进一步增强都市农业企业的竞争力。

## 四、任务巩固

(1)现代都市农业的核心是为城市居民提供合适的农产品与服务，试分析本方案中如何以城市居民为目标消费群，从需求层次上规划产品与服务的。

(2)SWOT 中的优势、劣势分析，其核心是将竞争对手与自己的进行优劣对比，并思考相应的策略，取长补短，进而体现自己的产品特色。阅读本方案，简要填写表 3-4。

**表 3-4　优劣势比较表**

| | 优势 | 劣势 | 改进措施 | 产品特色 |
| --- | --- | --- | --- | --- |
| 竞争对手 | | | | |
| 自己 | | | | |

# 任务四 农产品经纪人应掌握的营销技巧

## 一、学习准备

### （一）知识准备

1. 农产品经纪人的定义

农产品经纪人是指从事农产品收购、储运、销售以及销售代理、信息传递、服务等中介活动而获取收益或佣金的职业人员。实际上是买卖双方的中间人，通过付出自己的劳动而获取收益。

2. 农产品经纪人的类型

(1)销售型。自己拥有资金、场地、信息，通过收购、销售获取收益。是目前较多和常见的类型。

(2)科技型。拥有农业科技知识，既提供主要农资和技术，又掌握产品标准并收购销售产品，这一类型是发展方向。

(3)信息型。掌握科技、产品供求、种养、加工及劳动力信息等，把这些信息提供给需要者而收取一定的信息服务费用，这类现在较少。

(4)复合型。即上述三者结合起来。

3. 农产品经纪人的职业趋势

(1)由自产自销的原始阶段进入到专业经纪人时期。

(2)由多品种经营到专一品种经营。

(3)由临时找客户到有稳定的客商。

(4)由单一购销到购、储、加、包、销售、配送一体化及提供全方位的产前、产中、产后服务一条龙。

(5)由简单贩运到批量销售、合同销售、期货销售、联合销售。

(6)由零星销售到在大中城市设立连锁店、营业网点、办事处销售。

(7)由国内到国外进行国与国之间的销售。

(8)由自运到利用物流公司销售。

(9)由电话、传真到网络及电子商务获得信息和发布信息。

(10)由单一个人或家庭到公司等销售机构。由个人到形成协会和组织。

4. 农产品经纪人的作用

随着城乡经济的进一步繁荣和发展，农产品经纪人在促进地方经济发展、推动农业产业化进程、加快脱贫致富等多方面发挥着积极的作用。主要表现在：

(1)加快农产品商品化的速度，促进农村的资源优势快速转化为商品优势。改革开放后，农村经济得到极大的发展，一大批具有专业性质的农产品基地逐渐形成。把农产品推向市场，加快农产品流转成为商品的速度，需要有良好的流通渠道。农产品经纪人在这个方面可起到很好的沟通、中介作用。农产品经纪人可以把本地的农产品资源介绍给市场，把市场需求和本地生产紧密连接起来，在本地形成强大的商品优势，使资源优势能快速转化为市场优势。

(2)调整农业产业的结构，加快农业产业化发展。农产品经纪人的经纪活动可以促进农业产业结构合理化。一方面，作为生产和消费的纽带，一边连着农民的生产，一边连着市场上的需求，如何使农民的生产经营与市场需求相适应，农民经纪人可以发挥他的桥梁作用，让二者有机地结合起来，使农业的产业结构顺应市场发展趋势而逐渐地趋于合理；另一方面，农民经纪人是促成农民与他人交易的关键联结点。农产品经纪人掌握着农产品的供求状况，担负着农产品市场变化的信息传递任务，对农业生产起着一定的引导作用，而且可以把零散的农产品集中起来进行交易，从而加快农产品商品化进程。

(3)更新农民生产经营观念，加强农民的市场意识。农产品经纪人依赖市场生存，必须在具体经纪活动过程中，懂得经营，学会管理，掌握市场的变化规律。同时，还必须要随时调整经营理念，无论是农产品的生产、包装，还是储运、销售等，农产品经纪人都掌握最新的要求与动态。因此，农产品经纪人往往有着较强的市场经济意识，一定的组织能力。经纪人把新的信息，好的观念带到农村，传给农民，培养和加强农民的市场意识，使农产品更快、更好地走向市场。

**知识框**

知识链接：(2011 年 11 月 29 日 CCTV)全国百强农产品经纪人和全国优秀农产品经纪人协会表彰大会 22 日在北京举办，此次活动旨在通过宣传农产品经纪人优秀典范，树立农产品经纪人新形象，带动更多创业者投身到农产品流通领域。

农产品经纪人俞学文："组织更多的农民共同致富，进行规模化生产，进行规模化销售，这样确保了产品的质量。"中国农产品流通经纪人协会常务副会长张元宗："通过他们的模范带头作用，以强带弱以小带大，这样把整个农产品经营连起来，发挥这个群体的优势，不是单打独斗。"

目前,全国有农产品经纪人 600 多万人,加上季节性的从业者更是高达 1 000 多万人,在搞活农产品流通、促进城乡市场繁荣发展发挥了积极作用。

**(二)资料准备**

(1)利用报纸、杂志、图书等,搜集农民经纪人的相关知识。

(2)利用互联网,搜索农民经纪人的成功案例。

(3)走访农民经纪人,了解其发展历程,并着重了解其营销策略。

## 二、任务设计与实施

【任务设计】

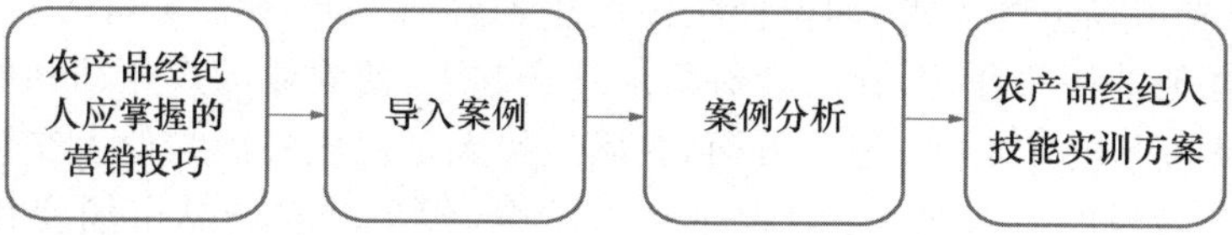


【任务实施】

**(一)导入案例**

**【案例一】** 打造有机茶第一品牌,带动 10 万农民致富(新蓝网 2013-09-26)

俞学文是我国茶业界赫赫有名的有机茶王,他是在全国两会上积极为"三农"问题鼓与呼的全国人大代表,他是一有空就回老家埋头乡村建设的村委会主任——在武义,说起浙江更香有机茶业开发有限公司董事长俞学文,大家总是有口皆碑。

只要说到有机茶,很多人就会想到中国有机茶之乡——武义。而为武义有机茶香飘大江南北立下汗马功劳的,要首推武义更香茶业开发有限公司。俞学文则是这个公司的董事长,也是创始人。

1995 年,俞学文带着让家乡茶农增收致富的梦想,背着家乡的茶叶来到北京马连道开拓市场,并创立了"更香"品牌。经过将近 20 年的风风雨雨,更香在京城声名鹊起,并成为中国有机茶第一品牌。

俞学文立足武义,依托家乡山水生态资源优势,在全国率先力推有机茶产业,确立了卓有成效的"市场+公司+基地+承包人+农户"发展模式,成功打造了一条茶叶绿色产业链。公司在浙江、广西、福建拥有 4 大茶叶基地、6 000 公顷茶园(其中有机茶园 4 000 公顷)、2 个茶叶加工厂、7 个全资子公司、200 多家直营店,产量和销量均为全国第一，成功带动10多万山区农民增收致富。公司成为集产、供、销、研于一体的综合性茶叶集团，位列全国茶叶行业百强前列。经营范围从单纯的茗茶到茶具、茶食品、茶包装、茶餐饮、茶保健以及茶文化推广，年销售额达4亿元。

俞学文还十分注重自身素质的培养和提高，不断钻研专业知识，开展自主创新，先后获得国家发明专利2项，实用新型专利9项，并实际应用于公司茶叶生产中。专利的研发和应用大大提高了生产效率，降低了生产成本，间接带动茶农增收致富。

### (二)农产品经纪人怎样才能在激烈的市场竞争中站稳脚跟

1. 敏锐的市场眼光

最初创业时，俞学文带着让家乡茶农增收致富的梦想，背着家乡的茶叶来到北京开拓市场。很快他就发现，传统茶叶市场呈现饱和状态，在名牌林立的茶叶市场，名不见经传的武义茶很难打开市场。经过对市场的细致观察与分析，他敏锐地捕捉到市场上一种全新的需求——有机茶。正是这一市场信息，让武义的有机茶跨出了走向全国、走向成功的第一步。

2. 科学的发展模式

茶叶作为享誉世界的中国传统农产品，几千年来一直以家庭作为主要的生产单位。这一生产模式与现代农业企业的生产管理、品牌创立、产品销售存在着不可调和的矛盾。俞学文确立了卓有成效的“市场＋公司＋基地＋承包人＋农户”发展模式，成功打造了一条茶叶绿色产业链。公司在浙江、广西、福建拥有4大茶叶基地、6 000公顷茶园(其中有机茶园4 000公顷)、2个茶叶加工厂、7个全资子公司、200多家直营店，产量和销量均为全国第一。

3. 创立自己的品牌

俞学文在闯市场过程中，发现家乡的有机产品质量很好，但由于没有自己的品牌，很难在消费者心中扎下根来，也难以在市场上开拓属于自己的一块地盘。他及时申报了“更香”商标，并成功注册，围绕这一品牌，成立武义更香茶业开发有限公司。正是这一品牌，让他的公司与产品名声大振，成为中国有机茶的知名品牌。

4. 丰富的产品线

作为农产品经纪人，俞学文最初是以推销茶叶为主。但随着业务的拓展，他发现单一的产品线受季节、消费者爱好等方面的制约，业务很难做大做强。依托家乡的生态茶，他与相关部门合作，深入分析市场，开发了茶具、茶食品、茶包装、茶餐饮、茶保健以及茶文化推广等纵深的产品线。丰富的产品线，带来更多的顾客，业绩也直线上升，2012年公司总销售额达4亿元。

5. 提升自身的综合素质

农产品经纪人，作为连接农产品与市场、生产者与消费者的桥梁与纽带，自身要具备良好的综合素质。既要对产品特点非常了解，又要对市场状况非常熟悉；既要熟练掌握农产品的生产过程，又要准确把握产品的运输、保管、销售等多个环节；既要与人打交道，又要与市场和产品打交道。俞学文十分注重自身素质的培养和提高，不断钻研专业知识，开展自主创新，先后获得国家发明专利 2 项，实用新型专利 9 项，并实际应用于公司茶叶生产中。专利的研发和应用大大提高了生产效率，降低了生产成本，使自身的产品更具市场竞争力。

**知识链接：**农产品经纪人国家职业标准(节选)

**基础知识部分**

1. 农产品商品基础知识

(1)农产品的概念及分类。

(2)农产品的商品性状。

(3)农产品的规格与质量标准。

(4)农产品的鉴别及等级评定方法。

2. 财务会计知识

(1)会计基础知识。

(2)会计报表分析的基础知识。

3. 经营管理知识

(1)农产品的经营特点及业务管理。

(2)农产品的包装、保管、运输。

(3)农产品的购销业务成本核算。

(4)WTO 相关知识。

4. 经济地理知识

(1)我国主要农产品的地理分布。

(2)各种运输线路、运输工具的选择。

(3)我国公路、铁路主干线的地理分布。

5. 相关法律知识

(1)合同法的相关知识。

(2)消费者权益保护法的相关知识。

(3)产品质量法的相关知识。

(4)计量法的相关知识。

(5)税收征收管理法的相关知识。

(6)道路运输管理条例的相关知识。
(7)野生动物法的相关知识。
(8)野生植物保护条例的相关知识。
(9)保险法的相关知识。
(10)国家绿色食品标准的相关知识。
(11)食品卫生法的相关知识。
(12)动植物检疫法。

6. 安全卫生知识

(1)安全食品生产知识。
(2)运输工具及机械设备的安全使用知识。
(3)安全用电知识。
(4)防火、防盗、报警、补救知识。
(5)环境保护知识。

7. 信息技术应用知识

(1)微型计算机的基础知识。
(2)微型计算机系统的基本组成。
(3)微型计算机系统的操作应用。
(4)计算机网络及互联网(Internet)的初步知识。
(5)计算机病毒的防治常识。

### (三)农产品经纪人技能实训方案

1. 实训目的

通过此项训练,掌握农产品经纪人相关技能。

2. 实训内容

(1)到农产品贸易市场观察农产品经纪人的行为方式并学习了解其经验。
(2)选定某一农产品,熟悉产品定级技巧,并充当该产品的经纪人。

3. 训练步骤

(1)选定某一农贸市场观察农产品经纪人的行为方式并学习借鉴。
(2)选定某一农产品,为充当该农产品的经纪人做好准备。
(3)寻找一个农户商议做产品经纪商,操作中要重点协调好“买卖协议”。
(4)运用市场调查方法进行该农产品的市场信息采集与分析。
(5)研究该农产品并确定市场定位。
(6)寻找销售商,并建立销售关系,注意签订双方的销售协议。
(7)进行销售,注意农产品的规格、质量、数量控制,并及时寻找货源补货。

(8)交接货物后，进行成本核算，并总结经验。

4. 实训考核

(1)考查参加实训的态度是否认真积极。

(2)考查观察学习农产品经纪人后的经验总结是否全面深刻。

(3)考查是否能找到一个农户，并成功地签订买卖协议。

(4)考查该农产品的市场信息采集与分析是否准确全面。

(5)对该农产品的市场定位是否准确。

(6)能否找到销售商，并成功签订销售协议。

(7)考查销售过程管理是否合理、及时。

(8)考查成本核算是否正确。

### (四)任务实施的组织

(1)通过讲解、案例分析的方法，让学生农产品经纪人的社会责任和应具备的知识与能力。

(2)通过对导入案例的分析，让学生懂得农产品经纪人如何在激烈的市场竞争中站稳脚跟；

(3)以组为单位，按实训步骤与要求进行实训，并针对实践中的经验教训写出相应的实训报告。

(4)每组选一名同学，在全班讲述分析报告，其他同学补充，全班讨论。

(5)安排好每组学生的拓展学习，以组为单位，每组通过讨论协作的方式写出一份创业计划书。

(6)全班对每组的创业计划书进行评比，写得最好的小组推选一名学生在全班进行演讲。

(7)组织好本项目师生的评价与反馈。

## 三、任务拓展

学会编制创业计划书。

**【案例二】** 开心农场创业计划书(真实版)

### (一)创业项目背景

1. 背景

(1)2009 年一款叫开心农场的游戏迅速在国内流行起来，深受人们的欢迎。玩家想通过这游戏体验一下农民生活的乐趣，为枯燥的城市生活添加点色彩。

(2)随着我国经济水平的快速发展和交通网络的建设，越来越多的农民走进城市工作、生活和发展，因而农村劳动力不断减少，被荒废的农田也越来越多。而另一方面城市里很多的白领、上班族等在工作之余很想走出城市，以及我国老龄人口的急剧增加，退休生活非常枯燥，总感觉无聊，靠看电视打发时间。基于此背景我想到了这个创业项目，让顾客亲近自然，放松心情，体验劳作生活。

2. 创业项目

(1)项目目的。我们团队名叫“多彩多乐农场主”，我们的创业服务目的是充分利用空置的农田资源和农家乐，为市里的白领、企业高管、退休人士打造一个全新的田园生活方式，在为消费者提供物质与精神收获的同时，还提高了农田的经济价值，增加了农民的收入，实现一举多得。

(2)赢利模式。项目赢利模式主要是租地收入，以 30 元/米$^2$ 的价格出租，另外是关联项目收入，比如农家乐、钓鱼、野餐、烧烤、K 歌等娱乐活动收入。并根据各种重要节日开展一些大型联欢活动，如相亲会、篝火会等活动增加收入。后期是衍生产业收入，如绿色食品销售、旅游合作收入等。

(3)项目介绍。我们多彩多乐农场主项目是开展真实版开心农场，把一块块真实的地以每年 30 元/米$^2$ 的价格租给市民，市民对地有绝对自主的使用权，我们免费提供技术服务和工具。开展各种特色农家乐项目：农家饭、农家聚会、农家饺子大赛等。地里小亭下棋聊天、煮酒饮茶谈笑风生，用自己栽种的农产品做饭，饭后在屋外引吭高歌，篝火边尽情地舞蹈。端午节有粽子大餐，各式各样的粽子汇聚一堂；七夕情人节营造浪漫的鹊桥，温馨的氛围让每位青年男女在这里体会这个东方情人节，也希望单身的他(她)们在这里找到自己的另一半；中秋节赏月大会，美味的月饼、诗意的花灯挂在各种农作物上……

3. 市场分析

(1)国内外市场。真实版开心农场是 2009 年才开发出来的，发展时间很短，而且服务项目很单一，我们的多样化服务市场还是比较广阔的，开发前景不错，而且随着城市里“雾霾”现象出现，以及国家老龄化的加剧，项目有很大的发展空间。

(2)目标客户分析。

①目前主要客户。根据团队网上信息的搜索和分析，以及对哈尔滨北大荒现代农业园的实地接触，了解到目标客户主要是没有接触过农地的白领、企业高管和一些行政官员，他们有经济实力，工作压力大，对农民生活向往，希望通过种地来放松自己的心情，感受那种氛围和喜悦，有一些家庭则希望通过种地这实践活动给子女上“教育课”，让他们体验劳有所得的乐趣。

②潜在客户。主要有两类，一类是在校大学生。大学生群体时间很充裕，对新鲜事物更易于接受，也想在课外中通过实地经历学习和感悟一些，丰富自己的大学

生活。而一些情侣也想在这里劳作收获，体验这犹如小夫妻的生活，因此这是一个很大的潜在市场。另一类是离退休人员。随着我国老龄化的发展，我国将有更多的退休老年人，城市的喧嚣、生活的单调让很多退休人的生活暗淡无彩。他们是很想找做做农活来解放自我，只为体验这其中的快乐。可以说退休人员会是我们未来的一个大目标客户。

(3)竞争企业及个人竞争性分析。我们初期主要的竞争对手是北大荒现代农业园。该项目是北大荒集团花5亿元巨资打造的中国唯一一个集冰景、雪景、冰雪娱乐、热带植物、观光、采摘综合性多功能于一体的超大景区．是“国家AAA级旅游景区”、“省级旅游示范点”、“青年文明号”单位。

①竞争对手优势：北大荒现代农业园实力强大，品牌响亮，宣传资源多，在哈尔滨第二大报纸《生活报》开通的《生活知道网》中有独立论坛版块，推广容易，目前项目知名度好，比较多的市民都选择了它。

②竞争对手劣势：后续服务很不到位，供水、工具、技术指导等问题很突出，很多农场主都抱怨，表示明年不会再参加，并有不少今年就放弃了。后续没有举行什么好的活动和节目保持农场主的参与热情。应聘的工人没有经过相关培训，遇到很多问题都不能解决，农场看护不到位，顾客的劳动成果经常被偷掉，这让农场主们很愤怒。

哈尔滨除了北大荒现代农业园，还有红星农场等小规模的竞争对手，但知名度非常的低，吸引客户不多，而且地理位置不太好，离市区远，因此对我们开发市场的影响不大。

(4)团队核心竞争优势。我们团队业务专一，资源应用集中，能全心全意地为顾客服务，我们不单是真实版农场租地，更要通过建设凉亭、棋牌室、煮酒饮茶阁等方式丰富消费者娱乐内涵。我们经营策略是“农场＋农家乐＋野餐＋烧烤＋K歌”，各种有创意的节日主题娱乐活动节目穿插其中，专心、周到的服务是我们团队的核心竞争优势所在。

4. 营销策略

(1)品牌策略。我们把自己的品牌定位于“多彩，多乐”，寓意体验更多精彩、更加快乐的农场绿色自然生活。我们建立的品牌模式是多元化的。把我们的品牌延伸到关联行业，如绿色产品、休闲旅游等，最终谋求我们品牌价值的最大化。

(2)营销策略。

①价格策略。我们定的地出租价格为每年30元/米$^2$的价格比竞争对手的低，便于新老客户选择我们。其次，我们在价格低于别人的同时，提供更完善、更好的服务产品，用更高的性价比来吸引更多的消费者。

②推广策略。

A. 广告:公司刚起步时,将以网络和平面媒体宣传为主,以吸引压力大、情绪波动大的白领阶层人士进行体验推广。

B. 网络宣传:制作各种精彩活动视频上传"土豆"、"人人"等分享网站,到流量较好的百度、搜狐等网站打广告,在"QQ群"和"百度贴吧"等高流量平台主动推广。

C. 地面实地宣传:进行一定的地面传单派发,小区宣传板广告粘贴等,在高校以招收代理人的方式进行大学生客户的开发和推广。

5. 财务计划

表3-5、表3-6是我们初期在哈尔滨开拓市场的各项财务计划:

**表3-5 五年费用列支预算表** 万元

| | 第一年 | 第二年 | 第三年 | 第四年 | 第五年 |
|---|---|---|---|---|---|
| 农地租金 | 3.0 | 4.1 | 6.2 | 7.0 | 7.8 |
| 娱乐项目开支 | 3.8 | 5.1 | 7.7 | 9.8 | 10.6 |
| 建筑费用 | 2.5 | 1.0 | 1.3 | 1.1 | 2.5 |
| 管理费用 | 1.3 | 1.8 | 2.1 | 2.2 | 2.3 |
| 水电费用 | 1.0 | 1.2 | 1.7 | 1.9 | 2.0 |
| 人员工资 | 3.0 | 4.1 | 5.4 | 6.1 | 6.0 |
| 广告推广 | 3.0 | 2.2 | 2.7 | 3.1 | 2.1 |
| 创意研发费用 | 0.8 | 1.3 | 1.6 | 2.0 | 2.1 |

**表3-6 未来五年利润表预算** 万元

| | 第一年 | 第二年 | 第三年 | 第四年 | 第五年 |
|---|---|---|---|---|---|
| 一、租地收入 | 9.5 | 13.4 | 20.1 | 24.6 | 26.3 |
| 减:租地租金 | 3.0 | 4.1 | 6.2 | 7.5 | 7.8 |
| 租地利润 | 6.5 | 9.3 | 14.9 | 17.1 | 19.5 |
| 二、农家乐等娱乐项目收入 | 7.2 | 11.3 | 16.8 | 21.7 | 23.1 |
| 减:农家乐等娱乐项目支出 | 3.8 | 5.1 | 7.7 | 9.8 | 10.6 |
| 农家乐等娱乐项目利润 | 4.4 | 6.2 | 9.1 | 11.9 | 12.5 |
| 减:建设费用 | 2.5 | 1.0 | 1.3 | 1.1 | 2.5 |
| 广告推广 | 3.0 | 2.2 | 2.7 | 3.1 | 2.1 |

续表3-6

| | 第一年 | 第二年 | 第三年 | 第四年 | 第五年 |
|---|---|---|---|---|---|
| 杂项管理费用 | 1.3 | 1.8 | 2.1 | 2.2 | 2.3 |
| 人员工资 | 3.0 | 4.1 | 5.4 | 6.1 | 6.0 |
| 水电费用 | 1.0 | 1.2 | 1.7 | 1.9 | 2.0 |
| 创意项目开发 | 0.8 | 1.3 | 1.6 | 2.0 | 2.1 |
| 三、利润总额 | －0.7 | 3.9 | 9.2 | 12.8 | 15.0 |
| 减：所得税(5%) | 0.0 | 0.195 | 0.46 | 0.64 | 0.75 |
| 四、净利润 | －0.7 | 3.705 | 8.74 | 12.16 | 14.25 |

重要报表数据提示：

五年销售收入(万元)：174

五年净利润(万元)：38.155

净利润/销售收入：38.155/174×100%＝21.93%

净利润/总成本：38.155/133.8×100%＝28.52%

达到收支平衡所需时间：24 个月

6. 投资潜力

①通过以上的财务报表预算可以看到收回初始投资所需要的时间为 24 个月。也就是说投资回收期为两年，周期短，风险低。

②从各项项目的支出可以看到支出费用不大，并且有很大的随机变换方案，比如农家乐等娱乐项目可根据需要调整，实现投资的低风险化操作。投资方案可行。

③我们团队的项目固定投资少，只有一小部分用于亭舍建设、工具购买等，其他的可以根据市场运作情况灵活安排，可控性强，投资风险较低，从收入预测(见会计报表)可见团队前景广阔，而且具备了衍生行业，例如旅游、特色农产品等的开发条件，投资潜力不言而喻。

7. 团队运营及管理

(1)明确各部门岗位职责。

总经理：代表团队签署法律文件；签发批准团队的经营计划和投资方案；组织制订团队的年度财务预算、决算方案；组织制定团队的基本管理制度，协调各部门之间关系。

市场推广经理：负责团队市场的调查和市场分析，团队的营销战略和营销计划。

服务部经理：负责农场各项服务的咨询以及各项服务的实施，对客户反应的服务问题进行分析解决。

财务经理：负责团队资金的筹集、使用，财务计划和投资决策分析等。

创意研发经理：负责团队创意项目研发，创意调查分析。

(2)团队成员简介。

总经理：黄某。某大学生命科学学院学生，组织活动能力很强，做事很有计划和条理。参加过省创业大赛等创业比赛，有丰富的经验，对创业充满激情。

创意部经理：吴某。某大学艺术学院学生，非常有艺术灵感，创新能力强，善于新项目的研发，对创意方向有一定的把握，也有很多的实战经验。

服务部经理：周某。性格活泼开朗，为人热情，做事细心周到，善于分析总结项目服务经验，有很好的协调能力，致力于为每位客户展示我们团队的优质项目服务。

## 四、任务巩固

结合以下案例，了解农民经纪人应具备的专业技能。

**【案例三】** 农产品经纪人“跑”活农村经济(《四平日报》2014.08.16)

### 经纪人：统一管理统一销售

“我们山门村农民合作社是2010年成立的，那个时候都是社员自己种植，自己销售。”山门村村主任郑长伟介绍说。郑长伟是合作社的带头人，如何带领村民共同致富？怎么才能达到最大效益？郑长伟为此做了很多努力和尝试，而解决这些难题是从他第一次接触农产品经纪人开始。2012年，郑长伟第一次系统地学习了农产品经纪人是什么，有什么作用，怎样帮助农民致富。此后，郑长伟便决定在本村开始实践。他动员村民将土地统一管理，将产品统一销售，由他做经纪人，为村民销售搭桥牵线。虽然刚开始时村民还不太认可，但后来经过他不断地努力，村民慢慢地接受了。郑长伟说：“通过这种方式，我们农产品的价格比以前提升了一倍多，也给大家带来了切实利益，通过农产品经纪人销售的村民多达100多家。”

近几年，通过农产品经纪人统一管理和统一销售，宣传力度不大扩大，山门村不仅产品价格提升了，也打造了属于自己的采摘和销售品牌，将产品推出四平，销往了长春、沈阳等地。

### 老百姓：销路有了钱挣多了

王儒林是山门村农民合作社的社员，一直靠家里的少量旱地种植葡萄，“原来我都是自己经营，自己找买主，也没有什么销售门路，家里的葡萄又不是太多，大的收购户根本不会考虑我的葡萄，而零卖又耗时耗力，所以就不得不降低葡萄的价格，收入自然少了很多。”以前销售一直是王儒林最犯愁的事，自从加入合作社统一销售以后，王儒林的问题就解决了，合作社统一销售价格，寻找固定买主，葡萄成熟了就可以直接销售。

销售问题解决了，王儒林又扩大了种植规模。而和王儒林一起种植葡萄的社员王金品，种植面积扩大了近20倍，王金品说：“现在的价钱是原来的一倍多，葡萄价格提升了，也好卖了，看到有更好的收益，我当然要扩大规模了。”“不光自己经营的土地挣钱，我们把土地租给合作社的村民，也比种地的收入多了很多。”正在干活的村民段成民说。

段成民是山门村7社的村民，他把自家的土地租给了合作社，自己也在合作社工作，王金品说：“原来我自己种地每个月也就能收入几百元，现在一个月也能挣2 100元，月月有钱，不仅收入增加了，自己也省心了。”

**供销社：提高农民产业化程度**

“农村经纪人是致富的带动人，作为中间人，他们的作用就是带头、引领、组织和推介，进而促进农村经济发展。”这是四平供销社党办主任姬学东对农产品经纪人的定位。经纪人需要专业的知识、全面的市场信息、创新的经营理念，在这样的基础下将农民组织起来，作为中间人，为农民搭桥牵线，帮助他们推销产品，并引进技术、信息，能够全面提高农民的认识，推进农村经济的发展。

农产品经纪人的好处很多，它可以将老百姓的资金积少成多，也可以把分散在老百姓手中的资源整合，通过经纪人协会做大做强，保护农民效益，提高技术，让农民获得更大的收益。

## 五、评价与反馈

### (一)自我评价

(1)为了学习好本项目的营销技能，你都做了哪些准备？

①查找了哪些相关资料？

②是否进行过市场调查实践？

(2)能否熟练掌握新形势下农产品营销技能？在实践中能灵活运用吗？

(3)能否对本项目相关的成功案例进行分析，并制定相对应的营销策略？

(4)能结合自己的创业打算，写创业计划书吗？

### (二)小组评价

从学习态度、学习方法、讨论发言和学习能力的提升等方面评价。

| 序号 | 评价项目 | 评价情况 |
| --- | --- | --- |
| 1 | 能否熟练掌握家庭农场、专业合作社产品营销策略 | |
| 2 | 对现代都市农业、农民经纪人营销策略的实践运用能力如何 | |
| 3 | 本项目的调查任务很多，你在调查中与社会沟通的表现好不好 | |
| 4 | 本项目案例分析很多，你能科学分析相关的营销案例吗 | |
| 5 | 本项目每个任务都安排有学生演讲，机会很多，你参加没有？效果如何 | |
| 6 | 对创业计划书的学习效果怎样？自己能否制定 | |
| 7 | 学习中的自主性怎样？能主动与老师、同学、企业、农民沟通吗 | |
| 8 | 对本项目学习整体效果怎样 | |

### (三)综合评价

1. 教师评价

(1)对整个学习内容的小结归纳。

(2)对教学过程的总体评价。

教师签名________

2. 学生评价

(1)对教师授课效果的评价。

(2)对学习效果的评价。

学生签名________

### 附：农产品经纪人资格考试模拟试题及参考答案

**一、单项选择题**(下列各题所给的答案中，只有一项是正确的，把正确答案的编号写在括号中)(每题 2 分，共 60 分)

1. 从事农产品收购、储运、销售以及代理、信息传递，服务等中介活动而获取佣金或利润的人员是(C)。

A. 房地产经纪人　B. 证券经纪人　C. 农产品经纪人　D. 金融经纪人

2. 在农产品交易中，(B)也可称为农产品供求经纪人，专门来做农产品收购和促销，实现产、销衔接、解决农产品的买难、卖难的问题。

A. 科技型经纪人　　B. 销售型经纪人

C. 信息型经纪人　　D. 复合型经纪人

3. 发展优质、高产、高效的农业需要一批既懂技术、技能，又会经营的“专门人才”、“市场专家”，利用自己掌握的科技为农民服务，以科技土专家的身份帮助农民引进并推广各种农业新品种、新产品、新技术，那么这类人被称之为(B)。

A. 销售型经纪人　　B. 科技型经纪人

C. 信息型经纪人　　D. 复合型经纪人

4. 21世纪是信息时代，在市场经济条件下，离不开大量迅速、准确的市场信息。( C )把掌握的科技、市场行情、种植、养殖、加工及劳动力需求等各种信息提供给农民，从中收取一定的信息服务费。

A. 销售型经纪人　　B. 科技型经纪人

C. 信息型经纪人　　D. 复合型经纪人

5. ( D )既是生产者，又同时扮演中间人角色，为别人提供信息和市场、牵线搭桥，除了从生产经营中获利外，也从中间人中获取佣金。

A. 销售型经纪人　　B. 科技型经纪人

C. 信息型经纪人　　D. 复合型经纪人

6. ( C )是指从事某一专业的学识、技术和能力的起点标准，也就是基本的标准。

A. 执业资格　　B. 职业资格　　C. 从业资格　　D. 就业资格

7. ( C )是国家对某些责任较大，社会通用性强，关系国家、社会公共利益的专业实行的准入控制，是依法独立开业或从事某一特定专业学识、技术和能力的必备标准。

A. 从业资格　　B. 职业资格　　C. 执业资格　　D. 就业资格

8. 国家对达到职业资格规定的必备学识、技能和能力的劳动者颁发的证明是( B )。

A. 从业资格证书　　B. 职业资格证书

C. 学历证书　　D. 执业资格证书

9. ( C )是一个人接受教育的年限，所具有的文化程度或者学业程度的证明，有教育部颁发。

A. 职业资格证书　　B. 从业资格证书

C. 学历证书　　D. 执业资格证书

10. 取得农产品经纪人初级职业资格证书，连续从事本职业工作( B )年以上，可以取得农产品经纪人中级职业资格。

A. 1　　B. 2　　C. 3　　D. 4

11. 取得农产品经纪人中级职业资格证书，连续从事本职业工作（ C ）年以上，可以取得农产品经纪人高级职业资格。

A. 1　　B. 2　　C. 3　　D. 4

12. 为了满足社会现实的发展需要，人们所承担的具有一定社会职责的专门业务称之为（ A ）。

A. 职业　　B. 执业　　C. 从业　　D. 就业

13.（ C ）就是同人们的职业活动紧密联系的，体现职业特征的道德活动现象，道德意识现象和道德规范现象，是社会道德在职业生活中的具体体现。

A. 传统美德　　B. 思想品德　　C. 职业道德　　D. 社会公德

14.（ A ）是每个从业者的基本出发点和最终目的，是社会主义社会正常运转和社会主义各种职业活动正常进行的基础，也是每个从业者生存和发展的基础。

A. 为人民服务　　B. 获得高薪

C. 工作清闲　　D. 做好本职工作

15. 职业工作者做好本职工作诸多因素中必不可少的重要前提条件是（ B ）。

A. 敬业　　B. 爱岗　　C. 诚实　　D. 守信

16.（ C ）是职业工作者做好本职工作的必要条件。

A. 守信　　B. 爱岗　　C. 敬业　　D. 诚实

17.（ D ）是职业道德中最基本、最主要的道德规范，二者是互为前提、辩证统一的。

A. 诚实守信　　B. 遵纪守法　　C. 办事公道　　D. 爱岗敬业

18.（ C ）是指具有特定需要和欲望，而且愿意并且能够通过交换来满足这种需要和欲望的全部潜在顾客。

A. 商品　　B. 货物　　C. 市场　　D. 贸易

19. 市场营销是一种从市场需要出发的管理过程，它的核心思想是（ A ）。

A. 交换　　B. 促销　　C. 转让　　D. 交易

20.（ B ）就是要根据消费者明显的不同特征，把整个市场划分成两个或两个以上的若干个消费者群，每个消费者群便是一个细分市场，每个细分市场内的消费者具有相同的需求和欲望。

A. 产品细分　　B. 市场细分　　C. 行政划分　　D. 营销网络

21. 企业为了使自己的生产或销售的产品获得稳定的销路，要从各个方面为产品培养一定的特色，树立一定的市场形象，以求在顾客心目中形成一种特殊的偏爱，这就是（ D ）。

A. 市场调研　　B. 公司定位　　C. 产品定位　　D. 市场定位

22. 平等主体的自然人．法人．其他组织之间设立．变更．终止民事权利义务关系的协议称之为（ B ）。

A. 证书　　B. 合同　　C. 借据　　D. 凭证

23. 为生活消费需要购买．使用商品或者接受服务的人被称之为（ A ）。

A. 消费者　　B. 劳动者　　C. 志愿者　　D. 生产者

24. 消费者享有知悉其购买．使用的商品或者接受的服务的真实情况的权利是（ C ）。

A. 监督权　　B. 选择权　　C. 知情权　　D. 安全权

25. 消费者在面临众多的商品和服务提供者时，自主选择商品或服务的权利是（ D ）。

A. 公平交易权　　B. 损害赔偿请求权

C. 结社权　　D. 选择权

26.（ B ）是指产品所具有的符合人们需要的各种特性，如安全、可靠、适用、经济、方便维修等。

A. 产品价格　　B. 产品质量　　C. 产品名称　　D. 产品颜色

27. 努力降低产品生产和分销成本，从而使自己的产品价格低于竞争者的价格，以迅速扩大销量提高市场份额，成为市场主导者。这种竞争性定位战略是（A）。

A. 总成本领先战略　　B. 差异战略

C. 分散战略　　D. 焦点战略

28. 大力发展别具一格的产品线或营销项目，以争取在产品或服务等方面比竞争者有独到之处，从而取得差异优势，该战略是（ B ）。

A. 总成本领先战略　　B. 差异战略

C. 分散战略　　D. 焦点战略

29. 企业集中力量为某一个或某几个子市场提供服务，更好地满足一定顾客的特殊需要，从而争取局部的竞争优势。这种战略被称之为（ D ）。

A. 总成本领先战略　　B. 差异战略

C. 分散战略　　D. 焦点战略

30. 国家重点保护的野生动物名录及其调整，由（ A ）野生动物行政主管部门制定，报国务院批准公布。

A. 国务院　　B. 省政府　　C. 市政府　　D. 县政府

**二、双项选择题**(下列各题所给的答案中,有两个答案是正确的,把正确答案的编号写在括号中)(每题 3 分,共 30 分)

1. 合同的订立程序包括( BD )。

A. 遵守　B. 要约　C. 执行　D. 承诺

2. 当事人采用合同书形式订立合同的,自双方当事人( BC )时合同成立。

A. 同意　B. 签字　C. 盖章　D. 接受

3. 广义的无公害农产品也包括( CD )。

A. 营养食品　B. 无机食品　C. 绿色食品　D. 有机食品

4. 签发支票时,应用( B )或( C ),将支票上的各项要素填写齐全,并在支票上加盖其预留银行印鉴。

A. 铅笔　B. 蓝黑墨水　C. 碳素墨水　D. 圆珠笔

5. 一般印有( A )或( B )字样的支票为普通支票。

A. 现金　B. 转账　C. 汇兑　D. 金额

6. 商业汇票的付款期限由交易双方商定,但最长不得超过( B )。商业汇票的提示付款期限自汇票到期之日起( D )内。

A. 3 个月　B. 6 个月　C. 5 天　D. 10 天

7. 农产品经纪人的发展出路在于( AB )。

A. 组织各种专业的经纪人合作组织

B. 与种植,养殖专业户组成联合体,形成产、供、销一体化

C. 自己种植农产品,减小收购成本

D. 只做农产品出口,不管国内市场

8. 根据农产品经纪人国家职业标准,农产品经纪人是指从事农产品收购．储运．销售以及销售代理．信息传递,服务等中介活动而获取( BD )的人员。

A. 工资　B. 佣金　C. 红利　D. 利润

9. 农产品经纪人的职业特点是( AD )

A. 牵线搭桥　B. 推销农产品

C. 营销农产品　D. 做红娘、起到联姻作用

10. 初级农产品经纪人应掌握的技能知识有:市场信息采集与分析、农产品储运、核算与结算和( AD )

A. 建立客户与谈判定约　B. 农产品市场营销

C. 农产品商品分类　D. 农产品鉴别及等级评定

**三、判断题**(对下列各题的表述,正确的在括号中打“√”,错误的在括号中打“×”)(每题 0.5 分,共 10 分)

1. 农产品经纪人的涌现是社会主义市场经济体制建设的客观要求。( √ )

2. 农产品经纪人队伍的成长,推动了农业市场化的进程。( √ )

3. 农产品经纪人已经成为推动农村科技,传播农业信息和发展农村贸易的重要中介力量。( √ )

4. 农产品经纪人能加快农产品商品化的速度,促进农村的资源优势快速转化为商品优势。( √ )

5. 在经纪活动中,良好的事物观察、信息筛选能力;一定的社交和应变能力,都是农产品经纪人顺利工作的根本保障。( √ )

6. 农产品经纪人的基本知识主要由文化基础知识. 专业基础知识. 专业基本技能. 其他辅助知识. 相关法律知识. 信息技术知识等构成。( × )

7. 哪里有农产品经纪人,哪里的农业就有区域生产的特色。( √ )

8. 农产品经纪人能传播科技新成果,促进农民科技水平不断提高。( √ )

9. 当前,我国农产品经纪人队伍的整体规模仍然偏小,实力差,竞争力弱。(√)

10. 当前,我国农产品经纪人队伍的发展,整体上北方比南方好。( × )

11. 农产品经纪人的发展出路在于:一是组织各种专业的经纪人合作组织,二是与种植. 养殖专业户组成联合体,形成产. 供. 销一体化。( √ )

12. 职业资格证书是求职任职. 独立开业和用人单位录用的主要依据。(√)

13. 职业资格证书由劳动部门颁发。( √ )

14. 市场营销的核心思想是买卖双方互利的交换。( √ )

15. 现代企业的市场营销是一项系统工程,包含一整套策划. 组织. 实施与控制的过程,绝非单靠推销和促销所能达到目标的。( √ )

16. 合同的形式是指合同当事人意思表示一致的书面文字形式。( × )

17. 所谓要约,是指希望和他人订立合同的意思表示。( √ )

18. 握手时之所以要讲究谁先出手,是为了表示尊重对方的需要,下级. 晚辈,客人. 男士在进行问候时,要主动与对方握手。( × )

19. 握手时如果是男女初次见面,女方可以不与对方握手,点头致意即可。如果是接待来宾,则不论男女,女主人都应主动伸手表示欢迎。( √ )

20. 粮食在入仓储存前一定要保证“一干二净三饱满”。( √)

# 参考文献

[1] 陈国胜.农产品营销.北京:清华大学出版社,2010.

[2] 娄向鹏.品牌农业——从田间到餐桌的食品品牌革命.北京:企业管理出版社,2013.

[3] Nigel Morgan.旅游目的地品牌管理.天津:南开大学出版社,2006.

[4] 舒尔茨,凯奇,何西军.全球整合营销.北京:中国财政经济出版社,2004.